逐条解説シリーズ

逐条解説
2011年
金融商品取引法改正

古澤知之／藤本拓資
尾崎　有／澤飯　敦／出原正弘／谷口義幸
野崎　彰／齊藤将彦／本村　彩／山田貴彦●著

商事法務

●はしがき

　『逐条解説 2008年金融商品取引法改正』以降、例年にわたり本シリーズを刊行してきたところであるが、本年も『逐条解説 2011年金融商品取引法改正』を刊行する運びとなった。

　金融が実体経済を支えるとともに、金融自身が成長産業として経済をリードしていくためには、わが国資本市場および金融業の基盤強化を図ることが重要な課題となっている。

　2011年の改正は、こうした状況を踏まえ、
　　・　多様で円滑な資金供給の実現
　　・　国民資産を有効活用できる資産運用機会の提供
　　・　市場の信頼性の確保
に係る施策を盛り込んでいる。

　本書は、この2011年の改正について解説するものであり、まず第1部において、改正の経緯・概要や改正の全体像等について解説している。次に、第2部においては、主な各改正事項ごとに、改正のねらいやその要点について解説している。さらに、第3部においては、改正法の詳細を逐条形式で解説している。

　金融・資本市場のグローバル化がますます進展する中で、金融法制の改革等を不断に進め、わが国金融・資本市場と金融産業の国際競争力を高めることの重要性はこれまで以上に増している。また、金融・資本市場をめぐる動きはきわめて早く、今後とも、金融・資本市場の動向を注視し、機動的な制度整備を行っていくことが求められていくこととなろう。その際には、国際的な金融規制との調和を図ることが求められる一方、わが国金融・資本市場および金融業の実態に応じた規制となるよう配慮することが重要である。

　なお、整備された制度の円滑な運用・定着が図られることが最も重要であることは言うまでもなく、本書が実務に携わっている方々の一助になれば幸いである。

本書の出版に当たっては、商事法務の岩佐智樹氏に多大な御尽力をいただいた。
　なお、文中、意見にわたる部分については、各筆者の個人的な見解であることを申し添えたい。

2011年10月

古澤　知之
藤本　拓資

●著者・協力者紹介

[著者紹介]
古澤　知之（金融庁総務企画局企業開示課長）
藤本　拓資（金融庁総務企画局市場課長）
尾崎　有（金融庁総務企画局市場課企画官）
澤飯　敦（金融庁総務企画局企画課課長補佐）
出原　正弘（金融庁総務企画局企画課課長補佐）
谷口　義幸（金融庁総務企画局企業開示課開示企画調整官）
野崎　彰（金融庁総務企画局企業開示課課長補佐）
齊藤　将彦（金融庁総務企画局市場課課長補佐）
本村　彩（金融庁総務企画局市場課専門官）
山田　貴彦（金融庁総務企画局市場課専門官）

[協力者紹介]
有吉　尚哉（金融庁総務企画局企業開示課専門官）
武村　重樹（金融庁総務企画局企業開示課課長補佐）
太田　昌男（金融庁総務企画局市場課課長補佐）
三宅　朋佳（金融庁総務企画局市場課課長補佐）
滝　琢磨（金融庁総務企画局市場課専門官）
菅原　史佳（金融庁総務企画局市場課専門官）
西原　一幸（金融庁総務企画局市場課専門官）
本間　晶（金融庁総務企画局企画課課長補佐）
佐藤　敏宏（金融庁総務企画局企画課課長補佐）
神保　勇一郎（金融庁総務企画局企業開示課開示企画第一係長）
矢野　翔平（金融庁総務企画局企業開示課格付会社係長）

＊　肩書は執筆当時のものである。

●執筆担当

[第1部]
- I 古澤　知之
　　澤飯　敦
　　出原　正弘
- II 古澤　知之
　　藤本　拓資
　　尾崎　有
　　澤飯　敦
　　出原　正弘
　　谷口　義幸
　　野崎　彰
　　齊藤　将彦
　　本村　彩
　　山田　貴彦

[第2部]
- I 古澤　知之
　　野崎　彰
　　本間　晶
　　佐藤　敏宏
- II 古澤　知之
　　藤本　拓資
　　尾崎　有
　　谷口　義幸
　　本村　彩
　　山田　貴彦
- III 藤本　拓資
　　齊藤　将彦
- IV 古澤　知之
　　澤飯　敦
　　出原　正弘

[第3部]
- I 古澤　知之
　　澤飯　敦
　　出原　正弘
- II 古澤　知之
　　澤飯　敦
　　出原　正弘
- III 古澤　知之
　　藤本　拓資
　　尾崎　有
　　谷口　義幸
　　野崎　彰
　　齊藤　将彦
　　山田　貴彦
- IV 尾崎　有
　　本村　彩
- V 尾崎　有
　　本村　彩

● 凡例

　本書においては、特に断りのない限り以下のように略記する。

1. 法、金商法：金融商品取引法（昭和23年法律第25号）（表記がないものも、金融商品取引法を示す）
2. 改正法：資本市場及び金融業の基盤強化のための金融商品取引法等の一部を改正する法律（平成23年法律第49号）
3. 政令、令：金融商品取引法施行令（昭和40年政令第321号）
4. 投信法：投資信託及び投資法人に関する法律（昭和26年法律第198号）
5. SPC法：資産の流動化に関する法律（平成10年法律第105号）

逐条解説 2011 年金融商品取引法改正
もくじ

第1部 改正の概要

Ⅰ 改正の経緯と概要　2
1　改正の経緯　2
2　改正の概要　8

Ⅱ 改正の全体像　10
1　多様で円滑な資金供給の実現　10
2　国民資産を有効活用できる資産運用機会の提供　13
3　市場の信頼性の確保　17
4　施行日　19

第2部 主な各改正事項のねらいと要点

Ⅰ 多様で円滑な資金供給の実現　22
1　ライツ・オファリング（新株予約権無償割当てによる増資）に係る開示制度等の整備　22
2　コミットメントライン（特定融資枠契約）の借主の範囲拡大　27
3　銀行・保険会社等金融機関本体によるファイナンス・リースの活用の解禁　31

Ⅱ 国民資産を有効活用できる資産運用機会の提供　35
1　プロ等に限定した投資運用業の規制緩和　35
2　資産流動化スキームに係る規制の弾力化　45
3　英文開示の範囲拡大　55

Ⅲ 市場の信頼性の確保　69

1　無登録業者による未公開株等の取引に関する対応　69
2　投資助言・代理業の登録拒否事由の拡充　80

Ⅳ 施行日　83

1　公布後20日施行　83
2　6月以内施行　83
3　1年以内施行　84

第3部　逐条解説編

Ⅰ 改正法の構成　86

Ⅱ 改正条項の概観　88

1　金融商品取引法の一部改正（改正法1条関係）　88
2　投資信託及び投資法人に関する法律の一部改正（改正法6条関係）　91
3　資産の流動化に関する法律の一部改正（改正法12条関係）　91

Ⅲ 金融商品取引法の一部改正に係る逐条解説　93

第1条　金融商品取引法の一部改正　93

第1章　総則　93
　第2条（定義）　93

第2章　企業内容等の開示　98
　第 5 条（有価証券届出書の提出）　98
　第 6 条（届出書類の写しの金融商品取引所等への提出）　107
　第 7 条（訂正届出書の自発的提出）　107
　第 8 条（届出の効力発生日）　108
　第 9 条（形式不備等による訂正届出書の提出命令）　110
　第10条（虚偽記載等による訂正届出書の提出命令及び効力の停止命令）　112
　第11条（虚偽記載のある有価証券届出書の届出後1年内の届出の効力の停止等）
　　113

第12条（訂正届出書の写しの金融商品取引所等への提出）　114
第13条（目論見書の作成及び虚偽記載のある目論見書等の使用禁止）　114
第15条（届出の効力発生前の有価証券の取引禁止及び目論見書の交付）　122
第21条（虚偽記載のある届出書の提出会社の役員等の賠償責任）　124
第23条の2（参照方式による場合の適用規定の読替え）　125
第23条の5（発行登録書の効力発生日）　128
第23条の12（発行登録書等に関する準用規定等）　129
第24条（有価証券報告書の提出）　132
第24条の2（訂正届出書に関する規定の準用）　134
第24条の3（虚偽記載のある有価証券報告書の提出後1年内の届出の効力の停止等）　136
第24条の4の2（有価証券報告書の記載内容に係る確認書の提出）　136
第24条の4の3（訂正確認書の提出）　138
第24条の4の4（財務計算に関する書類その他の情報の適正性を確保するための体制の評価）　140
第24条の4の5（訂正内部統制報告書の提出）　141
第24条の4の7（四半期報告書の提出）　143
第24条の4の8（確認書に関する規定の四半期報告書への準用）　146
第24条の5（半期報告書及び臨時報告書の提出）　147
第24条の5の2（確認書に関する規定の半期報告書への準用）　156
第24条の6（自己株券買付状況報告書の提出）　157
第24条の7（親会社等状況報告書の提出）　159
第25条（有価証券届出書等の公衆縦覧）　162
第27条（会社以外の発行者に関する準用規定）　163

第2章の2　公開買付けに関する開示　165

第27条の2（発行者以外の者による株券等の公開買付け）　165

第2章の4　開示用電子情報処理組織による手続の特例等　170

第27条の30の2（開示用電子情報処理組織の定義）　170

第2章の5　特定証券情報等の提供又は公表　174

第27条の33（虚偽の特定証券等情報に係る賠償責任）　174

第3章　金融商品取引業者等　177

第28条　177
第29条の4（登録の拒否）　179

第 29 条の 5 (適格投資家に関する業務についての登録等の特例)　181
第 31 条の 3 の 2 (金融商品取引業を行う旨の表示等の禁止)　191
第 33 条の 5 (金融機関の登録の拒否等)　193
第 34 条の 2 (特定投資家が特定投資家以外の顧客とみなされる場合)　194
第 34 条の 3 (特定投資家以外の顧客である法人が特定投資家とみなされる場合)　195
第 36 条の 2 (標識の掲示)　197
第 44 条の 4 (引受人の信用供与の制限)　197
第 61 条　198
第 63 条の 3 (金融商品取引業者等が適格機関投資家等特例業務を行う場合)　200

第 6 章　有価証券の取引等に関する規制　203

第 166 条 (会社関係者の禁止行為)　203
第 171 条の 2 (無登録業者による未公開有価証券の売付け等の効果)　204

第 6 章の 2　課徴金　212

第 172 条の 2 (虚偽記載のある発行開示書類を提出した発行者等に対する課徴金納付命令)　212
第 172 条の 4 (虚偽記載のある有価証券報告書等を提出した発行者等に対する課徴金納付命令)　213
第 181 条 (被審人の代理人等)　215
第 185 条の 7 (課徴金の納付命令の決定等)　219

第 7 章　雑則　222

第 192 条 (裁判所の禁止又は停止命令)　222

第 8 章　罰則　223

第 197 条　223
第 197 条の 2　224
第 198 条　227
第 200 条　228
第 205 条の 2 の 3　229
第 207 条　230

Ⅳ　投資信託及び投資法人に関する法律の一部改正に係る逐条解説　233
第 6 条　投資信託及び投資法人に関する法律の一部改正　233

第2編　投資信託制度　233

　第 4 条（投資信託契約の締結）　233
　第 6 条（受益証券）　234
　第 11 条（特定資産の価格等の調査）　235
　第 26 条（受益証券の募集の取扱い等の禁止又は停止命令）　238
　第 49 条（投資信託契約の締結）　239
　第 50 条（受益証券）　240

第3編　投資法人制度　241

　第 201 条（特定資産の価格等の調査）　241
　第 202 条（投資法人から委託された権限の再委託等）　242

第4編　雑則　244

　第 223 条の 3（金融商品取引法等の適用に関する特例）　244
　第 225 条（権限の委任等）　245
　第 225 条の 2（委員会の命令に対する不服申立て）　247
　第 248 条　247

Ⅴ　資産の流動化に関する法律の一部改正に係る逐条解説　249

第 12 条　資産の流動化に関する法律の一部改正　249

第1編　総則　249

　第 2 条（定義）　249

第2編　特定目的会社制度　251

　第 4 条（届出）　251
　第 5 条（資産流動化計画）　253
　第 9 条（届出事項の変更）　253
　第 10 条（資産流動化計画に係る業務の終了の届出）　255
　第 40 条（募集優先出資の申込み）　255
　第 64 条（資産流動化計画違反の社員総会の決議の取消しの訴え）　257
　第 67 条　258
　第 70 条（取締役の資格）　259
　第 73 条（会計監査人の資格等）　260
　第 82 条（社員等による取締役の行為の差止め）　260
　第 111 条（債権者の異議）　261
　第 120 条（社員等の権利の行使に関する利益の供与）　261

第122条（募集特定社債の申込み）　262
第151条（資産流動化計画の変更）　264
第152条（計画変更決議）　265
第153条（反対優先出資社員の優先出資買取請求権）　265
第157条（特定借入れに係る債権者の異議）　266
第159条（貸借対照表の作成等）　267
第160条（解散の事由）　267
第161条（解散の決議）　268
第189条（優先資本金の額の減少による変更の登記）　269
第199条（特定資産の譲受けの契約の要件等）　269
第200条（業務の委託）　270
第201条（信託受益権を譲り受ける場合の特例）　274
第202条（債権の取立委託の制限）　274
第203条（不動産取引の委託の制限）　275
第208条　276
第210条（資金の借入れ）　277
第211条　278
第213条（特定資産の処分等の制限）　280

第3編　特定目的信託制度　281

第225条（届出）　281
第227条（資産信託流動化計画の変更に係る届出）　281
第230条　282
第234条（受益証券）　288
第284条（業務の委託）　289

第5編　罰則　290

第311条（社員等の権利等の行使に関する利益供与の罪）　290

事項索引　291

第1部

改正の概要

I 改正の経緯と概要

　わが国においては、少子高齢化が進展し、経済の低成長が続く中、家計部門に適切な投資機会を提供し、企業等に多様な資金調達手段を確保することを通じて、金融がこれまで以上に実体経済をしっかりと支えることが求められている。

　また、わが国は、1,400兆円を超える家計部門の金融資産、高度な人材・技術等を有し、成長著しいアジア経済圏に隣接しており、こうした好条件を活かし、わが国の金融業が成長産業として発展し、付加価値を高めることが求められている。

　このような状況を踏まえ、資本市場および金融業の基盤強化を図るため、①多様で円滑な資金供給の実現、②国民資産を有効活用できる資産運用機会の提供、③市場の信頼性の確保に係る施策を盛り込んだ「資本市場及び金融業の基盤強化のための金融商品取引法等の一部を改正する法律案」が、平成23年3月11日（金）に閣議決定され、4月1日（金）に第177回国会（常会）に提出された。その後、国会における審議を経て、5月17日（火）に成立、5月25日（水）に公布された。

　本章においては、今般の改正の経緯および概要について、解説を行うこととしたい。

1　改正の経緯

　平成22年6月18日（金）に閣議決定された「新成長戦略〜『元気な日本』復活のシナリオ〜」においては、「強い経済」、「強い財政」および「強い社会保障」を一体的に実現することを目的とし、「金融戦略」を7つの戦略分野の1つとして位置付け、①金融が実体経済、企業のバックアップ役としてそのサポートを行うとともに、②金融自身が成長産業として経済をリードするため、様々な施策をできるだけ早期に実施していくこととさ

れた。具体的には、「成長戦略実行計画（工程表）」において、外国企業等による英文開示の範囲拡大、銀行本体によるファイナンス・リースの活用の解禁、コミットメントライン契約の適用対象の拡大、プロ投資家を顧客とする投資運用業の規制緩和等について、平成23年度以降速やかに制度整備の実施を行うこととされた。

　また、「成長戦略実行計画（工程表）」においては、平成22年度に実施すべき事項として、「金融資本市場及び金融産業の活性化等のためのアクションプラン（以下「アクションプラン」という）の策定」が掲げられ、12月24日（金）、①企業等の規模・成長段階に応じた適切な資金供給、②アジアと日本をつなぐ金融、③国民が資産を安心して有効に活用できる環境整備の3つの柱からなるアクションプラン（最終版）を公表した。アクションプラン（工程表）においては、「成長戦略実行計画（工程表）」に盛り込まれた施策に加え、開示制度・運用の見直し（発行登録における追補目論見書交付義務の免除）、ライツ・オファリングが円滑に行われるための開示制度等の整備、保険会社におけるグループ経営の円滑を図る制度整備（業務の代理・事務の代行に係る手続負担の軽減）、企業における会計実務充実のための会計専門家の活用等の促進、「公認会計士制度に関する懇談会」における議論等を踏まえた、公認会計士試験・資格制度の見直し、資産流動化スキームに係る規制の弾力化について、関連法案の早急な国会提出を図ることとされた。

　こうした取組み等を踏まえつつ、法律案の策定作業が進められ、①多様で円滑な資金供給の実現、②国民資産を有効活用できる資産運用機会の提供、③市場の信頼性の確保の3つを柱とする、わが国資本市場および金融業の基盤強化を図るために必要な制度整備を包括的に盛り込んだ「資本市場及び金融業の基盤強化のための金融商品取引法等の一部を改正する法律案」が平成23年3月11日（金）に閣議決定され、4月1日（金）に第177回国会（常会）に提出された。

　同法律案は、参議院において先議され、参議院財政金融委員会の審議の過程において、公認会計士試験の待機合格者問題等への対応についてはさらに検討すべきであるとの観点から、原案から公認会計士制度の見直しに

関する規定を全て削除する修正が行われた。修正案は、4月27日（水）の参議院本会議において賛成多数で可決され、衆議院に送付された。その後、衆議院財務金融委員会における審議を経て、5月17日（火）に衆議院本会議において賛成多数で可決されたことをもって成立、5月25日（水）に公布された（法律番号：平成23年法律第49号）。

　なお、公認会計士制度の見直しについては、参議院財政金融委員会および衆議院財務金融委員会において、「公認会計士監査制度及び会計の専門家の活用に関しては、会計をめぐる国際的な動向や、公認会計士試験合格者数の適正な規模についての議論などを踏まえ、その在り方を引き続き検討すること。」について政府は十分配慮すべきとの附帯決議が全会一致で付された。

[図表1-I-1] 金融戦略（「新成長戦略～『元気な日本』復活のシナリオ～」（平成22年6月18日閣議決定）より抜粋）

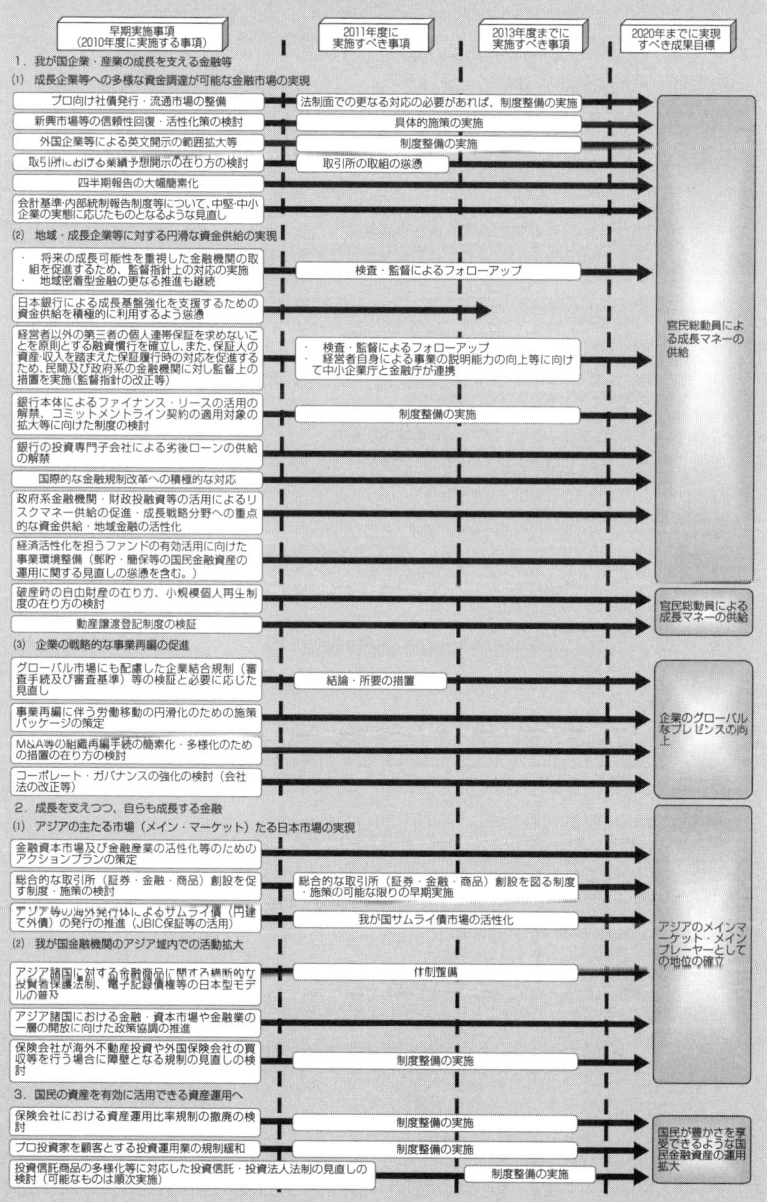

[図表1-I-2] 金融資本市場及び金融産業の活性化等のためのアクションプラン
──新成長戦略の実現に向けて

金融の役割
- 実体経済を支えること
  - 適切な投資機会・多様な資金調達手段の提供
- 金融自身が成長産業として経済をリードすること
  - 1,400兆円を超える家計部門の金融資産や、成長著しいアジア経済圏への隣接等の好条件の活用

アクションプランの3本柱
Ⅰ. 企業等の規模・成長段階に応じた適切な資金供給
Ⅱ. アジアと日本とをつなぐ金融
  - アジアの主たる市場（メイン・マーケット）たる日本市場の実現
  - 我が国金融機関のアジア域内での活動拡大の支援
Ⅲ. 国民が資産を安心して有効に活用できる環境整備

⇒平成25年度までに実施する方策を取りまとめ（極力前倒しで実施）

アクションプランの主な施策

Ⅰ. 企業等の規模・成長段階に応じた適切な資金供給
(1) 中小企業等に対するきめ細かで円滑な資金供給
- 地域密着型金融の促進
- 中堅・中小企業の実態に応じた会計基準・内部統制報告制度等の見直し
- コミットメントライン法の適用対象の拡大
- ファイナンス・リースの活用（銀行・保険会社等本体への解禁）
- 経営者以外の第三者による個人連帯保証等の慣行の見直し

(2) 新興企業等に対する適切な成長資金の供給
- 新興市場等の信頼性回復・活性化
- ベンチャー企業等への劣後ローン等の供給
  （銀行・保険会社の投資専門子会社への解禁）
- 将来の成長可能性を重視した金融機関取組の促進
- 成長基盤強化を支援するための資金供給（日銀）の積極的利用の慫慂
- 民法上の任意組合に関する金商法の適用関係の明確化

(3) 機動的な資金供給等
- プロ向け社債発行・流通市場の整備
- 開示制度・運用の見直し
- 取引所における業績予想開示の在り方の検討・取組の慫慂
- 四半期報告の大幅簡素化
- ライツ・オファリングが円滑に行われるための開示制度等の整備
- 社債市場の活性化
- 保険グループ内での業務の代理・事務の代行の届出制への移行

Ⅱ. アジアと日本とをつなぐ金融
(1) アジアの主たる市場（メイン・マーケット）たる日本市場の実現
- 総合的な取引所（証券・金融・商品）創設を促す制度・施策
- 外国企業等による英文開示の範囲拡大等の制度整備
- 企業における会計実務充実のための会計専門家の活用等の促進
- 株式等のブロックトレードの円滑化
- 公募増資に関連した不公正な取引への対応
- クロスボーダー取引に係る税制の見直し等
- 会計基準の国際的な収れん（コンバージェンス）への対応等
- 国際的な金融規制改革への積極的な対応
- クロスボーダー取引に対する監視の強化

(2) 我が国金融機関のアジア域内での活動拡大
- アジア諸国の金融・資本市場に関する政策協調の推進
- 金融機関による中堅・中小企業のアジア地域等への進出支援体制の整備・強化
- 保険会社による海外進出の障壁となる規制の見直し

Ⅲ. 国民が資産を安心して有効に活用できる環境整備
- 資産流動化スキームに係る規制の弾力化
- 投資信託・投資法人法制の課題の把握・見直しの検討
- プロに限定した投資運用業の規制緩和
- 保険会社における資産運用比率規制の撤廃
- 証券の軽減税率の2年延長等
- 金融ADR（裁判外紛争解決）制度の着実な実施

[図表1-I-3] 金融資本市場及び金融産業の活性化等のためのアクションプラン 工程表（抜粋）

	平成22年度	平成23年度	平成24年度	平成25年度
Ⅰ．企業等の規模・成長段階に応じた適切な資金供給				
1．中小企業等に対するきめ細かで円滑な資金供給				
・コミットメントライン法の適用対象の拡大	→（関連法案の早急な国会提出）			
・銀行・保険会社等の金融機関本体によるファイナンス・リースの活用の解禁	→（関連法案の早急な国会提出）			
3．機動的な資金供給等				
・開示制度・運用の見直し	→（関連法案の早急な国会提出）			
・ライツ・オファリングが円滑に行われるための開示制度等の整備	→（関連法案の早急な国会提出）			
・保険会社におけるグループ経営の円滑を図る制度整備（業務の代理事務の代行に係る手続負担の軽減）	→（関連法案の早急な国会提出）			
Ⅱ．アジアと日本をつなぐ金融・アジアの主たる市場（メイン・マーケット）たる日本市場の実現				
1．アジアの主たる市場（メイン・マーケット）たる日本市場の実現				
・外国企業等による英文開示の範囲拡大等の制度整備		（開示制度ワーキング・グループにおける検討の結果を踏まえて、関連法案の早急な国会提出）		
・企業における会計実務充実のための会計専門家の活用等の促進		（「公認会計士制度に関する懇談会」中間報告書を踏まえて、関連法案の早急な国会提出）		
Ⅲ．国民が資産を安心して有効に活用できる環境整備				
・資産流動化スキームに係る規制の弾力化	→（関連法案の早急な国会提出）			
・プロ等に限定した投資運用業の規制緩和	→（関連法案の早急な国会提出）			

2 改正の概要

改正法は、金融が実体経済を支えるとともに、金融自身が成長産業として経済をリードする必要があるとの観点から、わが国資本市場および金融業の基盤強化を図るために不可欠な以下の措置を講じるものである。

(1) **多様で円滑な資金供給の実現を図るため、**
① ライツ・オファリング(新株予約権無償割当てによる増資)に係る開示制度等の整備、
② コミットメントライン(特定融資枠契約)の借主の範囲拡大、
③ 銀行・保険会社等金融機関本体によるファイナンス・リースの活用の解禁

などの措置を講じる。

(2) **国民資産を有効活用できる資産運用機会の提供を図るため、**
① プロ等に限定した投資運用業の規制緩和、
② 資産流動化スキームに係る規制の弾力化、
③ 英文開示の範囲拡大

の措置を講じる。

(3) **市場の信頼性の確保を図るため、**
① 無登録業者による未公開株等の取引に関する対応、
② 投資助言・代理業の登録拒否事由の拡充

などの措置を講じる。

[図表1-I-4] 資本市場及び金融業の基盤強化のための金融商品取引法等の一部を改正する法律の概要

【平成23年5月25日公布】

| 金融が実体経済を支える必要 | 金融自身が成長産業として経済をリードする必要 |

⇩

我が国資本市場及び金融業の基盤強化が課題

多様で円滑な資金供給の実現

ライツ・オファリング（新株予約権無償割当による増資）に係る開示制度等の整備
- 目論見書の交付方法の弾力化　等
- ⇒ 上場企業等の増資手法を多様化

コミットメントライン（特定融資枠契約）の借主の範囲拡大
- コミットメントラインの借主の範囲を、大会社等以外にも拡大
- ⇒ 中堅企業等に新たな資金調達手法を提供

銀行・保険会社等金融機関本体によるファイナンス・リースの活用の解禁
- 銀行・保険会社等金融機関の子会社等において容認されているファイナンス・リースの提供を、本体にも解禁
- ⇒ 中小企業等がワンストップサービスを享受

国民資産を有効活用できる資産運用機会の提供

プロ等に限定した投資運用業の規制緩和
- 顧客がプロ等に限定される場合には投資運用業の登録要件（最低資本金等）を一部緩和　等
- ⇒ 投資運用業の立上げを促進

資産流動化スキームに係る規制の弾力化
- 資産流動化計画の変更手続等の簡素化や資産の取得に関する規制緩和　等
- ⇒ 都市再開発等のための資金調達の手続等を簡素化

英文開示の範囲拡大
- 外国会社等による英文開示について、対象とする開示書類の範囲を有価証券届出書に拡大
- ⇒ 外国企業の我が国への上場促進

市場の信頼性の確保

無登録業者による未公開株等の取引に関する対応
- 無登録業者による未公開株等の売付けを原則として無効に
- 無登録業者による広告・勧誘行為を禁止
- 無登録業者に対する罰則を引上げ　等
- ⇒ 未公開株等の投資者被害を抑止

投資助言・代理業の登録拒否事由の拡充
- 登録拒否事由に人的構成要件を追加
- ⇒ 投資者被害の発生を抑止

Ⅱ 改正の全体像

1 多様で円滑な資金供給の実現

(1) ライツ・オファリング（新株予約権無償割当てによる増資）に係る開示制度等の整備

新株予約権無償割当てによる増資（いわゆる「ライツ・オファリング」）とは、①公募増資、②第三者割当増資とならぶ企業の増資手法の1つであり、株主全員に新株予約権を無償で割り当てることによる増資手法である。

ライツ・オファリングは、欧州では大規模な増資を中心に一般的に利用されているが、公募増資や第三者割当増資と異なり、株式を取得する権利が既存株主にその持分割合に応じて与えられるため、既存株主の公平な取扱いに配慮した増資手法であるとの指摘がある。また、既存株主の大幅な持分比率の低下を伴う第三者割当増資が、投資者保護の観点から問題となっている中、投資者等からもライツ・オファリングの積極的活用を求める声がある。

こうした背景を踏まえ、改正法では、①目論見書の交付方法の弾力化、②「有価証券の引受け」の範囲の見直し等を図ることとした。

① 目論見書の交付方法の弾力化

現行法上、ライツ・オファリングを行う場合、形式的には有価証券の募集に該当するため、既存株主に新株予約権を割り当てることに伴い、株主全員に目論見書を交付することが義務付けられることとなる。このため、特に株主数が多い企業においては、ライツ・オファリングを行うことは事実上困難との指摘があったところである。

こうした背景を踏まえ、投資者保護を図りつつも、ライツ・オファリングが企業の資金調達の現実的な選択肢となるよう、改正法では、①割り当てられる新株予約権が金融商品取引所に上場されている、または上場が予定されている場合であって、②当該新株予約権に係る有価証券届出書等の

提出がなされた旨などが、その提出後遅滞なく日刊新聞紙に掲載される場合には、目論見書の作成・交付を不要とすることとした。

日刊新聞紙に掲載する具体的な情報の内容については、内閣府令で規定する枠組みとなっている。現時点においては、EDINET のウェブページのアドレス、発行者の連絡先等を内閣府令で規定することが想定される。

② 「有価証券の引受け」の範囲の見直し

ライツ・オファリングでは、①株主等が権利行使しなかった新株予約権を、発行者が取得した上で証券会社に売却し、②当該証券会社が権利行使を行い、株式を取得する、というコミットメント型のスキームの採用が想定される。

このコミットメント型ライツ・オファリングにおける証券会社の行為は、投資者が行使しない新株予約権について、その取得・行使をあらかじめ約束するものであり、行為態様やリスク負担の点で現行の「有価証券の引受け」と類似性があると考えられる。このため、コミットメントを行う証券会社に対しても、有価証券の引受けに係る適切な引受審査の義務付けなどの規制を課すことが適当と考えられる。

そこで、改正法では、投資者保護および資本市場の健全性確保を図る観点から、「引受人」等の定義に、新株予約権の募集等に際し当該新株予約権の未行使分を取得して自己または第三者が当該新株予約権を行使することを内容とする契約をする者を追加することとした。

(2) コミットメントライン（特定融資枠契約）の借主の範囲拡大

コミットメントライン（特定融資枠契約）とは、貸主が融資枠を設定するとともに、借主がそれに対し手数料を支払う契約である。この制度は、借主の機動的な資金調達ニーズに応えつつ、弱者が手数料名目で多額の利息を徴求されることがないよう、借主の範囲を限定した上で、出資法・利息制限法の上限を超える手数料の設定を認めているものである。

コミットメントラインについては、平成11年の制度創設以来、契約額・利用額ともに拡大し、一定の定着が見られるとともに、リーマンショック後の社債・CP 市場の低迷の中で、改めて企業の資金調達手段としての有

効性が確認されたところである。

　こうした背景を踏まえ、改正法では、借主保護に配慮しつつ、コミットメントラインを利用するニーズがあり、かつ、金融機関と十分な交渉力を有すると考えられる企業を借主に追加することとした。具体的には、①純資産の額が10億円を超える株式会社、②大会社等の子会社、③純資産の額が10億円を超える者等に相当する外国会社、④金融機関（証券会社、貸金業者等）、⑤資産流動化のための合同会社を追加することとした。

(3) 銀行・保険会社等金融機関本体によるファイナンス・リースの活用の解禁

　リース取引とは、企業が特定の機械設備を必要とする場合に、金融機関等がそれを購入する資金を貸し付ける代わりに、その設備を購入して企業に賃貸するものである。このうち、ファイナンス・リース取引とは、①中途解約禁止、②物件の価格と付随費用をリース料で全額を回収（フルペイアウト）、の2つの要件を満たすリース取引である。

　現在、ファイナンス・リース取引については、銀行・保険会社等の金融機関の子会社において行うことは認められているが、これらの金融機関本体が行うことは、他業禁止に該当するとの整理で認められていなかった。しかしながら、ファイナンス・リース取引については、経済的な実質は設備投資資金の貸付けであると考えられることや、近年、銀行・保険会社等金融機関の取り巻く環境等において、これらが行う他の業務とのリスクの同質性が認められるようになってきており、また、銀行・保険会社等の金融機関本体によるファイナンス・リースの活用の解禁により、①中小企業等による金融機関本体での融資やリースのサービスの一括享受（ワンストップサービス）、②金融機関本体による中小企業等の潜在的な設備投資ニーズの掘り起こし、③金融機関本体の収益機会の多様化が図られるといった効果も期待される。

　こうした背景を踏まえ、改正法では、ファイナンス・リース取引および同取引の代理・媒介業務を銀行・保険会社等の金融機関本体の付随業務に追加することとした。

2　国民資産を有効活用できる資産運用機会の提供
⑴　プロ等に限定した投資運用業の規制緩和

　現在、投資運用業を行う場合には、金融商品取引業の登録を受けなければならないが（金商法28条4項、29条）、その際、一般投資家を保護する観点から、取締役会の設置や最低資本金の額の充足等の厳格な登録拒否要件が課されている。また、投資信託の受益証券等のいわゆる第1項有価証券の募集または私募の取扱いを行う場合には、第1種金融商品取引業の登録が必要とされている（金商法28条1項1号、29条）。これらの業規制が、例えば、一定の投資判断能力を有するプロに顧客を限定して小規模なファンドの運用を行う場合の制約となっているとの指摘がある。

　こうした背景を踏まえ、改正法では、国民の様々な資産運用ニーズに応える投資運用ファンドの立上げを促進するため、①顧客がプロ等（適格投資家）に限定され、運用財産の総額が一定規模以下のファンドに係る投資運用業（適格投資家向け投資運用業）について、投資運用業の登録拒否要件を一部緩和するとともに、②有価証券の取得勧誘に係る業規制の緩和を行うこととした。

　なお、適格投資家の具体的な範囲については、現行の①適格機関投資家、②特定投資家に加え、政令および内閣府令策定段階で検討されることとなる。また、運用財産の総額については、投資運用業の実態およびわが国の資本市場に与える影響等を踏まえ、政令策定段階において検討されることとなる。

①　適格投資家向け投資運用業の登録拒否要件の緩和

　現行法上、投資運用業の登録に必要となる株式会社要件として、取締役会もしくは委員会設置会社または外国の法令に準拠して設立された取締役会設置会社と同種類の法人であることを求めている。

　しかしながら、適格投資家向け投資運用業については、対象となる投資家の範囲が適格投資家に限られており、現行の投資運用業とは投資者保護を図るべき必要性の程度が異なると言えるため、改正法では、株式会社要件を緩和し、監査役設置会社でも足りることとした。

　この他、政令および内閣府令等の策定段階において、最低資本金の額お

よび最低純財産額の緩和ならびに人的構成要件の緩和について検討されることとなる。

② 有価証券の取得勧誘に係る業規制の緩和

現行法上、投資信託の受益証券等のいわゆる第1項有価証券の募集または私募の取扱いを行う場合には、第1種金融商品取引業の登録が必要とされている（金商法28条1項1号、29条）が、改正法では、有価証券の取得勧誘に係る業規制の特例として、適格投資家を相手方として行う、自己が運用する投資信託の受益証券等の私募の取扱いを、第2種金融商品取引業とみなすこととした。

(2) 資産流動化スキームに係る規制の弾力化

SPC法に基づく資産流動化の基本スキームは、あらかじめ定められた資産流動化計画（以下、資産信託流動化計画を含む）に基づき、特定目的会社が投資者から資金調達（優先出資・特定社債の発行・借入）をして不動産や債権といった特定の資産を取得し、または信託会社等が特定の資産の信託を受けて受益証券を発行し、当該資産から生じるキャッシュフローにより分配・返済を行うという仕組みである。

現在、金融危機以降の不動産投資市場の低迷等を踏まえ、証券化の手法を活用して不動産開発の促進を図ることが求められているが、SPC法で定める資産流動化スキームについて、利用に当たっての手続が煩雑であるといった指摘がある。

こうした背景を踏まえ、改正法では、SPC法を改正し、①資産流動化計画の変更届出義務・手続の緩和、②資産の取得に係る規制の見直し、③資産流動化の応用スキームの促進等を行うこととした。

① 資産流動化計画の変更届出義務・手続の緩和

現行法上、資産流動化計画を変更する場合には、内閣総理大臣に届出を行わなければならないこととされているが、軽微なものを含め、全ての変更について届出を義務付けているため、資産流動化スキームの利用の妨げになっているとの指摘がある。

こうした背景を踏まえ、改正法では、資産流動化計画の軽微な変更につ

いて、内閣総理大臣への届出義務を免除することとした。

軽微な変更の具体的な内容については、内閣府令で規定する枠組みとなっている。現時点においては、特定資産の取得の時期や資産対応証券の個別の発行の時期・金額等を内閣府令で規定することが想定される。

② 資産の取得に係る規制の見直し
ア 従たる特定資産の信託設定義務等の免除

現行法上、特定資産（資産の流動化に係る業務として、特定目的会社が取得した資産または受託信託会社等が取得した資産）については、信託設定義務等の各種規制が設けられている。

しかしながら、ホテルや家具付きアパートの家具等、流動化対象の不動産等の特定資産に付随して必要となる様々な軽微な資産を特定目的会社が取得しようとすると、信託設定義務等の各種規制により、実務上これらを取得できないという問題があった。

こうした背景を踏まえ、改正法では、不動産等の特定資産に付随して用いられる資産であって、投資者の投資判断に及ぼす影響が軽微な資産については、信託設定義務等を免除することとした。

イ 特定資産の価格調査に係る規制の見直し

現行法上、特定資産が不動産である場合、優先出資や特定社債の引受けの申込者に対し、不動産鑑定士による鑑定評価を踏まえた公認会計士等の第三者による価格調査の結果を通知することが必要とされている。しかしながら、不動産の鑑定評価は、国が定める不動産鑑定基準によって経済価値の算定過程につき一定の客観性が担保されており、その公正性・適正性が確保されていることに鑑みれば、重ねて第三者による価格調査を義務付ける実益は乏しい。

こうした背景を踏まえ、改正法では、特定資産が土地もしくは建物またはこれらに関する権利もしくは資産である場合には、現行の不動産鑑定士による鑑定評価を踏まえた第三者価格調査の結果に代えて不動産鑑定士による鑑定評価の評価額のみを通知すれば足りることとした。

③ 資産流動化の応用スキームの促進

現行法上、特定目的信託における社債的受益権（あらかじめ定められた

金額の分配を受ける種類の受益権)を発行する場合には、他の種類の受益権も併せて発行することが義務付けられている。これは、社債的受益権があらかじめ定められた金額の分配を受けるものであることから、特定目的信託の変動する損益を帰属させる先として、他の種類の受益権を発行するべきであるとの観点から設けられている。

しかしながら、損益の帰属先を確保するために他の種類の受益権を発行することを法令上義務付ける必然性には乏しく、また、社債的受益権のみを発行する特定目的信託についての潜在的なニーズが生じているところである。

こうした背景を踏まえ、改正法では、当該義務を撤廃することとした。これにより、例えば、社債的受益権を利用したイスラム債の発行の促進につながることが考えられる。

(3) 英文開示の範囲拡大

英文開示とは、金商法に基づいて有価証券報告書等を提出しなければならない外国会社等について、有価証券報告書等の提出に代えて、外国の法令等に基づいて当該外国において開示が行われている有価証券報告書等に類する書類で英語により記載されたものの提出を認めるものである。

現在、英文開示の対象範囲は、有価証券報告書等の継続開示書類に限られていることから、わが国において資金調達等を行う外国会社等は、有価証券の募集または売出しを行うために日本語による有価証券届出書を作成することとなる。このため、その外国会社等が有価証券報告書等を提出する場合でも、この日本語による有価証券届出書をベースとすることにより、大きなコストをかけることなく日本語による有価証券報告書等の作成は可能であり、あえて英文開示を行う必要性は低いことから、英文開示はほとんど利用されていないとの指摘がある。

こうした背景を踏まえ、改正法では、英文開示の対象範囲を有価証券届出書等の発行開示書類および臨時報告書に拡大することとした。

具体的には、有価証券届出書を提出しなければならない外国会社等は、当該外国会社等に関する情報が外国において適正に開示されている場合な

ど、公益または投資者保護に欠けることがないと認められる場合には、日本語による有価証券届出書に代えて、①有価証券届出書に記載すべき証券情報（日本語）、②外国において開示が行われている有価証券報告書、有価証券届出書等に類する書類であって英語で記載されているもの、③補足書類（日本語による要約等）を提出することができることとした。

また、臨時報告書を提出しなければならない外国会社等は、当該臨時報告書の提出理由が日本語で記載されるなど、公益または投資者保護に欠けることがないと認められる場合には、日本語による臨時報告書に代えて、臨時報告書に記載すべき内容を英語で記載したものを提出することができることとした。

3 市場の信頼性の確保

(1) 無登録業者による未公開株等の取引に関する対応

株式等を業として販売するためには、金商法による登録を受ける必要があり、これに違反する場合には罰則の適用などの措置は設けられているものの、金商法上、特段の民事ルールは規定されていなかった。

こうした中、近年、金商法上の登録を受けてない業者（以下「無登録業者」という）が、電話等により、未公開株等を「上場間近で必ず儲かる」などといった虚偽の勧誘を行うことによって、高齢者等に対し高額な価額で販売するといった被害が多発している状況にある。

金融庁においては、これまで未公開株等の問題に対する対応として、リーフレット等を通じた注意喚起や無登録業者に対する警告書の発出・公表等の取組みを実施してきたところである。

また、平成22年4月には、消費者委員会から、未公開株等の問題に関し、被害救済を迅速に進めるための民事ルールの整備および違法行為に対する抑止効果のある制裁措置の検討・導入について提言がなされた。

こうした背景を踏まえ、改正法では、①取引の無効ルールの創設、②無登録業者による広告・勧誘行為の禁止、③無登録業者に対する罰則の引上げに係る規定を整備することとした。

① 取引の無効ルールの創設

無登録業者による未公開株等の売付け等については、金商法の規制に違反する無登録業者の行う行為であり、また、未公開株等という情報の非対称性の強い有価証券に関する取引であることを踏まえると、公序良俗に反する不当な利益を得る行為である蓋然性が高いものと考えられる。

　こうした観点から、改正法では、無登録業者が未公開株等の売付け等を行った場合には、その売買契約を原則として無効とすることとした。ただし、無登録業者の行為であっても投資者保護に悖るような取引でない場合には、公序良俗に反するとは必ずしも言えないため、無登録業者側が、①未公開株等の売付け等が相手方の知識、経験、財産の状況等に照らして顧客の保護に欠けるものではないこと、または、②当該売付け等が不当な利得行為でないことを立証した場合に限り、契約が無効とならないこととした。

　②　無登録業者による広告・勧誘行為の禁止

　金商法は、無登録業者が有価証券の売付け等を業として行う行為（無登録業）を罰則の対象としている（金商法198条1号）が、現状では、無登録業者が未公開株等を売り付ける事例が多発している状況にある。こうした状況を踏まえると、金商法の登録制度の実効性を確保し、違法行為を抑止するため、無登録業者による有価証券の売付け等が行われる前の早期取締りを行うことを可能とする方策を講じることが適切と考えられる。

　こうした観点から、改正法では、無登録業者が、①金融商品取引業を行う旨の表示をすること、②金融商品取引業を行うことを目的として契約締結の勧誘を行うことを禁止することとした。

　③　無登録業者に対する罰則の引上げ

　改正前の金商法では、無登録業の行為者への罰則は、3年以下の懲役もしくは300万円以下の罰金またはこれらの併科（法人重課なし）とされている（金商法198条1号）が、近年、無登録業者が高齢者等に対して未公開株等を高額な価額で売り付ける事例が多発している状況を踏まえると、無登録業に対する抑止力として十分でない。

　こうした観点から、改正法では、罰則を5年以下の懲役もしくは500万円以下の罰金またはこれらの併科（法人重課5億円以下の罰金）に引き上げ

ることとした。

(2) 投資助言・代理業の登録拒否事由の拡充

従来、投資助言・代理業者については、法令違反が認められた場合には行政処分を行うことによって、法令遵守態勢の是正を求め、さらに悪質な場合には登録取消しを行うこととしてきた。

しかしながら、近年、投資助言・代理業者については、その関連する業務経験も保有資格もなく、法令遵守意識が欠如しているなどの著しく不適切な者による参入が増加してきており、法令遵守意識の欠如等を原因とする悪質な違反行為により、投資者被害が発生する事案が複数発生している。また、政府全体の取組みとして、許認可の付与に当たり、業の主体から暴力団等を排除するための対策の充実が求められているところである。

こうした背景を踏まえ、改正法では、投資助言・代理業の登録拒否事由として、登録申請者が投資助言・代理業を適確に遂行するに足りる人的構成を有しない者に該当する場合（人的構成要件）を追加することとした。

4　施行日

改正法の施行日については、関係者の準備期間等を踏まえ、原則、公布後1年以内の政令で定める日から施行することとしている。ただし、以下の事項については、それぞれ記載する時期に施行することとしている。

(1) 公布後20日施行

無登録業者による未公開株等の取引に関する対応のうち、無登録業者に対する罰則の引上げについては、投資者保護を図る観点から、すみやかに施行する必要がある一方で、一定の周知期間を設ける必要があることから、公布後20日（平成23年6月14日）から施行することとしている。

(2) 公布後6月以内施行

無登録業者による未公開株等の取引に関する対応のうち、取引の無効ルールの創設および無登録業者による広告・勧誘行為の禁止ならびに資産

流動化スキームに係る規制の弾力化については、早期に施行することが望まれるものの、関係政令・内閣府令の策定作業に要する期間等を踏まえ、公布後6月以内の政令で定める日から施行することとしている。

第2部

主な各改正事項のねらいと要点

Ⅰ 多様で円滑な資金供給の実現

1 ライツ・オファリング（新株予約権無償割当てによる増資）に係る開示制度等の整備

(1) 改正の背景・経緯

「金融資本市場及び金融産業の活性化等のためのアクションプラン」（平成22年12月24日公表）においては、「機動的な資金供給等」の実現を促進するための施策として、「ライツ・オファリングが円滑に行われるための開示制度等の整備」が掲げられた。また、開示制度ワーキング・グループ（座長：黒沼悦郎早稲田大学大学院法務研究科教授）では、増資手法の選択肢の1つとしてライツ・オファリングの利用の円滑化を図るための開示手続の弾力化等の制度整備について検討を行い、「金融庁・開示制度ワーキング・グループ報告～新株予約権無償割当てによる増資（いわゆる「ライツ・オファリング」）に係る制度整備について～」（平成23年1月19日公表）が取りまとめられた。

これらを受けて、改正法に基づく金商法の改正により、ライツ・オファリング（新株予約権無償割当てによる増資）に係る開示制度等の整備を図っている。

(2) ライツ・オファリングの概要

「ライツ・オファリング」(注1)とは、「公募増資」、「第三者割当増資」と並んで、企業の増資手法の1つであり、株主全員に新株予約権を無償で割り当てることによる増資手法である。

株主は割り当てられた新株予約権を行使して金銭を払い込み、株式を取得することができるが、新株予約権を行使せずに市場で売却することも可能である。したがって、持分比率の低下を嫌う株主は新株予約権の行使によりそれを回避でき、追加出資を嫌う株主は新株予約権の売却により追加

負担を回避できるという特徴を有する。

ライツ・オファリングでは、権利行使がなされなかった新株予約権について、発行会社が取得条項に基づき取得した上で証券会社に売却し、当該証券会社が権利行使をして取得した株式を市場等で売却するというスキーム（以下「コミットメント型ライツ・オファリング」という）が市場関係者において想定されている。コミットメント型ライツ・オファリングでは、証券会社の権利行使により最終的に全ての新株予約権の行使が担保されているため、発行会社にとってあらかじめ調達額を確定できるとのメリットがある。

わが国においてコミットメント型ライツ・オファリングが実施される場合、典型的には次のような取引が行われることが想定される。

① 増資を行おうとする発行会社は、会社法277条に基づく新株予約権無償割当てを実施する。
② 株主は、新株予約権を行使して金銭を払い込み、株式を取得する。
　　追加出資を嫌う株主は、新株予約権を市場売却する。
③ 発行会社は、一定期間内に行使されなかった新株予約権を取得条項により取得する。
④ 発行会社は、取得した新株予約権を証券会社に売却する。
⑤ 証券会社は、新株予約権を行使して金銭を払い込み、株式を取得する。
⑥ 証券会社は、取得した株式を市場等へ売却する。

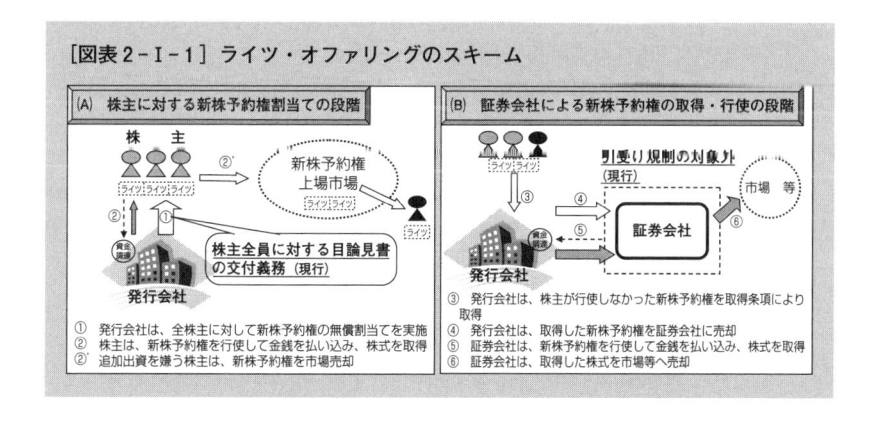

[図表2-Ⅰ-1] ライツ・オファリングのスキーム

ライツ・オファリングは、欧州では大規模な増資を中心に一般的に利用されている増資手法であり[注2]、公募増資や第三者割当増資と異なり、株式を取得する権利が既存株主にその持分割合に応じて与えられるため、既存株主の公平な取扱いに配慮した増資手法となりうるとの指摘がある。また、既存株主の大幅な持分比率の低下を伴う第三者割当増資が、投資者保護の観点から問題となっている中[注3]、投資者等からライツ・オファリングの積極的活用を求める声がある。

　一方、ライツ・オファリングは、わが国の現行法制の下でも実施可能であるが、これまで利用実績はほとんどない。その理由として、諸外国に比べてライツ・オファリングを実施するための手続的な負担が重くなってしまっていたり、資金調達までに要する期間が長期間となってしまうことなどの問題が実務界より指摘されていた[注4]。また、これまで利用されていなかったこともあり、ライツ・オファリングにおける投資者保護の枠組みが十分に整備されていない状況にあった。

　このような背景を踏まえ、改正法においては、投資者保護を確保しつつ、増資手法の選択肢の1つとしてライツ・オファリングの利用の円滑化を図るための制度整備を図ることとしている[注5]。

(注1)　「ライツ・イシュー」と呼ばれることもある。
(注2)　ロンドン証券取引所におけるエクイティ証券の発行(新規上場を除く)を見ると、2009年は418件(発行総額75,987.58百万ポンド)のうち50件(発行総額50,698.54百万ポンド)が、2010年は438件(発行総額15,139.61百万ポンド)のうち7件(発行総額10,133.68百万ポンド)がライツ・オファリングの方法による(ロンドン証券取引所ウェブサイト参照)。
(注3)　「金融審議会金融分科会我が国金融・資本市場の国際化に関するスタディグループ報告～上場会社等のコーポレート・ガバナンスの強化に向けて～」(平成21年6月17日公表)3頁では、第三者割当増資に関する問題意識として、「上場会社等について、企業の判断で株主の権利が大きく希釈化されることや、支配権の所在が経営陣自身によって恣意的に選択されることについては、コーポレート・ガバナンスの観点から、看過できない重大な問題を孕んでいる」ことが指摘されていた。同報告を受けて第三者割当に係る開示の充実等を内容とする企業内容等の開示に関する内閣府令の改正(平成21年12月11日施行)がなされ、東京証券取引所においても第三者割当増資における上場廃止基準の整備(平成21年8月24日施行)が

なされている。第三者割当増資については、なお問題があるケースが指摘されており、引き続き不公正な第三者割当が行われることがないかについて注視していくことが必要と考えられる。
(注4) 会社法に基づく手続との関係でも、権利行使期間開始日の2週間前までに必要とされている新株予約権割当通知（会社法279条2項）の交付期限を遅らせること等の要望が実務界からなされている。法制審議会会社法制部会第10回会議（平成23年2月23日開催）においては、「新株予約権無償割当てを用いて行う資金調達（ライツ・イシュー）を完了するのに必要な期間を短縮するため、新株予約権無償割当てにおける割当通知に関する規律を見直すことについて、どのように考えるか」という論点が審議の対象とされている。
(注5) ライツ・オファリングの利用の円滑化を図るための金融規制に関する制度整備としては、ライツ・オファリングにおける有価証券届出書の提出時期の短縮のための企業内容等の開示に関する内閣府令の改正（平成22年4月23日施行）を実施している。この際、同時に企業内容等開示ガイドラインの改正により、ライツ・オファリングにおける目論見書の交付時期の明確化を図っている。

(3) 改正の概要

改正法に基づくライツ・オファリングに係る開示制度等の整備を図るための改正事項は、次のとおりである。

① 目論見書の交付方法の弾力化

新株予約権が金融商品取引所に上場されるライツ・オファリングの場合には、新株予約権を割り当てる際に必要となる目論見書の作成・交付に代えて、有価証券届出書等の提出がなされた旨等の情報を日刊新聞紙に掲載することで足りることとしている（法13条1項、15条2項3号）。

② 「有価証券の引受け」等の範囲の見直し

新株予約権の募集等に際し、その未行使分を取得して行使することを内容とする契約を締結する者を「引受人」と位置付ける（法2条6項3号）ことにより、その引受人の行為を「有価証券の引受け」の定義に含め（法2条8項6号）、これを業として行う場合には「第1種金融商品取引業」としての登録を求める（法28条1項3号、29条）等の規制を課すこととしている。

また、「有価証券の引受け」のうち、新株予約権の未行使分を発行者等

から取得して行使することを内容とする契約を締結する行為を「有価証券の元引受け」と位置付け（法28条7項3号）、その行為を行う者に対して引受けの適否の判断に資する事項の適切な審査を義務付ける（法40条2号、業府令123条1項4号）等の規制を課すこととしている。さらに、新株予約権の募集等に際して新株予約権の未行使分を発行者等から取得して行使することを内容とする契約を「元引受契約」と位置付け、発行者等との間で「元引受契約」を締結した者に対して、有価証券届出書の虚偽記載等に関して原則として損害賠償責任を負わせる（法21条1項4号）こととしているほか、これらに関連する事項につき所要の整備を行っている。

③　公開買付規制の適用範囲の見直し

ライツ・オファリングが行われた場合の株券等所有割合の変動の特性を踏まえた規制適用を行うため、一定の場合には、新株予約権の行使することにより行う株券等の買付け等に対して、公開買付規制を適用できることとしている（法27条の2第1項）。

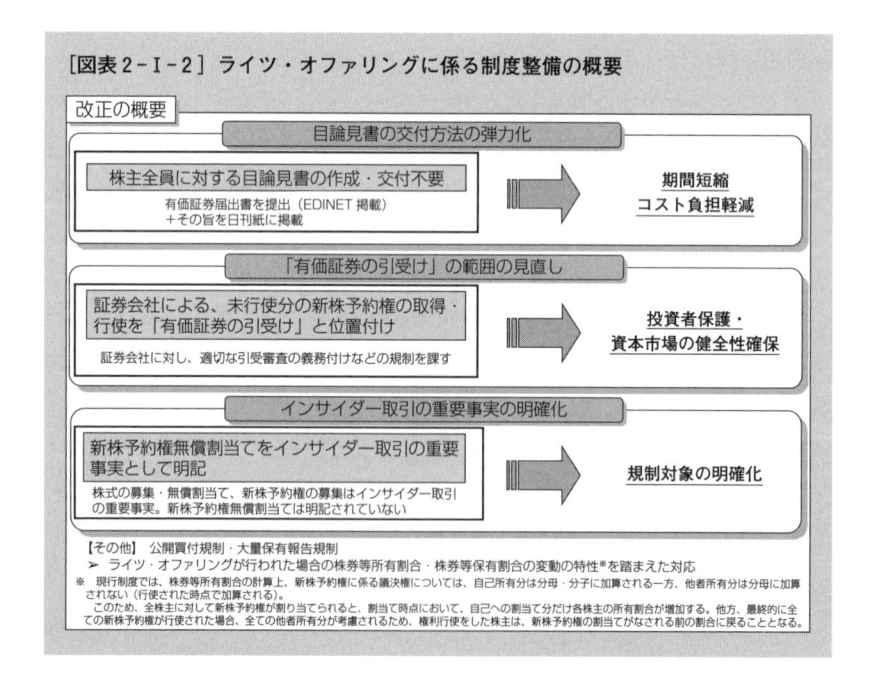

[図表2-I-2] ライツ・オファリングに係る制度整備の概要

【改正の概要】

目論見書の交付方法の弾力化
- 株主全員に対する目論見書の作成・交付不要
  - 有価証券届出書を提出（EDINET掲載）
  - ＋その旨を日刊紙に掲載
→ 期間短縮　コスト負担軽減

「有価証券の引受け」の範囲の見直し
- 証券会社による、未行使分の新株予約権の取得・行使を「有価証券の引受け」と位置付け
  - 証券会社に対し、適切な引受審査の義務付けなどの規制を課す
→ 投資者保護・資本市場の健全性確保

インサイダー取引の重要事実の明確化
- 新株予約権無償割当てをインサイダー取引の重要事実として明記
  - 株式の募集・無償割当て、新株予約権の募集はインサイダー取引の重要事実。新株予約権無償割当ては明記されていない
→ 規制対象の明確化

【その他】　公開買付規制・大量保有報告規制
➢ ライツ・オファリングが行われた場合の株券等所有割合・株券等保有割合の変動の特性※を踏まえた対応
※ 現行制度では、株券等所有割合の計算上、新株予約権に係る議決権については、自己所有分は分子・分母に加算される一方、他者所有分は分母に加算されない（行使された時点で加算される）。
このため、全株主に対して新株予約権が割り当てられると、割当て時点において、自己への割当て分だけ各株主の所有割合が増加する。他方、最終的に全ての新株予約権が行使された場合、全ての他者所有分が考慮されるため、権利行使をした株主は、新株予約権の割当てがなされる前の割合に戻ることとなる。

④ インサイダー取引規制に係る重要事実の明確化

新株予約権無償割当てに関する決定について、インサイダー取引規制が適用される重要事実に該当することを明確化している（法166条2項1号ホ）。

2 コミットメントライン（特定融資枠契約）の借主の範囲拡大
(1) 改正の背景・経緯

特定融資枠契約に関する法律（平成11年法律第4号）は、いわゆるコミットメントライン契約に基づいて借主に金銭消費貸借を発生させる権利を付与（融資枠を設定）する対価として「貸主」が収受する手数料については、出資の受入れ、預り金及び金利等の取締りに関する法律（昭和29年法律第195号）および利息制限法（昭和29年法律第100号）の規定にかかわらず、利息とみなさないとする特例を定める法律である。

当座貸越(注1)が中小企業を含む多くの企業に資金調達手段として利用されている状況下で、この特例をすべての借主に認めた場合、交渉力のない借主が手数料の名目で多額の融資利息を徴求されるおそれがあるため、弱者保護の観点から、法律で借主の範囲を限定しているものである。

この法律の制定当時の借主は「大会社」（資本金5億円以上または負債2百億円以上の株式会社）のみであったが、平成13年の改正によりその範囲が拡大され、「資本金3億円超の株式会社」、「有価証券報告書提出会社」、「資産流動化・証券化ビークル」(注2)が追加されている。

平成13年の改正後も、主として「貸主」である金融機関側から、政府に対して、借主の範囲の拡大に係る要望が寄せられてきたが、金融機関による優越的な地位の濫用のおそれが否定できなかったため、その検討は長らく慎重なものに留まっていた(注3)。

しかし、この法律の制定から既に10年余が経過し、コミットメントライン契約は融資取引として一定程度定着しているとみられること、また、いわゆるリーマン・ショック後の社債・CP市場が混乱した状況下においてストレス下の資金調達手段としての有効性が改めて確認されたことを踏まえ、「規制・制度改革に係る対処方針」（平成22年6月18日閣議決定。以下「対処方針」という）において、借主の範囲の拡大について検討の上、

平成22年度中に結論を得ることとされ、「新成長戦略」にも、平成22年度中の検討、平成25年度までの制度整備が盛り込まれた。

対処方針においては、上記の検討に際し、「借り手側の理解度・ニーズについて、借り手側の属性（事業体・規模等）別に当該借り手側を代表する団体及び借り手側の業種等を所管する省庁からヒアリング等を実施するとともに、併せて貸し手側からもヒアリングを実施」するとされ、これに基づき検討のための作業が行われた。

(注1) 当座貸越は、金融機関が極度額（枠）を設定し、その限度内で企業等に融資する取引ではあるが、将来の融資の確約（コミットメント）を伴うものではないとされている。反面、枠の設定の対価としての手数料の収受は、通常、行われていない。
(注2) 特定債権等譲受業者、特定目的会社、登録投資法人、専ら資産の流動化を行う株式会社または有限会社を指す。なお、特定債権等譲受業者は信託業法、有限会社は会社法の制定に伴い、いずれも根拠法が廃止されたため、借主から削除されている。
(注3) 「全国規模の規制改革要望に対する各省庁からの再回答について」（規制改革会議、平成21年9月4日）参照。

(2) 改正の概要

作業の結果を踏まえ、以下の4つの方向性に沿って検討が行われた。

1つ目の方向性は、「交渉力のある企業」類型（改正前の第2条第1～3号に相当）の拡大である。この方向性により、新たに追加されたのが、「純資産10億円超の株式会社」（2条1項3号）、「大会社等（同項1～4号）の子会社[注1]」（同項5号）および「純資産10億円超の株式会社等に相当する外国会社[注2]」（同項6号）である。「純資産10億円超の株式会社」の追加により、コミットメントライン契約の借主を中堅企業の一部にも拡大する効果が期待されるところである。なお、10億円という純資産の額は中小企業に関する統計（中小企業実態基本調査（中小企業庁）ほか）の調査結果[注3]を踏まえて定められたものである。

2つ目の方向性は、「金融機関」類型の新設である。この方向性により、新たに追加されたのが、「相互会社」（2条1項7号）[注4]、「金融商品取引

業者(証券会社・投資運用業者)」(同項8号)、「証券金融業者」(同項9号)[注5]および「株式会社である貸金業者」(同項10号)[注6]である。相互会社については、株式会社の資本金に相当する基金の最低額が10億円とされており、交渉力の点では既に借主とされている株式会社と比べても劣るところはない。また、その他の金融機関についても、いずれも恒常的に資金調達を行い、または融資を業として行っている者であり、資本金等の額に関係なく、交渉力を認めるのが相当とする考え方が背景にある。

3つ目の方向性は、「流動化・証券化ビークル」類型(改正前の2条4~6号に相当)の拡大である。会社法の施行に伴う関係法律の整備等に関する法律(平成17年法律第87号)による改正前のこの法律において、借主にいわゆるYK-TKスキームにおける有限会社に代表される「専ら資産の流動化を行う有限会社」が規定されていたこと、また、いわゆるGK-TKスキームにおける合同会社の利用にみられるとおり、流動化・証券において、かつて有限会社が占めていた地位を合同会社が占めている実態を踏まえ、第13号(改正前の2条6号)が改正され、「専ら資産の流動化を行う合同会社」が追加された。

4つ目の方向性は、特別の法律に基づき設立される民間の事業法人類型の追加である。これについては、方針に基づく作業の結果、最終的に見送られることとなった。

なお、6号に外国会社が追加されたことに伴い、2条に2項として外国会社の資本金または純資産額を邦貨に換算するための規定が追加された。

今回の法律の改正により、中堅企業の一部もコミットメントライン契約のメリットを享受できることとなる。その一方で弱者保護に支障を生じることがないよう、「金融資本市場及び金融産業の活性化等のためのアクションプラン」(金融庁、平成22年12月24日)においても、「コミットメントライン法の適用対象の拡大に当たっては、優越的地位の濫用を禁止する既存の規定の趣旨を徹底するため、金融機関等に対し、必要な検査・監督を行っていく。」とされている。

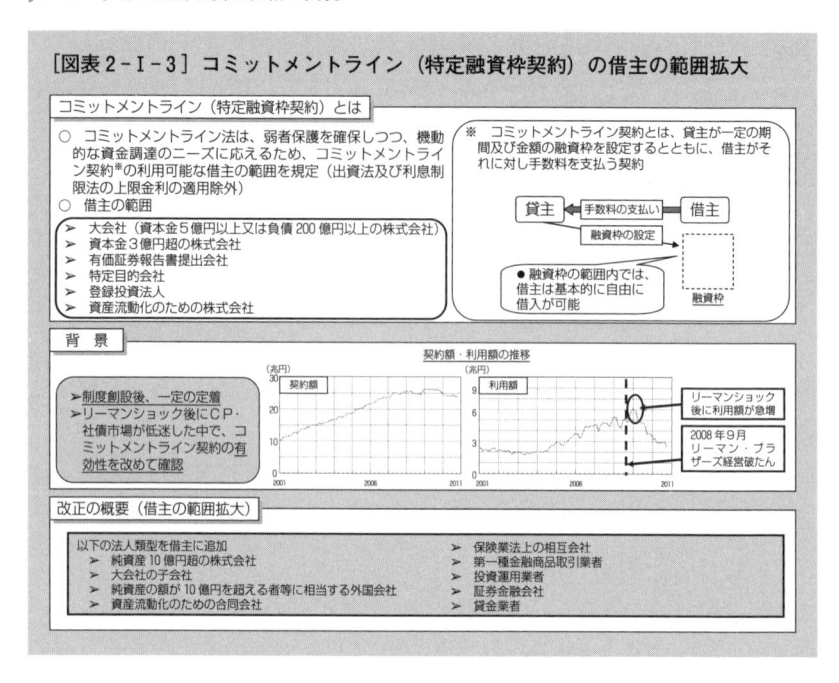

[図表 2-Ⅰ-3] コミットメントライン（特定融資枠契約）の借主の範囲拡大

コミットメントライン（特定融資枠契約）とは

○ コミットメントライン法は、弱者保護を確保しつつ、機動的な資金調達のニーズに応えるため、コミットメントライン契約※の利用可能な借主の範囲を規定（出資法及び利息制限法の上限金利の適用除外）
○ 借主の範囲
- 大会社（資本金5億円以上又は負債200億円以上の株式会社）
- 資本金3億円超の株式会社
- 有価証券報告書提出会社
- 特定目的会社
- 登録投資法人
- 資産流動化のための株式会社

※ コミットメントライン契約とは、貸主が一定の期間及び金額の融資枠を設定するとともに、借主がそれに対し手数料を支払う契約

● 融資枠の範囲内では、借主は基本的に自由に借入が可能

背景

- 制度創設後、一定の定着
- リーマンショック後にCP・社債市場が低迷した中で、コミットメントライン契約の有効性を改めて確認

契約額・利用額の推移（リーマンショック後に利用額が急増／2008年9月リーマン・ブラザーズ経営破たん）

改正の概要（借主の範囲拡大）

以下の法人類型を借主に追加
- 純資産10億円超の株式会社
- 大会社の子会社
- 純資産の額が10億円を超える者等に相当する外国会社
- 資産流動化のための合同会社
- 保険業法上の相互会社
- 第一種金融商品取引業者
- 投資運用業者
- 証券金融会社
- 貸金業者

（注1）（注2）　子会社、外国会社の定義については、いずれも会社法2条の定義によっている。

（注3）　中小企業実態基本調査（中小企業庁、平成21年度）をみると、資本金階級1億円超3億円以下に属する企業の純資産額の平均は11.2億円となっている。

（注4）　相互会社がこれまで借主とされていなかった理由としては、そもそも相互会社に代表される保険会社が基本的に資金余剰セクターであり、コミットメントライン契約で資金調達を行う必要性が乏しかったためと考えられる。今回の追加は生命保険業界からの要望に基づくものであるが、その背景には、新型疾患や大規模災害等、保険事故が集中する状況下における資金調達手段の多様化ニーズがある。

（注5）　金融商品取引業者（証券会社・投資運用業者）と証券金融業者は、株式会社である必要はあるものの、最低資本金はそれぞれ5,000万円と1億円であり、直ちに「交渉力のある企業」類型に該当するわけではないため、追加したものである。

（注6）　コミットメントライン契約の借主は、株式会社であることを原則としている。このため、貸金業者については株式会社形態のものに限定している。

3 銀行・保険会社等金融機関本体によるファイナンス・リースの活用の解禁

(1) 改正の背景・経緯

　銀行・保険会社等金融機関本体の業務範囲は、本業に専念することによる効率性の発揮、他業リスクの回避といった他業禁止の趣旨を踏まえ、法律で限定されている。

　現行法では、①中途解約禁止、②物件価額と付随費用（固定資産税や保険料など）をリース料で全額回収（フルペイアウト）するという2つの要件を満たすファイナンス・リース取引に係る業務については、これらの金融機関の子会社では行えるが、本体では行えない。しかし、これらの金融機関の本体によるリスク管理の一元化が可能となること、顧客窓口の一本化に伴う顧客利便性の向上、中小企業等の潜在的な設備投資ニーズの掘り起こしおよびリース子会社の業務を本体へ移すことによる業務の効率化などの観点から銀行・保険会社等金融機関本体で行いたいとの要望もある。

　このため、平成22年6月18日および同年10月8日にそれぞれ閣議決定された、「新成長戦略」および「円高・デフレ対応のための緊急総合経済対策」の実現に向けて、金融庁が同年12月24日に公表した「金融資本市場及び金融産業の活性化等のためのアクションプラン」を踏まえ、銀行・保険会社等金融機関本体にファイナンス・リース取引および同取引の代理・媒介業務を可能とするよう銀行法や保険業法等の改正が行われたところである。

　本体でのファイナンス・リース取引および同取引の代理・媒介業務が可能とされた金融機関については、銀行や保険会社のほか、信用金庫・信用組合等の協同組織金融機関も該当するが、本書では、銀行法の改正を例に解説する。

(2) ファイナンス・リース取引解禁等に係る考え方

　改正以前において、ファイナンス・リース取引は、銀行の子会社の業務として行うことは可能であるが、銀行本体では他業禁止の趣旨から業務として行うことはできない。

しかしながら、銀行を取り巻く環境等において、
① 銀行のリース子会社でノウハウを蓄積するとともに、
② 経済効果として設備投資資金の貸付けと同等であり、
③ 近年、銀行は融資手法の1つとして、動産担保融資を行っており、これに係るノウハウやリスク管理手法についても蓄積してきている、

ことなど、ファイナンス・リース取引に関わるノウハウの蓄積および固有業務（資金の貸付け）との親近性やリスクの同質性も認められることも踏まえ、今回の改正において、銀行本体においてもファイナンス・リース取引および同取引の代理・媒介業務を解禁することとしたものである。

今回の改正においては、ファイナンス・リース取引および同取引の代理・媒介業務を銀行法10条2項柱書きのいわゆる「その他付随業務」とはせず、銀行法10条2項各号に追加したが、これは、銀行法上の「その他付随業務」は、変化の大きい金融情勢において、新しい種類の業務が発生した場合の法律上の受け皿として想定されているものであり、今般追加したファイナンス・リース取引は、すでに銀行の子会社が行っていることから、新しい種類の業務が発生したとは言い難く、また、ファイナンス・リース取引を銀行本体の業務として明確に位置付けるため、このような整理を行ったところである。

ファイナンス・リース取引は、中途解約禁止およびフルペイアウトの2つの要件を満たすリース取引であるが、銀行のリース子会社においては、これらの要件のほか、リース期間満了後にリース子会社から顧客へ所有権が移転することを禁止するものも要件となっている。これは、資金の貸付けというよりは、物件の売買が行われたことと同様の効果となることから他業禁止の観点に鑑み、禁止しているものである。この考えは、銀行本体において行われた場合も同様であり、他業禁止の趣旨に鑑み、銀行本体が行うファイナンス・リース取引においても要件の1つとしている。

なお、ファイナンス・リース取引の要件の中で、「リース物品の使用及び収益を目的とする権利」との規定があるが、これは、例えば銀行がコンピュータの特定のソフトウェアを使用する権利をソフトウェア開発業者より取得し、当該権利を顧客にリースすることにより特定のソフトウェアが

使用可能となる「ソフトウェア・リース」において発生する使用権などを想定している。

(3) ファイナンス・リース取引に類する取引等の考え方

銀行のリース子会社においては、ファイナンス・リース取引だけでなくオペレーティング・リース取引についても収入依存度規制の範囲内で取扱いは可能となっているが、オペレーティング・リース取引は、ファイナンス・リース取引の2要件を満たさない取引であるから、物件の賃貸業に近い側面であり、また、経済効果としても資金の貸付けとは言えず、固有業務との親近性やリスクの同質性は認められないものと考える。このことから、銀行本体の業務としてオペレーティング・リース取引および同取引の代理・媒介業務は認めないこととしている。

一方で、ファイナンス・リース取引の中の一形態として、メンテナンス・リース（ファイナンス・リース取引に保守・点検等業務が付加されたリース取引）も考えられる。しかしながら保守・点検等の業務は、その業務自体、銀行

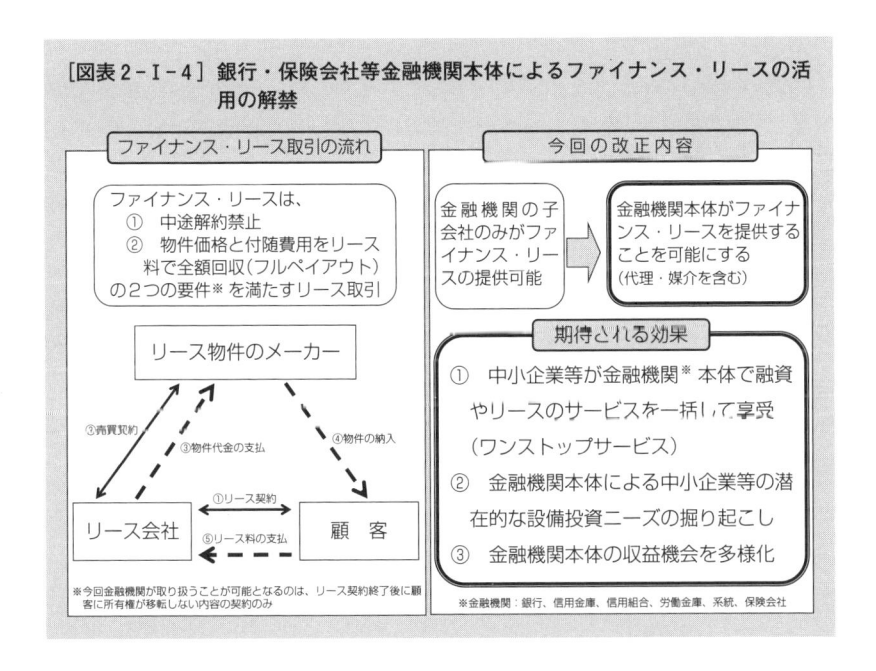

[図表2-Ⅰ-4] 銀行・保険会社等金融機関本体によるファイナンス・リースの活用の解禁

【ファイナンス・リース取引の流れ】
ファイナンス・リースは、
① 中途解約禁止
② 物件価格と付随費用をリース料で全額回収（フルペイアウト）
の2つの要件※を満たすリース取引

リース物件のメーカー
②売買契約　③物件代金の支払　④物件の納入
リース会社　①リース契約　顧客
　　　　　　⑤リース料の支払

※今回金融機関が取り扱うことが可能となるのは、リース契約終了後に顧客に所有権が移転しない内容の契約のみ

【今回の改正内容】
金融機関の子会社のみがファイナンス・リースの提供可能 → 金融機関本体がファイナンス・リースを提供することを可能にする（代理・媒介を含む）

【期待される効果】
① 中小企業等が金融機関※本体で融資やリースのサービスを一括して享受（ワンストップサービス）
② 金融機関本体による中小企業等の潜在的な設備投資ニーズの掘り起こし
③ 金融機関本体の収益機会を多様化

※金融機関：銀行、信用金庫、信用組合、労働金庫、系統、保険会社

業との親近性はなく、また、あくまでファイナンス・リース取引に付加される業務であるから一体性は認められない。このことから、当該業務を銀行本体が行うことは認めないこととしている。

Ⅱ 国民資産を有効活用できる資産運用機会の提供

1 プロ等に限定した投資運用業の規制緩和
(1) 改正の背景・経緯

　改正前において、金融商品取引業のうち投資運用業の登録を受けようとする者については、投資家の属性や、行おうとする業務の規模等にかかわらず、一律に、5,000万円以上の資本金・純財産要件、株式会社要件（取締役会および監査役を置く株式会社または委員会を置く株式会社）等の厳格な要件が課されてきたところである（29条の4第1項各号）。しかしながら、このような厳格な登録拒否要件が、投資運用業へ新規参入しようという者、特に、適格機関投資家等のいわゆるプロ投資家を相手に小規模な投資運用業を始めようとする者の障壁となっており、わが国における金融商品取引業の登録を断念した者が、わが国よりも規制の緩やかな諸外国に流出しているとの指摘がなされてきた。

　また、有価証券の取得勧誘については、有価証券の種類および勧誘の形態により、以下の登録が必要とされてきたところである（28条1項1号・2項1号・2号）。

　① 第1項有価証券の募集または私募の取扱い　第1種金融商品取引業
　② 第2項有価証券の募集または私募の取扱い　第2種金融商品取引業
　③ 有価証券の募集または私募　　　　　　　　第2種金融商品取引業

　そのため、投資運用業を行おうとする者が自ら運用を行うファンドに係る有価証券の取得勧誘を行おうとする場合には、自ら第1種金融商品取引業または第2種金融商品取引業の登録を受けるか、第1種金融商品取引業または第2種金融商品取引業の登録を受けている第三者に勧誘行為を委託することが必要であった。しかしながら、①これらの業規制のうち、特に、第1種金融商品取引業については、自己資本規制比率の維持等、投資運用業以上に厳格な登録拒否要件を満たすことが必要となること、また②必ず

しも第三者が勧誘行為の委託を受けるとは限らず、仮に委託を受ける場合でも委託コストが大きな負担となり得ることから、運用を行うファンドに係る有価証券の取得勧誘を行うことができず、結果としてファンドの立ち上げそのものを断念せざるを得ない例があるとの指摘もなされてきたところである。

これらの指摘を踏まえ、改正法では、一定の要件を満たす投資運用業（適格投資家向け投資運用業）を行おうとする者について登録拒否要件を緩和するとともに、当該適格投資家向け投資運用業を行う金融商品取引業者が行う一定の有価証券の取得勧誘について特例を設け、投資運用業への新規参入の促進を図るための措置を講じている。

(2) 改正の概要
(i) 適格投資家向け投資運用業（プロ向け投資運用業）

投資運用業の登録拒否要件を緩和するに当たり、その対象となる投資運用業を、以下のとおり、①全ての運用財産に係る権利者が適格投資家のみであり、かつ②全ての運用財産の総額が投資運用業の実態およびわが国の資本市場に与える影響その他の事情を勘案して政令で定める金額を超えないものに限定し、適格投資家向け投資運用業と定義することとしている。

(a) 全ての運用財産に係る権利者が適格投資家のみであること（投資家要件）

① 適格投資家概念の新設

改正前において、投資運用業に係る業規制については、顧客となる投資家の属性による差異を設けることなく、特に保護の必要性の高い一般投資家が顧客となることを念頭に、厳格な登録拒否要件を課してきたところである。しかしながら、顧客となる投資家の範囲が一定の投資判断能力等を有するプロ投資家に限定されている場合には、投資家自身によるリスク管理、投資先の選択、投資先へのガバナンス効果等が相当程度期待できるため、一般投資家の保護を念頭においた登録拒否要件を一部緩和したとしても、投資家保護上支障は生じないものと考えられる。

そこで、緩和された登録拒否要件の適用を受ける投資運用業について、

顧客となる投資家の範囲を一定の投資判断能力等を有するプロ投資家に限定することとしている。プロ投資家の範囲については、以下のとおり、「特定投資家その他その知識、経験及び財産の状況に照らして特定投資家に準ずる者として内閣府令で定める者又は金融商品取引業者（第29条の登録を受けようとする者を含む。）と密接な関係を有する者として政令で定める者」とし、その名称については、「適格投資家」と定義することとしている。

②　特定投資家および特定投資家に準ずる者

金商法上、いわゆるプロ投資家を表すものとしては、「適格機関投資家」（2条3項1号）や「特定投資家」（2条31項）という概念がある。これらは、開示規制または行為規制において設けられた一般投資家との差異について、投資家保護上支障がないかどうかという観点から、その範囲が定められているものと考えられる。そこで適格投資家についても、業規制において設けられた一般投資家との取扱いの差異について、投資家保護上支障がないかどうかという観点から、その範囲を定める必要があると考えられる。

この点、適格投資家を取引の相手方とする金融商品取引業者については、投資家保護のための高度な財産規制等の登録拒否要件を緩和する以上、対象となる適格投資家の範囲は、金融商品に関する十分な知識・経験・財産を有し、適切な投資判断を行うことができる者に限定することが望ましい。金商法上、適格機関投資家を含む特定投資家概念は、その知識・経験・財産の状況から金融取引にかかる適切なリスク管理を行うことが可能な投資家と位置付けられており、自己の責任において投資判断を行うことが可能と考えられている。そこで、基本的には、特定投資家概念を基準に適格投資家の範囲を決すべきと考えられる。

しかしながら、現行の特定投資家概念の中には、契約の種類や相手方にかかわらず、常に特定投資家である者（適格機関投資家、国、日銀）が含まれている一方で、契約の種類や相手方となる金融商品取引業者によって、本来は一般投資家でありながらも、個別に特定投資家とみなされる者（例えば、有価証券、デリバティブ取引に係る権利等の金融資産が3億円以上の個人等）も含まれている。後者の場合、当該一般投資家の自由意思により、特定投資家とみなされることや、一般投資家に戻ることが可能とされてい

るため、そのまま適格投資家の範囲に含めることは、緩和された登録拒否要件の適用を受ける投資運用業に該当するかどうかの基準を不安定なものとするおそれがある。

そこで、緩和された登録拒否要件の適用を受ける投資運用業の基準となる適格投資家に該当するかどうかの判断においては、投資家の申出による投資家属性の移行は認めないこととした上で（34条の2第5項・8項、34条の3第4項・6項）、申出により特定投資家に移行できる者（一般投資家である法人、金融資産が3億円以上である個人等）については、別途、知識・経験・財産の状況から本来の特定投資家に準ずるだけの投資判断能力等を有すると認められる者に限り、適格投資家の範囲に含めることとしている。

このように、投資家の申出による投資家属性の移行は認めないため、一般投資家がその申出により特定投資家に移行しても、適格投資家向け投資運用業における適格投資家には該当しないものとして取り扱われ、他方、特定投資家がその申出により一般投資家に移行しても、適格投資家向け投資運用業における適格投資家に該当するものとして取り扱われることになる（ただし、行為規制の適用については投資家属性の移行は有効となる）。

なお、適格投資家の範囲を本来の特定投資家の範囲よりも拡大すると、特定投資家に移行するための申出を行わない一般投資家が、プロ投資家として取り扱われることになるが、あくまで業規則の適用場面においてプロ投資家として取り扱われるに過ぎず、自らを特定投資家とみなす旨の申出をしない限り、行為規制の適用場面においては一般投資家として取り扱われ、通常の一般投資家の場合と同様の行為規制が適用されるため、行為規制の観点からの投資家保護上の問題は生じないものと考えられる。

③　金融商品取引業者と密接な関係を有する者

ファンドの立ち上げ時においては、投資家が、当該ファンドの利益追求や運用の健全性を担保するため、当該ファンドの運用を行う者と関係の深い者（例えば、当該ファンドの運用を行う金融商品取引業者の役員、運用担当者等）に対して、出資を求める例が多いとの実態を踏まえ、金融商品取引業者（29条の登録を受けようとする者を含む）と密接な関係を有する者についても、投資家保護上支障が生じないと考えられる範囲で適格投資家向け

投資運用業における適格投資家の範囲に含めることとしている。

④　適格投資家から除外される者

投資家の範囲を適格投資家に限定しても、適格投資家以外の者が出資する特定目的会社や、適格投資家以外の者が出資する集団投資スキームの業務執行組合員等を適格投資家として扱うと、実質的に適格投資家以外の者が投資しているにもかかわらず、投資家保護のための厳格な規制が適用されないこととなるおそれがある。そこで、このような潜脱的な取扱いを防止する観点から、適格投資家以外の者が出資する特定目的会社や、適格投資家以外の者が出資する集団投資スキームの業務執行組合員等を、原則として適格投資家から除外することとしている。

ただし、適格投資家以外の者が出資する集団投資スキームであっても、その財産の運用が、投資運用業を行う金融商品取引業者等、十分な投資判断能力を有する者により行われている場合には、適格投資家向け投資運用業への投資を認めても投資家保護上問題はないと考えられる。そこで、適格投資家以外の者が出資する集団投資スキームの業務執行組合員等について、当該集団投資スキームの財産の運用が投資運用業を行う金融商品取引業者等その他の政令で定める者により行われる場合には、適格投資家に含まれることとしている。

⑤　適格投資家向け投資運用業における顧客（適格投資家であるべき者の範囲）

これまでみてきたように、適格投資家向け投資運用業においては、顧客である投資家が適格投資家に該当しなければならないが、そもそも適格投資家向け投資運用業における顧客（適格投資家であるべき者の範囲）を表すものとしては、42条1項に規定する「権利者」概念を用いることとしている。ただし、同項の「権利者」には登録投資法人の投資主等の実質的な投資家が含まれないため、2条8項12号イに掲げる契約の相手方である登録投資法人の投資主その他これに準ずる者として政令で定める者を含めることとしている。

(b) 全ての運用財産の総額が投資運用業の実態およびわが国の資本市場に与える影響その他の事情を勘案して政令で定める金額を超えないものであること（総額要件）

金商法は、行為規制、弊害防止措置、業務改善命令の規定等において、投資家保護の観点に加え、取引の公正、金融商品取引業の信用の失墜の回避の観点なども規制目的として掲げている。そのため、登録拒否要件の緩和を検討するに当たっては、投資家保護の観点（対象となる投資家の範囲の限定）のみではなく、取引の公正を害するおそれがないか、金融商品取引業の信用を失墜させるおそれがないかなどについても考慮する必要がある。

この点、投資運用業を行う者が運用を行う運用財産の規模には様々なものがあり得るが、一般的に、運用を行う運用財産の規模が大きくなるほど、不公正な取引、システムトラブル、経営破綻等が生じた場合に、わが国の資本市場に与える影響は大きくなると考えられる。そのため、多額の運用財産の運用を行う者については、取引の公正や金融商品取引業の信用の失墜を回避する観点から、これまでどおり厳格な登録拒否要件を適用すべきであり、運用財産の総額が一定規模以下の者に限って、緩和された登録拒否要件を適用すべきであると考えられる。

もっとも、あまりに運用財産の総額の規模を限定してしまうと、業務の

[図表2-Ⅱ-1]

	一般の投資運用業	適格投資家向け投資運用業
人的構成要件	一般投資家の保護を前提とした必要かつ適切な人的構成	投資家の範囲および運用財産の総額が限定されることを前提とした必要かつ適切な人的構成
最低資本金・純財産要件	5,000万円	1,000万円
株式会社要件	取締役会および監査役設置会社または委員会設置会社（外国法人の場合は取締役会設置会社と同種類の法人）	監査役設置会社または委員会設置会社（外国法人の場合は監査役設置会社または委員会設置会社と同種類の法人）
その他	違反歴、役員等の適格性、兼業規制、主要株主規制等	同左

範囲が必要以上に制限されてしまい、登録拒否要件を緩和することで投資運用業を促進するという改正法の本来の趣旨が没却されるおそれがある。そこで、投資運用業の実態やわが国の資本市場に与える影響等を総合的に勘案して、運用財産の総額の具体的な金額を定めることとしている。

(ii) 投資運用業の規制緩和の概要

投資運用業に係る登録拒否要件のうち、特に新規参入者の障壁となっていると考えられるものについて、以下のとおり規制緩和を行うこととしている。

(a) 株式会社要件

投資運用業は、他人の財産に直接関与する特殊な業務であり、他の金融商品取引業よりも投資家保護を図るべき必要性が高いと考えられている。そのため、投資運用業を行おうとする者については、取締役会および監査役または委員会を置く株式会社（外国法人の場合は取締役会設置会社と同種類の法人）であることが必要とされている（29条の4第1項5号イ）。しかしながら、投資家の範囲がプロ投資家に限定されている投資運用業であれば、投資家の範囲が限定されていない一般の投資運用業と比べて、投資家保護を図るべき必要性の程度が異なるため、必ずしも取締役会が設置された株式会社であることを要件とすることは必要ないと考えられる。また、取締役会が設置された株式会社であるためには、少なくとも取締役が3名以上必要となり（会社法331条4項）、監査役の設置と合わせて、特に小規模の投資運用業から始めようという新規参入者にとって制約となっていたところである。

そこで、改正法においては、投資家の範囲がプロ投資家に限定されている適格投資家向け投資運用業を行おうとする者について、取締役会を設置しなくとも登録を受けることができるよう、監査役または委員会を置く株式会社(外国法人の場合は監査役設置会社または委員会設置会社と同種類の法人)で足りることとしている。

(b) 最低資本金・純財産要件

前述のとおり、投資運用業は、他人の財産に直接関与する特殊な業務であり、投資家保護を図るべき必要性が高い業務であると考えられることか

ら、投資運用業を行おうとする者については、高度な財産規制として資本金および純財産の額がいずれも5,000万円以上であることが必要とされている（29条の4第1項4号・5号ロ）。しかしながら、投資運用業であっても、投資家の範囲がプロ投資家に限定されているものであれば、投資家保護の必要性が一般の投資運用業とは異なるため、必ずしも同額の資本金・純財産要件を課す必要はないと考えられる。また、5,000万円以上の資本金・純財産要件を維持することは、前述の株式会社要件と同様、特に小規模の投資運用業から始めようという新規参入者にとって制約となっていたところである。

そこで、投資家の範囲がプロ投資家に限定されている適格投資家向け投資運用業を行おうとする者について、資本金・純財産要件の金額を5,000万円より引き下げることとしている。具体的な金額については、今後の政令策定作業の中で検討することとなるが、現時点では1,000万円とすることを予定している。

(c) 人的構成要件

投資運用業を行おうとする場合に必要となる人的構成要件については、金融商品取引業等に関する内閣府令において、「その行う業務に関する十分な知識及び経験を有する役員又は使用人の確保の状況並びに組織体制に照らし、当該業務を適正に遂行することができないと認められること。」（同府令13条1号）と規定されるとともに、金融商品取引業者等向けの総合的な監督指針（以下「監督指針」という）において、より具体的な審査項目が規定されている。しかしながら、投資運用業に係る人的構成要件については、どのような組織体制で、どのような人員構成を整備しなければならないのかが不明確であると指摘されてきたところであり、新規参入者にとって制約になっていたところである。また、投資家の範囲がプロ投資家に限定されており、運用財産の総額が一定の規模に限定されている投資運用業であれば、これまで投資運用業を行うにあたって一般的に必要であると考えられてきた組織体制、人員構成よりも緩和されたものを認めることが可能であると考えられる。

そこで、適格投資家向け投資運用業を行おうとする者については、人的

構成要件を緩和するとともに、できる限りその内容を明確化することとしている。具体的な内容については、今後の内閣府令策定作業、監督指針の見直し作業の中で検討することとする。

(iii) 有価証券の取得勧誘に係る業規制の特例

　投資運用業に係る有価証券のうち、投資信託の受益証券等のいわゆる第1項有価証券の私募の取扱いは、①発行者以外の者が行う取得勧誘であること、②多数の者が取引関係に関与することが想定されることなどから、高度な財産要件等を課して投資家保護を図るべきものとして、本来、第1種金融商品取引業に該当する業務と位置付けられている。

　しかしながら、当該有価証券に係る運用財産の運用を行う権限の全てを有する者が私募の取扱いを行う場合であり、かつ取得勧誘の相手方が一定の範囲に限定されている場合であれば、①取得勧誘を行う者が、発行者と同様に当該有価証券に表示された権利の内容やリスク等に関する十分な情報を有しており、投資家に対する十分な説明が期待できる上、当該有価証券に表示された権利を有する者に対して、運用財産の運用を行う者としての義務を負う（42条の3第3項、42条）こと、また、②当該有価証券の流動性が一定の範囲に制限され、多数の一般投資家が取引関係に関与することが想定されないことから、投資家保護を図るために高度な財産要件等を課すことまでは必要ないと考えられる。

　そこで、適格投資家向け投資運用業を行う金融商品取引業者が、投資一任契約に基づき、次に掲げる有価証券に表示される権利を有する者から出資または拠出を受けた金銭その他の財産の運用を行う権限の全部の委託を受けた者である場合に、適格投資家を相手方として行う当該有価証券の私募の取扱い（当該有価証券がその取得者から適格投資家以外の者に譲渡されるおそれが少ないものとして政令で定めるものに限る）を、第2種金融商品取引業とみなすこととしている（図表2-Ⅱ-2）。

① 投資信託または外国投資信託の受益証券（2条1項10号）
② 投資証券もしくは投資法人債券または外国投資証券（同項11号）
③ 受益証券発行信託の受益証券または外国もしくは外国の者の発行する証券もしくは証書で受益証券発行信託の受益証券の性質を有するも

[図表2-Ⅱ-2] 第2種金融商品取引業とみなされる有価証券の私募の取扱いの例

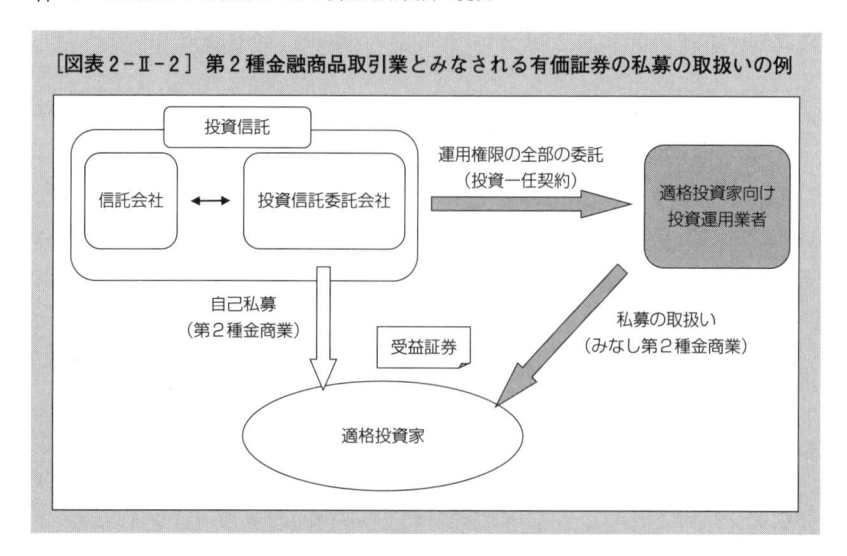

```
　┌─投資信託──────────────┐
　│ ┌────┐   ┌──────┐ │  運用権限の全部の委託      ┌──────┐
　│ │信託会社│←→│投資信託│ │ ───(投資一任契約)────→ │適格投資家向け│
　│ │    │   │委託会社│ │                          │投資運用業者 │
　│ └────┘   └──────┘ │                          └──────┘
　└──────┬───────────┘                                │
          │自己私募            ┌────┐                      │私募の取扱い
          │(第2種金商業)       │受益証券│                      │(みなし第2種金商業)
          ↓                    └────┘                      ↓
                        ┌──────────┐
                        │  適格投資家  │
                        └──────────┘
```

の（同項14号・17号）

④ 同項21号に掲げる有価証券のうち、同条8項14号または15号に規定する政令で定める権利を表示するもの

⑤ 上記①から④に掲げる有価証券に表示されるべき権利であって、同条2項の規定により有価証券とみなされるもの

なお、取得勧誘の相手方である適格投資家が、取得した有価証券を適格投資家以外の者に譲渡することを防止するため、「当該有価証券がその取得者から適格投資家以外の者に譲渡されるおそれが少ないものとして政令で定めるもの」であることを要件としている（転売制限）。転売制限の具体的内容については、今後の政令策定作業の中で検討していくこととなる。

(iv) その他

(a) 登録申請書の記載事項の追加

適格投資家向け投資運用業を行おうとする者について、当局がその内容を把握し、それに応じた適切な業規制を課すため、登録申請書の記載事項である業務の種別において、適格投資家向け投資運用業に該当する旨を記載させることとしている。

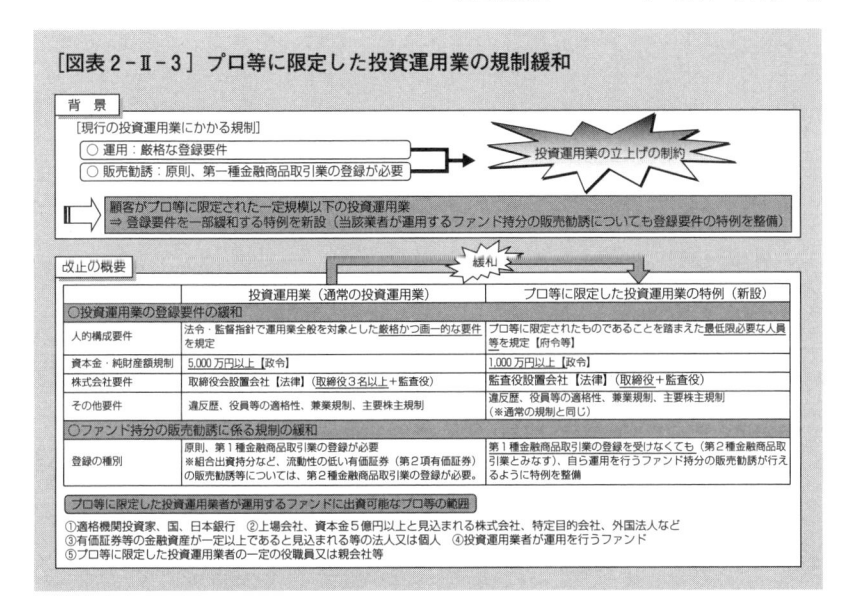

[図表2-Ⅱ-3] プロ等に限定した投資運用業の規制緩和

(b) 所属金融商品取引業者等からの除外

適格投資家向け投資運用業は、一般の投資運用業と比べ、財産規制を含む業規制が緩和されており、金融商品仲介業者が顧客に加えた損害を賠償する責任（66条の24）を負担できるだけの高度な財産的基礎を備えているとは必ずしも言えないことから、所属金融商品取引業者等となり得る者から除外することとしている。

2 資産流動化スキームに係る規制の弾力化

(1) 改正の背景・経緯

SPC法は、平成10年、金融ビッグバンの流れの中で、不良債権の処理や担保不動産等の証券化を主な目的として制定されたが、平成12年の大改正を経て、広く資産一般の流動化のための法律として再構築され、わが国金融の中核的な金融仲介の仕組みである集団投資スキームの基盤的法制として定着している。同法に基づく証券化の実績は、資金調達の残高ベースで約12兆円（平成22年9月末現在）、特定目的会社の数は約1,000社（平成22年3月末現在）となっている。

SPC法に基づく資産流動化の基本スキームは、あらかじめ定められた資産流動化計画に基づき、特定目的会社が投資者から資金調達(優先出資・特定社債の発行や借入れ)をして不動産や債権といった特定の資産を取得し、または信託会社等が特定の資産の信託を受けて受益証券を発行し、当該資産から生じるキャッシュフローにより分配・返済を行うという仕組みであり、資産の流動化の促進と投資者保護のバランスを図る観点から諸々の規制の枠組みが設けられている。

しかしながら、近年、資産流動化スキームを用いた開発型案件等が増加する中で、利用に当たっての手続が煩雑であるといった指摘や規制の負担が重いといった指摘がなされてきた。

現在、金融危機以降の不動産投資市場の低迷等を踏まえ、証券化の手法を活用して不動産開発等の促進を図ることが求められているが、上記のとおり、平成10年の制定および平成12年の改正以降、同法の資産流動化スキームが証券化、ひいては資産担保金融の手法として広く実務に定着している実態を踏まえ、今般、SPC法を改正し、投資者保護に反しない範囲で資産流動化スキームについて一定の規制の弾力化を行うこととしたものである。

(2) 改正の概要
(i) 資産流動化スキーム規制の弾力化に係る改正の全体像

資産流動化スキーム規制の弾力化に係る改正の具体的内容は、大きく、(a)資産流動化計画の変更届出義務の緩和、(b)資産の取得および資金調達に係る規制の見直し、(c)資産流動化の応用スキームの促進の3つに分けられる。

まず、(a)資産流動化計画の変更届出義務の緩和は、資産流動化計画の軽微な変更について、届出義務を免除するというものである。

(b)資産の取得および資金調達に係る規制の見直しは、①従たる特定資産(不動産等に付随して用いられる軽微な特定資産)の信託設定義務等の免除、②特定資産の価格調査に係る規制の見直し(不動産に係る鑑定評価および第三者価格調査の二重負担の廃止)、③特定資産の譲渡人による重要事項の告

知義務等の廃止、④資金の借入れに係る規制の見直し（特定目的借入れの使途制限の撤廃等）を行うというものである。

(c)資産流動化の応用スキームの促進は、特定目的信託における社債的受益権（あらかじめ定められた金額の分配を受ける種類の受益権）の発行要件について、他の種類の受益権の発行義務の廃止等を行うというものである。

なお、上記(b)資産の取得および資金調達に係る規制の見直しのうち、②特定資産の価格調査の規制の見直しについては、同じく集団投資スキームの基盤的法制である投信法についても、同様に規制の弾力化を行うこととしている。

上記各項目の改正内容の概説は以下のとおりである。

(ii) **資産流動化計画の変更届出義務の緩和**

現行法上、資産流動化計画を変更した場合には、変更から原則として2週間以内に、内閣総理大臣に届出を行わなければならないこととされている。しかしながら、軽微な事項に係る変更を含め、全ての流動化計画の変更について届出が義務付けられているため、特に多数回にわたる変更が不可避となる開発型のスキームでは変更届出の手間・コストが大きく、全体として資産流動化スキームの利用の妨げになっているとの指摘がなされていた。

平成12年の改正により、特定目的会社は登録制から届出制に変更されたが、その趣旨は、当局が法令違反の有無を事後的にチェックすることにより投資者保護を図ることとされている。しかしながら、資産流動化計画の記載事項のうち、例えば、特定資産の取得時期といった資産流動化スキームの根幹にかかわらない一定の事項について確定手続により確定したことに伴う変更など、投資者保護の観点から重要性の低いものについては、当局として変更届出により随時把握する必要性も低いと考えられる。

そこで、SPC法の制定から10数年を経て資産流動化スキームが実務に定着していることも踏まえ、後見的な行政の関与を極力縮小し、SPC法に基づく資産の流動化を一層促進する観点から、改正法では、軽微な変更の場合には資産流動化計画変更時の届出義務を免除することとしている（SPC法9条1項、227条1項）。

変更届出義務が免除される「軽微な変更」の具体的な内容については、内閣府令で規定する枠組みとなっている。現時点においては、特定資産の取得の時期や資産対応証券の個別の発行の時期・金額等を規定することを予定している。

(ⅲ) 資産の取得および資金調達に係る規制の見直し

(a) 従たる特定資産の信託設定義務等の免除

現行法上、「特定資産」は、「資産の流動化に係る業務として、特定目的会社が取得した資産又は受託信託会社等が取得した資産」と定義されており（SPC法2条1項）、特定資産の信託設定義務（SPC法200条1項）等の各種規制が設けられている。

しかしながら、ホテルや家具付きアパートの家具等、流動化対象の不動産等の特定資産がキャッシュフローを生み出すに当たり、当該特定資産に付随して様々な軽微な資産が必要になる場合がある。これらの軽微な資産の一つ一つについて特定資産に係る各種規制を遵守しようとすると、例えば、流動化対象の不動産等と切り離してこれらに付随する軽微な資産のみを信託設定する必要があることになるが、このような取扱いは煩雑であり現実的ではない。その結果、特定目的会社がホテル等の特定資産を取得しようとする場合には、それに付随する軽微な資産については、特定目的会社とは別の会社に保有させるスキームを組まなければならないなど、資産流動化スキームの利用に当たりコスト増の要因となっている旨の指摘がなされていた。

また、信託設定義務以外でも、特定資産に係る譲受け契約書等の当局への提出、資産対応証券の募集時の特定資産の価格調査の結果の通知等の義務付けにより、膨大な手間・コスト等が生じるといった問題もある。

これら不動産等の特定資産に付随して用いられる資産は、当該不動産等がホテルや家具付きアパートとしての機能を果たすために必要な資産であり、当該不動産等と一体として使用され、キャッシュフローを生み出すという点で、不動産等と機能的・経済的に一体の資産といえる。また、これらの資産については、不動産等に付随して使用されるという性格上、投資者にとってその価値等が軽微な資産も多く、特定資産に係る各種規制を免

[図表2-Ⅱ-4] 従たる特定資産に係る改正の具体的内容

特定資産に係る規制または特例	改正内容	SPC法の条文
譲受け契約書等の当局への提出義務	免除	4条3項3号・4号 225条2項3号
資産対応証券の募集時における、投資者に対する特定資産の特定に関する事項や価格調査の結果等の通知義務	免除	40条1項7号・8号 122条1項3号・17号・18号
解散事由（特定資産の譲受けの不能）	適用除外	160条1項7号
特定資産に係る信託設定義務	外部委託を行うことを条件として免除	200項2項5号
特定資産の管理および処分に係る業務の外部委託契約における条件設定義務	免除	200条3項
特定資産の譲渡人による募集等の取扱いの特例	適用除外	208条
特定資産の処分等の制限	免除	213条

除したとしても投資者保護の観点から問題がない規制も存在する。

こうした背景を踏まえ、改正法では、「不動産その他の特定資産に付随して用いられる特定資産であって、価値及び使用の方法に照らし投資者の投資判断に及ぼす影響が軽微なものとして内閣府令で定めるもの」を「従たる特定資産」と定義し（SPC法4条3項3号）、特定資産に係る各種規制の趣旨に鑑みて投資者保護上問題がないと考えられる範囲で、従たる特定資産について一定の規制の特例を設けることとしている。

従たる特定資産に係る改正の具体的内容は別図のとおりである。

(b) 特定資産の価格調査に係る規制の見直し

現行法上、特定目的会社は、資産対応証券の募集を行うに当たり、第三者である弁護士、公認会計士、不動産鑑定士等が特定資産の価格につき調査した結果を、優先出資や特定社債の引受けの申込者に対して通知しなければならないこととされている。

これに関し、特定資産が不動産である場合には、不動産鑑定士による鑑定評価を踏まえた第三者による価格調査の結果の通知が必要とされており、

不動産鑑定士による鑑定評価と第三者による価格調査が二重に義務付けられることになる。

　第三者による価格調査を義務付けた趣旨は、資産対応証券の引受けの判断において、裏付けとなる資産の価格が適正なものであることを確保することが重要であることにある。しかしながら、不動産の鑑定評価は、国が定める不動産鑑定基準によって経済価値の算定過程に一定の客観性が担保されており、その公正性・適正性が確保されていることに鑑みれば、重ねて第三者による価格調査を義務付ける実益は乏しい。

　こうした背景を踏まえ、改正法では、特定資産が土地もしくは建物またはこれらに関する権利もしくは資産である場合には、現行の不動産鑑定士による鑑定評価を踏まえた第三者価格調査の結果に代えて不動産鑑定士による鑑定評価の評価額のみを通知すれば足りることとしている（SPC法40条1項8号、122条1項18号）。

　同様に、投信法においても、投資信託委託会社の運用指図に基づき信託会社等が投資信託財産として取得した特定資産が土地もしくは建物またはこれらに関する権利もしくは資産である場合等には、現行の不動産鑑定士による鑑定評価を踏まえた第三者価格調査に代えて不動産鑑定士による鑑定評価のみを行えば足りることとしている。また、土地もしくは建物またはこれらに関する権利もしくは資産である特定資産の取得または譲渡が行われた際、当該取得または譲渡に先立って鑑定評価を行わせている場合については、取得または譲渡行為後の鑑定評価義務を免除することとしている（投信法11条、201条）。

　(c)　特定資産の譲渡人による重要事項の告知義務等の廃止

　現行法上、特定目的会社が特定資産を譲り受けようとする場合には、その譲受けに係る契約書に、譲渡人が特定目的会社に対して、当該特定資産に係る資産対応証券に関する有価証券届出書等に記載すべき重要な事項について告知する義務を有する旨の記載がないときは、当該特定資産を譲り受けてはならないとされている。

　特定資産の譲渡契約における譲渡人の特定目的会社に対する重要事実の告知義務は、特定目的会社が資産流動化スキームにおける器に過ぎないこ

とから、資産対応証券の発行者としての開示義務を果たす上で十分な調査能力が期待できないとして設けられたものである。

しかしながら、実際の資産流動化スキームの実務は、アセットマネージャー等の専門家が関与することが通常であるものとして定着しており、譲渡人による告知義務を通じた特定目的会社の調査能力の補完を法的に義務付ける必然性は薄れてきている。

こうした背景を踏まえ、SPC法に基づく資産の流動化を一層促進する観点から、改正法では、特定資産の譲渡契約における譲渡人の特定目的会社に対する重要事項の告知義務に係る条件の規制を廃止することとしている（改正前のSPC法199条）。

また、同様の観点から、特定資産に係る管理・処分業務の受託者等による重要事実の通知義務および譲受けに係る特定資産が信託受益権である場合における信託受託者等による重要事実の通知義務、ならびに特定目的信託における原委託者による重要事項の告知義務についても廃止することとしている（改正前のSPC法200条2項1号・4項4号、201条、230条1項3号）。

(d) 資金の借入れに係る規制の見直し

① 特定目的借入れの使途制限の撤廃

現行法上、特定目的借入れを行うことができるのは、「特定資産を取得するため」という目的に限定されている。

特定目的会社の主な資金調達手段である優先出資、特定社債および特定目的借入れのうち、使途制限があるのは特定目的借入れのみである。これは、平成12年の改正において特定目的借入れが導入された際に、資産流動化スキームが当初資産の証券化として創設された経緯から、借入れに一定の制限を設けることにより、証券発行を主とするという枠組みを維持したいという政策判断があったものと考えられる。

しかしながら、その後の実務において、借入れを用いた資産流動化スキームが定着し、優先出資や特定社債と並ぶ重要な資金調達手段として利用されるようになったため、現在では資産流動化スキームにとって不可欠なものとなっていること、開発型案件の利用が増加し、特定資産の取得以外の支出を特定目的借入れでファイナンスできないことが流動化業務の支障に

なる場合が生じてきたこと等から、現在では平成12年当時とは状況が異なっている。

こうした背景を踏まえ、特定目的会社の機動的な資金調達を確保するため、改正法では、特定目的借入れについて、特定資産の取得のためという使途制限を撤廃し、特定資産の管理・処分等を含む資産の流動化に係る業務全体および附帯業務に充てることができるものとしている（SPC法210条）。また、「特定目的借入れ」の定義の名称については、目的の制限がなくなることから、「特定借入れ」と変更することとしている（SPC法2条12項）。

②　その他借入れの規定の整備

現行法上、「特定社債、特定約束手形又は特定目的借入れに係る債務の履行に充てるため資金の借入れを行う場合」におけるその他借入れについては、条文上、借入期間に制限が設けられていない。

しかしながら、債務の履行のためのその他借入れは、元々、特定資産の取得を目的としない、いわゆる「つなぎ借入れ」として導入されたものであるにもかかわらず、ロールオーバーを繰り返すこと等により特定資産の取得を恒久的にファイナンスすることが可能となるおそれがある。

そこで、その他借入れにより恒久的な特定資産の取得のファイナンスを行うことを防止するため、「特定社債、特定約束手形又は特定借入れに係る債務の履行に充てるための資金の借入れ（当該資金の借入れに係る債務の履行に充てるために更に資金の借入れを行う場合を含む。）」については、「借入期間が1年以内である場合」に限り行うことができることとしている（SPC法211条1号）。

また、その他借入れが一時的な借入れ等に限定されることを明確化する観点から、1号以外には、「資産対応証券の発行又は特定借入れを行う場合における一時的な資金繰りのために資金の借入れを行う場合その他投資者の保護に反しない場合として内閣府令で定める場合」に、その他借入れを行うことができることとしている（SPC法211条2号）。

(iv) 資産流動化の応用スキームの促進
(a) 他の種類の受益権の発行に係る要件の撤廃

現行法上、特定目的信託における社債的受益権（あらかじめ定められた金額の分配を受ける種類の受益権）を発行する場合には、他の種類の受益権も併せて発行することが義務付けられている。

かかる要件は、社債的受益権があらかじめ定められた金額の分配を受けるものであることから、特定目的信託の変動する損益を帰属させる先として、他の種類の受益権を発行するべきであるとの観点から設けられているものである。

しかしながら、損益の帰属先を確保するために他の種類の受益権を発行することを法令上義務付ける必然性には乏しく、また、社債的受益権のみを発行する特定目的信託についての潜在的なニーズが生じているところである。

こうした背景を踏まえ、改正法では、当該義務を撤廃することとしている（SPC法230条1項2号）。これにより、例えば、社債的受益権を利用したイスラム債の発行の促進につながることが考えられる。

(b) あらかじめ定められた時期における元本の償還の要件および無議決権の要件の追加

信託の受益権の内容は、信託契約により任意に定めることができ、定期的に一定の額の利益の分配を受けることを定めることや、信託受益権が一定の時期に償還される旨を約することも可能である。これらの定めにより、信託受益権であって、経済実態としては社債の性質を持つものを組成することが可能である。

特定目的信託の受益権についても、信託契約により当事者間でその内容を設定することが可能であるのが原則であるが、社債的受益権を社債と同じ性質を有する受益権として位置付けるのであれば、その条件についても社債と可能な限り同様にするべきであると言える。

従来、この点が必ずしも明確ではなかったが、今般、社債的受益権をいわゆるイスラム債として発行したいというニーズがあることも踏まえ、社債と同様の性質を有する受益権の条件を見直すこととし、具体的には、①社

債的受益権の元本があらかじめ定められた時期に償還されるものであること、および②社債的受益権に係る受益証券の権利者が、一定の法定決議事項を除く権利者集会の決議について議決権を有しないことを社債的受益権の発行の要件として追加することとしている（SPC法230条1項2号）。

(c) オンバランススキームの特定目的信託の社債的受益権を発行する場合における、原委託者の信用状態に係る事由の通知の要件

通常の資産の流動化においては、会計上、オリジネーターのバランスシートから資産が切り離されるような形でスキームが組まれること（オフバランススキーム）が一般的であると考えられるが、例えば、近年においてニーズが生じているいわゆる「イスラム債」の発行に当たって、特定目的信託における社債的受益権を利用する場合のように、オンバランススキームを用いることも想定されるところである。

しかしながら、オンバランススキームの場合には、オフバランススキームの場合に比べて、資産の移転が担保目的の取引と扱われる可能性が高くなることから、譲渡人について破産等の倒産手続が開始された場合、当該資産は譲渡人の資産と扱われ、当該資産の譲受人は担保権者と扱われる可

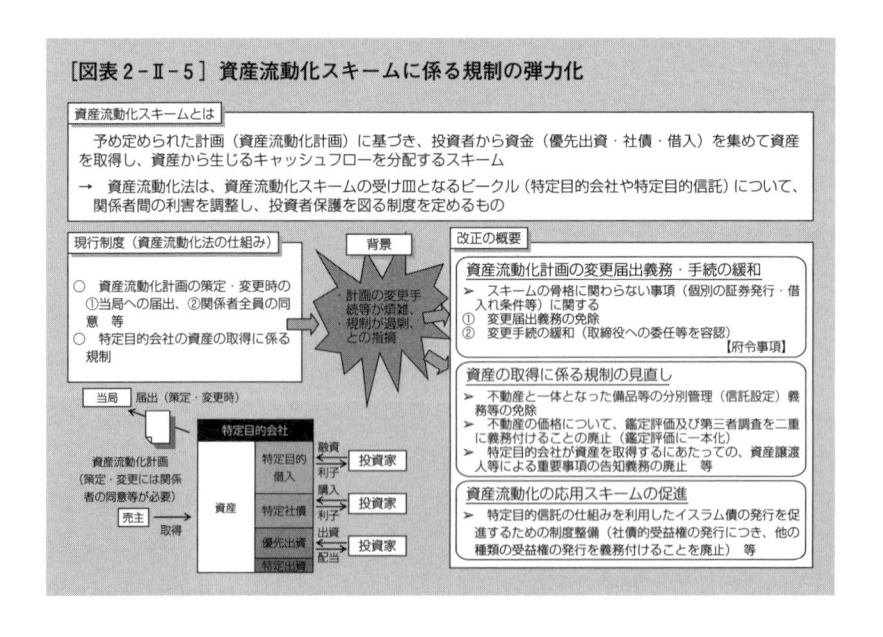

[図表2-Ⅱ-5] 資産流動化スキームに係る規制の弾力化

資産流動化スキームとは
予め定められた計画（資産流動化計画）に基づき、投資者から資金（優先出資・社債・借入）を集めて資産を取得し、資産から生じるキャッシュフローを分配するスキーム
→ 資産流動化法は、資産流動化スキームの受け皿となるビークル（特定目的会社や特定目的信託）について、関係者間の利害を調整し、投資者保護を図る制度を定めるもの

現行制度（資産流動化法の仕組み）
○ 資産流動化計画の策定・変更時の①当局への届出、②関係者全員の同意 等
○ 特定目的会社の資産の取得に係る規制

背景
計画の変更手続等が煩雑、規制が過剰、との指摘

改正の概要

資産流動化計画の変更届出義務・手続の緩和
➢ スキームの骨格に関わらない事項（個別の証券発行・借入れ条件等）に関する
① 変更届出義務の免除
② 変更手続の緩和（取締役への委任等を容認）
【府令事項】

資産の取得に係る規制の見直し
➢ 不動産と一体となった備品等の分別管理（信託設定）義務等の免除
➢ 不動産の価格について、鑑定評価及び第三者調査を二重に義務付けることの廃止（鑑定評価に一本化）
➢ 特定目的会社が資産を取得するにあたっての、資産譲渡人等による重要事項の告知義務の廃止 等

資産流動化の応用スキームの促進
➢ 特定目的信託の仕組みを利用したイスラム債の発行を促進するための制度整備（社債的受益権の発行につき、他の種類の受益権の発行を義務付けることを廃止） 等

能性が高くなる。

　このような場合、投資者は、特定資産の価値に加え原委託者自体の信用力も勘案して投資判断を行うこととなることから、受託信託会社等は、特定目的信託における社債的受益権の発行者として、信託財産の状況に影響を与えうる原委託者の信用状態に係る事由の発生を把握する必要がある。

　今般、イスラム債のように、原委託者が買戻義務を有するオンバランススキームにおける社債的受益権の利用が現実的に進むと考えられることから、社債的受益権であって原委託者の信用状態が投資者の投資判断に重要な影響を及ぼすものについては、特定目的信託の原委託者に自らの信用力に関する情報を受託者に対して通知させる仕組みを整備することにより、社債的受益権に対する投資者の保護を図ることとしている（SPC法230条1項3号）。

3　英文開示の範囲拡大
(1)　改正の背景・経緯
(i)　現行の英文開示制度

　現行の金商法に基づく英文開示制度は、有価証券報告書、四半期報告書等を提出しなければならない外国会社、外国政府等（以下「外国会社等」という）について、公益または投資者保護に欠けることがないと認められる場合に、有価証券報告書、四半期報告書等の提出に代えて、外国において開示が行われている有価証券報告書、四半期報告書等に類する書類であって英語で記載されたものの提出を認める制度である[注]。

　その基本的な考え方は、
(a)　外国会社等が提出すべき開示書類が有価証券報告書、四半期報告書等の継続開示書類（臨時報告書を除く（以下「有価証券報告書等」という））であり、
(b)　有価証券報告書等に類する書類であって英語で記載されたもの（以下「外国会社報告書等」という）が、既に、外国において開示が行われている

場合について、英文開示（外国会社報告書等の提出）を認めるというもので

ある。

　(a)のように、英文開示の対象とする開示書類が継続開示書類に限定されていたのは、
① 一般的に、有価証券届出書等の発行開示書類に記載すべき情報、特に当該有価証券に関する情報（「証券情報」）は、有価証券の募集または売出しに関して投資者の投資判断に直接的に影響を及ぼす情報であるため、その内容を投資者が正確に把握する必要があることから、日本語での記載が適切である。
② 一方で、継続開示の対象である有価証券については、その発行会社等に関する情報は外国の市場において評価され、当該有価証券の価格形成が行われていること等から、外国で英語により開示が行われている当該有価証券に係る継続開示書類の提出を認めることとしても投資者保護に欠けることはない。

と判断されたこと等によるものである。

　なお、継続開示書類のうち臨時報告書については、投資者の投資判断に影響を及ぼすと考えられる一定の事象が発生した場合に直ちに提出する開示書類であり、投資者は即時に当該情報の内容を正確に把握することが求められることから、英文開示を認めないこととされた。

　このように、これまでの英文開示の対象開示書類の範囲は、
① 有価証券報告書、四半期報告書、半期報告書およびこれらの訂正報告書
② 内部統制報告書およびその訂正報告書
③ 確認書およびその訂正確認書
④ 親会社等状況報告書およびその訂正報告書

に限定されていた。

　また、(b)のように、有価証券報告書等に代えて提出することができる有価証券報告書等に類する書類が外国において開示が行われているものに限定しているのは、当該情報が外国の市場において適正に開示されている場合には、当該情報は投資者の十分な評価の対象となり、その外国会社等が発行する有価証券について適正な価格形成が行われるものと考えられるこ

とから、投資者保護に欠けることはないと判断されたことによる。

なお、外国会社等が英文開示を行う場合には、外国会社報告書等とともに、外国会社報告書等に記載されている事項のうち公益または投資者保護のため必要かつ適当なものの要約の日本語による翻訳文、有価証券報告書等に記載すべき事項であって外国会社報告書等に記載がない事項を日本語または英語によって記載した書類等の補足書類の提出が義務付けられている。

> (注) 英文開示は、平成17年12月1日から外国株価指数連動型上場投資信託（いわゆる外国ETF）に係る有価証券報告書、半期報告書およびこれらの訂正報告書を対象として実施され、平成20年6月1日からは、外国会社等が発行者であるすべての有価証券に係る①有価証券報告書、四半期報告書、半期報告書およびこれらの訂正報告書、②内部統制報告書およびその訂正報告書、③確認書およびその訂正確認書ならびに④親会社等状況報告書およびその訂正報告書が対象とされている。

(ⅱ) 英文開示を巡る動き

英文開示については、平成22年6月18日に閣議決定された「新成長戦略～「元気な日本」復活のシナリオ～」において7つの戦略分野の1つとして位置付けられた「金融戦略」の中で、「外国企業等による我が国での資金調達を促進するための英文開示の範囲拡大等を実施する」と掲げられた。

これを受け、金商法に基づく開示制度の整備について専門的・技術的な見地から検討を行うために設置された「金融庁・開示制度ワーキング・グループ」において、英文開示の範囲拡大について検討が行われた。ここでの検討の結果は、「金融庁・開示制度ワーキング・グループ報告～英文開示の範囲拡大について～」（平成22年12月17日）（本書第3部において「開示制度ワーキング・グループ報告」という）に取りまとめられ、公表された。この報告では、

(a) 英文開示の対象範囲が継続開示書類に限られていることから、わが国において資金調達等を行う外国会社等は、有価証券の募集または売出しを行うために日本語による有価証券届出書を作成しなければならないが、この日本語による有価証券届出書をベースとすることにより、

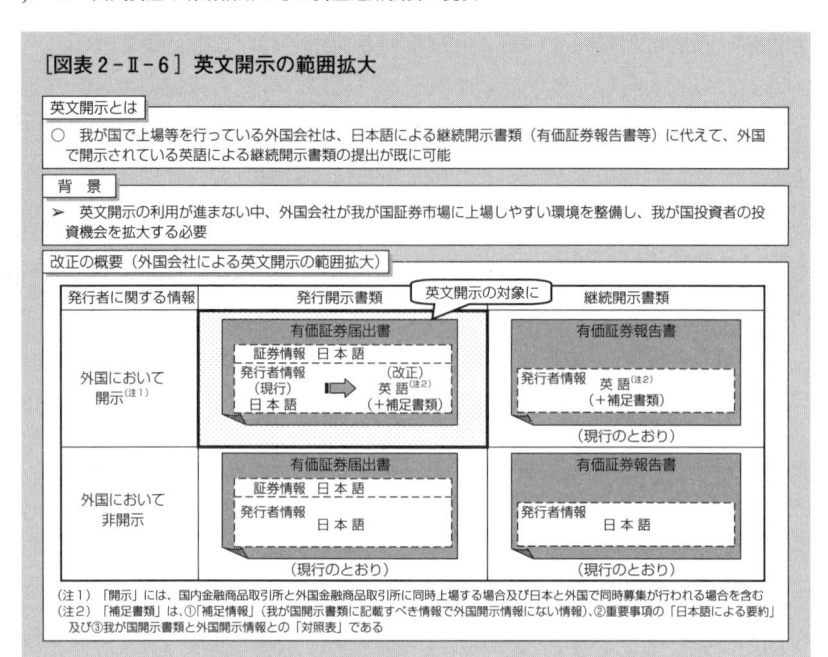

58 Ⅱ 国民資産を有効活用できる資産運用機会の提供

[図表2-Ⅱ-6] 英文開示の範囲拡大

英文開示とは
○ 我が国で上場等を行っている外国会社は、日本語による継続開示書類（有価証券報告書等）に代えて、外国で開示されている英語による継続開示書類の提出が既に可能

背景
➤ 英文開示の利用が進まない中、外国会社が我が国証券市場に上場しやすい環境を整備し、我が国投資者の投資機会を拡大する必要

改正の概要（外国会社による英文開示の範囲拡大）

発行者に関する情報	発行開示書類	継続開示書類
外国において開示（注1）	有価証券届出書 証券情報　日本語 発行者情報（現行）日本語 → （改正）英語（注2）（＋補足書類）	有価証券報告書 発行者情報　英語（注2）（＋補足書類） （現行のとおり）
外国において非開示	有価証券届出書 証券情報　日本語 発行者情報　日本語 （現行のとおり）	有価証券報告書 発行者情報　日本語 （現行のとおり）

英文開示の対象に

（注1）「開示」には、国内金融商品取引所と外国金融商品取引所に同時上場する場合及び日本と外国で同時募集が行われる場合を含む
（注2）「補足書類」は、①「補足情報」（我が国開示書類に記載すべき情報で外国開示情報にない情報）、②重要事項の「日本語による要約」及び③我が国開示書類と外国開示情報との「対照表」である

　　　大きなコストを掛けることなく日本語による有価証券報告書等の作成が可能となり、あえて英文開示を行う必要性は小さい旨の指摘があり、
　(b)　こうした指摘を踏まえ、英文開示の対象範囲を有価証券届出書等の発行開示書類および臨時報告書に拡大し、発行開示書類と継続開示書類を一体として英文開示の対象とすることで、英文開示全体として利便性を向上させることが適当である
と提言されている。
　さらに、この「新成長戦略」を実現するため、金融庁は、平成22年12月24日に「金融資本市場及び金融産業の活性化等のためのアクションプラン～新成長戦略の実現に向けて～」を公表し、金融庁として今後取り組んでいく方策として、「外国企業等による英文開示の範囲拡大等の制度整備」（「Ⅱ．アジアと日本とをつなぐ金融」の「1．アジアの主たる市場（メイン・マーケット）たる日本市場の実現」）を盛り込んでいる。具体的には、「外国企業による我が国市場での資金調達を促進するとともに、外国企業への我が国

投資家の投資機会の拡大を図るためには、英文開示の一層の拡充が必要」であるため、「継続開示書類に限られている英文開示の対象書類を、発行開示書類に拡大する等の方策について、開示制度ワーキング・グループにおける検討の結果を踏まえ、関連法案の早急な国会提出を図る」とされた。

こうした動きを踏まえ、「英文開示の範囲拡大」のための制度整備が改正法に盛り込まれた。

(2) 有価証券届出書の英文開示の概要

(ⅰ) 考え方

有価証券届出書については、有価証券届出書の記載内容を「証券情報」(当該募集または売出しに関する事項 (5条1項1号))と「発行者情報」(発行者の属する企業集団および発行者の経理、事業等の状況等 (5条1項2号)に分け、投資者保護の観点からそれぞれ次のような要件に該当する場合について、英文開示を認めることとしている。

(a) 「証券情報」については、投資者の投資判断に直接的に影響を及ぼす重要な情報であると考えられ、また、金融商品の販売に当たり金融商品取引業者が説明責任を果たす上で重要な要素となることが見込まれることから、企業内容等の開示に関する内閣府令(以下「開示府令」という)、特定有価証券の内容等の開示に関する内閣府令(以下「特定有価証券開示府令」という)等(注)において定められている有価証券届出書の様式に従い、日本語により作成されること。

(b) 基本的に、従来の継続開示書類に係る英文開示の考え方を踏襲し、「発行者情報」が外国の市場において適正に開示されていること(つまり、「発行者情報」が外国の市場において投資者の十分な評価の対象となり、その発行する有価証券について適正な価格形成が行われていること)。

(注) 英文開示に関する規定が定められている内閣府令は、開示府令および特定有価証券開示府令のほか、外国債等の発行者の内容等の開示に関する内閣府令である。

(ⅱ) 制度の概要

有価証券届出書を提出しなければならない外国会社等(以下「届出書提

出外国会社」という）は、公益または投資者保護に欠けることがない場合に該当するときは、有価証券届出書に代えて、次の(a)および(b)の書類（「外国会社届出書」という（5条8項））を提出することができることとしている（5条6項）。

(a) 「証券情報」を日本語により記載した書類
(b) 外国において開示が行われている①または②の書類であって英語で記載されたもの（以下「発行者情報書類」という）
　① 参照書類（当該届出書提出外国会社が直近に提出した有価証券報告書（添付書類を含む）および当該有価証券報告書の提出以後に提出される四半期報告書または半期報告書ならびにこれらの訂正報告書をいう（5条4項））に類する書類
　② 有価証券届出書（添付書類を含まない）に類する書類

また、「外国会社届出書」には、「補足書類」として、発行者情報書類に記載されている事項の要約の日本語による翻訳文、有価証券届出書の記載事項で発行者情報書類に記載されていないものを記載した書類等を添付しなければならないこととしている（5条7項）。

外国会社等がこれらの書類（「外国会社届出書」+「補足書類」）を提出した場合には、これらの書類を有価証券届出書（添付書類を含まない）とみなし、これらの書類の提出を有価証券届出書を提出したものとみなして、金融商品取引法令（金商法または金商法に基づく政令、内閣府令等をいう。以下同じ）の規定が適用される（5条8項）。これにより、届出書提出外国会社が外国会社届出書を提出する場合には、有価証券届出書を提出する場合と全く同じ法的効果が及ぶこととなる。

なお、外国会社届出書およびその補足書類を提出する場合の添付書類については、内閣府令に規定する予定である（5条10項）。

【公益または投資者保護に欠けることがない場合】

届出書提出外国会社が有価証券届出書に代えて外国会社届出書を提出することができる場合は、「公益または投資者保護に欠けることがないものとして内閣府令で定める場合」とされ、内閣府令では、現行の有価証券報告書等に係る英文開示の場合（法24条8項、開示府令17条の2第1項）と

同様に「届出書提出外国会社が有価証券届出書に代えて外国会社届出書を提出することを、その用語、様式および作成方法に照らし、金融庁長官が公益または投資者保護に欠けることがないものとして認める場合」である旨を規定することが考えられる。具体的には、金融庁長官が、届出ごとに、
　(a)　届出書提出外国会社が提出しようとする「外国会社届出書」のうち、英語で記載された「発行者情報書類」が、投資者保護に欠けるものではないと認められる用語、様式および作成方法により作成されているか
　(b)　「外国会社届出書」が、外国において適正に開示されているか
について事前に審査することが考えられる。

このうち、(a)の「投資者保護に欠けるものではないと認められる用語、様式および作成方法により作成されているか」については、
　①　「発行者情報書類」が外国の法令に基づいて開示されている場合には、当該外国の法令に基づく開示制度における作成基準・開示基準
　②　「発行者情報書類」が外国金融商品取引所の規則に基づいて開示されている場合には、当該外国金融商品取引所の定める作成基準・開示基準
が、わが国金融商品取引法の開示制度における作成基準・開示基準に照らして投資者保護に欠けるものではないかについて検討した上で、当該「発行者情報書類」がこれらの基準に基づき適正に作成され、公衆の縦覧に供されているかについて審査することとなる。

【外国において開示が行われている場合】

「外国において開示が行われている」場合とは、次のいずれかの要件に該当する場合とする。
　(a)　外国の法令に基づいて当該外国において公衆の縦覧に供されていること。
　(b)　外国金融商品市場を開設する者（外国金融商品取引所）その他の内閣府令で定める者（内閣府令では、外国金融商品市場を開設する者のほか、外国金融商品市場に準ずるものとして外国に開設された店頭売買有価証券市場の性質を有する市場を開設する者を規定する予定）の規定に基づい

て当該外国において公衆の縦覧に供されていること。

なお、(a)には、外国金融商品取引所には上場しないが、わが国において有価証券の募集・売出しを行うと同時に、外国においても有価証券の募集・売出しを行う場合（いわゆるグローバル・オファリング）であって、当該外国の法令に基づく開示制度において、「発行者情報書類」の内容が開示されることが予定されている場合が含まれる。

また、(b)には、わが国の金融商品取引所と同時に外国金融商品取引所に上場しようとする場合（いわゆる国内外同時上場）であって、「発行者情報書類」の内容について、当該外国金融商品取引所においても審査が行われ、開示されることが予定されている場合が含まれる。

【補足書類】

現行の有価証券報告書等に係る英文開示と同様に、外国会社届出書には次の「補足書類」を添付しなければならないこととしている（5条7項）。

(a) 発行者情報書類に記載されている事項のうち、公益または投資者保護のため必要かつ適当なものとして内閣府令で定めるものの要約の日本語による翻訳文

(b) 発行者情報書類に記載されていない事項のうち、公益または投資者保護のため必要かつ適当なものとして内閣府令で定めるものを記載した書類

(c) その他内閣府令で定めるもの

基本的に、現行の有価証券報告書に係る英文開示における補足書類と同様であるが、(a)の「日本語による要約」の対象となる情報、(b)の対象となる情報等の範囲等については、内閣府令で定める予定である。なお、現行では、(b)の事項は全文について日本語によらなければならないが（開示府令17条の3第3項）、改正後はその事項の全文は英語でよいこととする一方で、その事項が(a)の「日本語による要約」の対象となる情報に該当する場合には、要約の日本語による翻訳文を付さなければならない旨を内閣府令で規定する予定である。また、(c)については、有価証券届出書の記載事項と外国会社届出書およびその補足書類の記載事項との対照表等を規定する予定である。

(iii) 「外国会社届出書」の提出が認められない場合

　内閣総理大臣は、外国会社届出書を提出した届出書提出外国会社が外国会社届出書を提出することができる場合に該当しないと認めるときは、その旨を当該届出書提出外国会社に通知しなければならない（5条9項）。例えば、発行者情報書類は外国において開示されていても、その発行者情報書類が投資者保護に欠けることになるものと考えられる作成基準により作成されたものである場合が考えられる。

　外国会社報告書を提出することができない報告書提出外国会社が外国会社報告書を提出した場合には、内閣総理大臣はその旨を通知することとされ（24条12項）、当該通知を受けた報告書提出外国会社は、内閣府令に定める様式に従った日本語による有価証券報告書を提出しなければならない旨が規定されている（24条13項）。しかしながら、届出書提出外国会社が、外国会社届出書を提出することができないにもかかわらず外国会社届出書を提出した場合には、当該外国会社届出書の提出は有価証券届出書の提出とは認められず、有価証券の募集・売出しを行うことができないこととなるため、内閣総理大臣がその旨を届出書提出外国会社に通知するのみでよいと考えられる。

　なお、外国会社届出書を提出する要件に該当しない旨の「通知」は、行政手続法2条4号に規定する不利益処分に該当することも考えられることから、当該通知を行う場合には、行政手続法13条1項の規定による意見陳述のための手続の区分にかかわらず、聴聞を行わなければならない（5条9項後段）。

(iv) 訂正届出書の英文開示

　外国会社届出書およびその補足書類に係る自発的訂正届出書（7条1項）、形式不備等により提出を命ぜられた訂正届出書（9条1項）および虚偽記載等により提出を命ぜられた訂正届出書（10条1項）についても、英文開示を行うことができることとしている（7条2項、9条2項、10条2項）。英文開示を行うための要件、手続等については、有価証券届出書に係る英文開示についての規定（5条6項から9項まで）が準用される。

　なお、英文開示を行うことができる訂正届出書の範囲は、外国会社届出

書およびその補足書類に係る訂正届出書に限定され、日本語による有価証券届出書の訂正届出書を英文で提出することは認められない。

(ⅴ) 組込方式・参照方式の有価証券届出書および発行登録書

従来、組込方式の有価証券届出書（開示府令7号の2様式）において外国会社報告書を組込情報とすること、また、参照方式の有価証券届出書（開示府令7号の3様式）において外国会社報告書を参照情報とすることはできなかったため、届出書提出外国会社が外国会社報告書を提出している場合でも、組込方式の有価証券届出書または参照方式の有価証券届出書を利用することはできなかった。

しかしながら、今般の英文開示の範囲拡大として有価証券届出書が英文開示の対象とされることから、その一環として、外国会社報告書、外国会社四半期報告書等を組込方式の有価証券届出書の組込情報または参照方式の有価証券届出書の参照情報とすることができるよう内閣府令の規定を整備する予定である。この場合でも、証券情報は様式に従い日本語で記載する必要がある。

同様に、発行登録書についても、外国会社報告書等を参照情報とすることができるよう内閣府令の規定を整備する予定である。

(3) 臨時報告書の英文開示の概要

(ⅰ) 考え方

英文開示の利便性の向上を図るため、発行開示書類と継続開示書類を一体として英文開示の対象とすることから、臨時報告書についても英文開示の対象とする必要があると考えられる。

ただし、臨時報告書は、開示府令等に定められる一定の提出事由に該当することとなった場合に、遅滞なく、その内容を開示するための書類である。このため、臨時報告書を英文開示の対象とする場合でも、有価証券報告書、有価証券届出書等のように、その情報が外国で既に開示されているか否かを英文開示の要件とすることは適切ではない。臨時報告書により開示される情報は、投資者の投資判断に資するために即時の開示が求められる重要な情報であり、投資者に分かりやすく開示されることが重要である

ことから、臨時報告書については、次のような要件に該当する場合について、英文開示の対象とすることとしている。

 (a) 英語により臨時報告書を提出する場合であっても、現在、開示府令等で定める提出事由に該当する場合に、遅滞なく提出することを求める。

 (b) 臨時報告書の提出に当たり、臨時報告書に記載が求められる「提出理由」については日本語での記載を求め、開示内容については英語による記載を認める。

これにより、開示内容を日本語に翻訳する時間が不要となることから、外国会社等はより迅速に臨時報告書を提出することができるようになるものと期待される。

(ⅱ) **制度の概要**

有価証券報告書を提出しなければならない外国会社等（以下「報告書提出外国会社」という）が臨時報告書を提出する場合において、公益または投資者保護に欠けることがないものとして内閣府令で定める場合には、日本語による臨時報告書に代えて、内閣府令で定めるところにより、臨時報告書に記載すべき内容が英語で記載されたもの（「外国会社臨時報告書」）を提出することができることとしている（24条の5第15項）。

報告書提出外国会社が外国会社臨時報告書を提出した場合には、外国会社臨時報告書を臨時報告書とみなし、その提出を臨時報告書の提出とみなして、金融商品取引法令の規定が適用される（24条の5第16項）。つまり、報告書提出外国会社が外国会社臨時報告書を提出する場合には、臨時報告書を提出する場合と全く同じ法的効果が及ぶことになる。

【公益または投資者保護に欠けることがない場合】

報告書提出外国会社が、臨時報告書に代えて外国会社臨時報告書を提出することができる場合は「公益または投資者保護に欠けることがないものとして内閣府令で定める場合」としている（24条の5第15項）。開示府令等では、外国会社臨時報告書において、(a)「提出理由」は日本語で、(b)「報告内容」が英語で記載され、当該書類を提出することを金融庁長官が公益または投資者保護に欠けることがないものとして認める場合」と規定する

ことが考えられる。

(iii) 「外国会社臨時報告書」の提出が認められない場合

内閣総理大臣は、外国会社臨時報告書を提出した報告書提出外国会社が外国会社臨時報告書を提出することができる場合に該当しないと認めるときは、その旨を当該報告書提出外国会社に通知しなければならない（24条の5第17項）。例えば、その臨時報告書の提出理由が日本語で記載されておらず、外国会社臨時報告書を提出することを金融庁長官が認めることができない場合がこれに該当するものと考えられる。

外国会社臨時報告書の提出が認められない場合に外国会社臨時報告書を提出しても、当該外国会社臨時報告書は適法な臨時報告書ではなく、当該報告書提出外国会社は臨時報告書を提出していないことになる。このため、内閣総理大臣はその旨を当該届出書提出外国会社に通知する必要があり、当該通知を受けた報告書提出外国会社は、遅滞なく、日本語による臨時報告書を提出しなければならない（24条の5第18項）。

なお、外国会社臨時報告書を提出する要件に該当しない旨の「通知」は、行政手続法2条4号に規定する不利益処分に該当することも考えられることから、当該通知を行う場合には、行政手続法13条1項の規定による意見陳述のための手続の区分にかかわらず、聴聞を行わなければならない（24条の5第17項）。

(iv) 訂正報告書の英文開示

外国会社臨時報告書の訂正報告書についても、英文開示を行うことができることとしている（24条の5第19項）。英文開示を行うための要件、手続等については、臨時報告書に係る英文開示についての規定（24条の5第15項から18項まで）が準用される。

(4) 目論見書の英文開示の概要

(i) 考え方

前述したように、英文開示の利便性の向上を図ることにより、外国会社等のわが国での資金調達を促進し、また、外国会社等がわが国証券市場に参入しやすい環境を整備するため、有価証券届出書が英文開示の対象とさ

れた。一方、有価証券の募集または売出しにより有価証券を投資者に取得させる場合には、当該投資者に目論見書を交付しなければならず（15条2項から6項まで）、英文開示の利便性の向上を図るためには、目論見書についても英語による作成を認める必要があると考えられる。

(ⅱ) 制度の概要

目論見書は、基本的に、有価証券届出書の記載事項を記載することとされており、届出書提出外国会社が外国会社届出書およびその補足書類を提出した場合の目論見書についても、当該外国会社届出書およびその補足書類の記載事項を記載することとされた（13条2項）。これにより、有価証券届出書について英文開示を行った場合には、その目論見書についても英文開示となる。

具体的には、目論見書の種類ごとに次のとおり規定している。

(a) 投資者に必ず交付しなければならない目論見書（15条2項本文）

いわゆる交付目論見書の記載事項は、従来、

① 届出書の記載事項（5条1項各号に掲げる事項）のうち、投資者の投資判断に極めて重要な影響を及ぼすものとして内閣府令で定めるもの
② 届出書の記載事項以外の事項であって内閣府令で定めるもの（届出の効力の発生の有無等）

とされているが、届出書提出外国会社が外国会社届出書およびその補足書類を提出した場合の①の記載事項は、「外国会社届出書及びその補足書類に記載すべきものとされる事項のうち、投資者の投資判断に極めて重要な影響を及ぼすもの」とされた（13条2項1号イ(1)・ロ(1)）。

(b) 投資者から請求があった場合に交付しなければならない目論見書（15条3項）

いわゆる請求目論見書の記載事項は、従来、

① 届出書の記載事項（5条1項各号に掲げる事項）のうち、投資者の投資判断に重要な影響を及ぼすものとして内閣府令で定めるもの
② 届出書の記載事項以外の事項であって内閣府令で定めるもの（届出の日、その効力の発生の有無等）

とされているが、届出書提出外国会社が外国会社届出書およびその補足書

類を提出した場合の①の記載事項は、「外国会社届出書およびその補足書類に記載すべきものとされる事項のうち、投資者の投資判断に重要な影響を及ぼすもの」とされた（13条2項2号イ(1)・ロ(1)）。

(c) 訂正目論見書（訂正届出書を提出した場合に交付する目論見書）

訂正目論見書の記載事項は、訂正届出書に記載した事項とされている（13条2項3号）。したがって、届出書提出外国会社が外国会社届出書およびその補足書類の提出後、当該外国会社届出書およびその補足書類の訂正届出書を英文開示により提出した場合には、当該英文開示による訂正届出書に記載した事項を記載した訂正目論見書として交付することとなる(注)。

(注) 外国会社届出書およびその補足書類の記載事項を訂正する書類は、有価証券届出書の訂正届出書とみなして金融商品取引法令の規定を適用することとされているため（7条2項の規定により準用する5条8項）、改正法による改正前の金商法13条2項3号の規定の改正は不要であった。

(5) 施行・適用

英文開示に関する改正は、改正法の公布の日（平成23年5月25日）から起算して1年を超えない範囲内において政令で定める日（以下「施行日」という）から施行することとしており（改正法附則1条）、有価証券届出書または目論見書の英文開示は、施行日以後に開始する有価証券の募集または売出しに係る有価証券届出書または目論見書から行うことができる（改正法附則2条、4条）。一方、臨時報告書の英文開示については、施行日以後に提出する臨時報告書から行うことができる。

Ⅲ 市場の信頼性の確保

　ⅠおよびⅡでは、資金供給および資産運用の多様化・円滑化等を図る観点からの主に規制緩和を内容とした制度整備について解説を行った。一方、わが国資本市場や金融業の基盤強化を図っていくためには、規制緩和のみでなく、わが国資本市場の透明性・公正性に対する投資者の信頼を確保し、投資者が安心してわが国市場において投資活動を行うことができるよう、市場の信頼性を確保するための制度整備も併せて行っていく必要がある。

　改正法では、市場の信頼性を確保する観点から主に次の2点について制度整備を行っている。

　1つは無登録業者による未公開株等の取引に関する対応である。近年、金商法に基づく必要な登録を受けていない無登録業者が、高齢者等に対し未公開株等を不当な価格で販売する事例が多く発生しており、これに対応するための改正を行っている。

　もう1つは投資助言・代理業の登録拒否事由の拡充である。金融商品取引業の一種である投資助言・代理業の登録を受けた業者において、近時、悪質な法令違反が発生していることなどを踏まえ、登録申請時のチェックを強化するものである。

　Ⅲにおいては、市場の信頼性を確保する観点から改正法に盛り込んだこれらの制度整備について、その背景とねらいを解説する。

1　無登録業者による未公開株等の取引に関する対応
(1)　改正の背景・経緯

　近年、金商法に基づく金融商品取引業の登録を受けていない業者（無登録業者）が、高齢者等に対し未公開株等の販売を行うことによるトラブルが多数発生している。国民生活センターは、全国の消費生活センターに寄せられた苦情相談事例を公表しており、これによると未公開株に関するも

のは、平成19年度に2,616件であったが、その後、平成20年度は3,071件、平成21年度は6,115件、平成22年度は8,527件と急激にトラブルが増加している。

　苦情相談の内容としては「上場間近で必ず儲かる」と勧誘されて未公開株を購入したが、上場予定はなかったといった事例など、従来からある典型的な手口だけでなく、近時は複数の業者が登場するいわゆる劇場型の事例も多く発生している。

　劇場型の事例にも様々なものがあるが、典型的には次のような手口である。

　ある業者(A)から、自社株（A社株）の取得勧誘を行うとともに、別の業者(B)からA社株をもっていたら値上がり確実なので高く買いたいといった勧誘を行う。投資者はA社株を購入すれば高く転売できると期待してAからA社株を購入するが、その購入後にはBに連絡が取れなくなるといったものである。このような劇場型の事例では、複数の業者が共謀して投資者に勧誘を行っているものと推測される。

　金商法は、有価証券の売買等を業として行う場合には、内閣総理大臣の登録を受けることを義務付けている。その上で、登録を行った業者に対し金融商品取引業者として種々の販売勧誘規制を課すとともに、行政当局（金融庁、証券取引等監視委員会（以下Ⅲにおいて「監視委」という）、財務局等）によるモニタリングを行い、必要に応じて監督上の対応を行うことによって投資者保護を図っている。その一方、金商法に違反して登録を受けずに有価証券の売買等を行う無登録業については、罰則の対象とすることによってその抑止を図り、登録義務の履行を確保することとしているため、無登録業者に対する対応については基本的に警察当局において行うこととなる。

　もっとも行政当局においても投資者保護を図る観点から、次のような取組みを実施してきたところである。

　① 金融庁ウェブサイトやリーフレット等を通じた注意喚起

　金融庁ウェブサイトに金融庁の対応状況を公表するとともに、リーフレットを作成し、全国の地方公共団体や消費生活センター等に配布。また

政府広報による注意喚起なども実施。

② 無登録業者に対する警告書の発出・公表

無登録業者の存在を把握した場合、当該業者に対し警告書を発出するとともに、広く注意喚起するために、金融庁ウェブサイトでその旨を公表。また、警察当局へ無登録業者に関する情報提供を行うことによって連携。

③ 裁判所の禁止または停止命令の申立て

監視委において裁判所の禁止または停止命令の申立てを実施（平成23年6月末現在で4件実施）(注1)

④ 被害回復へ向けた取組み

金融機関等に対し、犯罪利用預金口座等に係る資金による被害回復分配金の支払等に関する法律（いわゆる「振り込め詐欺救済法」）に基づく手続を適切に実施するなどの取組みを要請

しかしながら、無登録業者による未公開株等の販売に関するトラブルが一層の増加傾向にあることや、消費者委員会(注2)から平成22年4月9日に被害救済を迅速に進めるための民事ルールの整備、違法行為に対する抑止効果のある制裁措置の検討・導入について提言がなされていること等を踏まえ、投資者保護を一層充実させる観点からの制度整備を金商法に盛り込むこととした。

(注1) 裁判所は、緊急の必要があり、かつ、公益および投資者保護のため必要かつ適当であると認めるときは、内閣総理大臣（監視委等に委任）の申立てにより、金商法または金商法に基づく命令に違反する行為を行い、または行おうとする者に対し、その行為の禁止または停止を命ずることができる（法192条1項）。

(注2) 消費者問題について調査審議し、建議等を行うとともに、消費者庁や関係省庁の消費者行政全般に対して監視機能も有する独立した第三者機関として内閣府に設置された組織。

(2) 改正の概要

(i) 取引の無効ルールの創設

有価証券の売買は自己責任が原則であり、投資者が、自らの自由な判断に基づいて適切と考える対価により有価証券を取得したのであれば、その

契約関係は当事者の自治に委ねられるのが基本である。しかしながら、無登録業者が行う未公開株等の販売については、一般的に、「上場間近で必ず儲かる」といった勧誘を行うことによって投資者の有価証券に関する価値判断を誤らせ、不当に高額な対価により売付けを行うものであり、契約の意思決定過程や契約の内容に問題があるものと考えられる。

未公開株等を取得した投資者は、民法上の不法行為（同法709条）や金融商品の販売等に関する法律（以下Ⅲにおいて「金融商品販売法」という）（同法5条）に基づく損害賠償請求をすることが考えられるが、無登録業者の権利侵害行為や断定的判断の提供等があった事実を立証しなければならず、電話によるやりとり等に基づいて契約をした投資者にとって容易なことではない。また、民法や消費者契約法に基づく無効・取消しを主張して売買契約の効力を否定した上で、不当利得返還請求により売買代金の返還を求めることも考えられるが、その法律効果を基礎付ける要件事実（例えば法律行為の要素に関して錯誤があること、無登録業者が欺罔行為を行ったこと、断定的判断の提供が行われたこと等）について投資者に主張・立証責任があるため、これを証明することも容易ではない(注)。

こうした現状を踏まえると、上述の行政上の取組みに加え、被害にあった投資者自身による権利救済がより行い易くなるような制度整備を図っていくことが適当と考えられる。これは、民事手続による被害者の救済を通じて金商法に違反する行為の抑止につながり、金融商品取引の公正性確保に資するものと考えられる。このため、改正法では、無登録業者が行った未公開株等の販売を原則として無効とするルール（以下「民事効規定」という）を創設することとした。

（注）なお、業者に金商法の行為規制違反があった場合において、その取引の私法上の効力の有無や、業者の私法上の損害賠償責任の有無については、一般には、金商法違反がそれだけで直ちに私法上の効果を有するものではなく、私法上、たとえば不法行為の要件を満たしたような場合には、業者は顧客に対して損害賠償責任を負うと解されている（山下友信＝神田秀樹編『金融商品取引法概説』381頁（有斐閣、2010年）参照）。一方、金商法違反の私法上の効果について、金商法の個々の規定が具体的にどのような利益を保護するために定められているのか、契約を無効とすることによって取引の安全が害されることがないか等を総合的に判断して契約の効

力を考える必要があるとの考え方がある（近藤光男＝吉原和志＝黒沼悦郎『金融商品取引法入門〔第2版〕』55頁（商事法務、2011年））。

(a) 制度の概要

　無登録業者が、未公開株等について売付け等を行った場合には、その売買契約等は原則として無効であることとし、例外的に、無登録業者等が、当該売付け等が相手方の知識、経験、財産の状況および当該契約を締結する目的に照らして顧客の保護に欠けるものでないこと、または、当該売付け等が不当な利得行為に該当しないことを証明したときは、この限りでないこととしている（171条の2、規定内容の詳細な解説は第3部逐条解説編を参照）。

(b) 民事効規定の考え方

　金商法に違反する無登録業者は、違法行為を行う者であるがゆえに、一般的に、自己の利益を図るため、取引の相手方に対し不当な行為を行うおそれがあると考えられる。また、未公開株等はその証券や発行体に関する情報が乏しいため、未公開株等の取引が行われる際には、縁故に基づく取引のような場合を除き、販売業者と投資者との間に著しい情報の非対称性が存在すると考えられる。情報優位に立つ販売業者は、投資者の誤認等を誘い、不当な高値で未公開株等の売付けを行うことが容易であるため、未公開株等の取引は、不当な利得を得る行為の温床になり易い側面を持っている。

　このため、無登録業者が未公開株等の販売を行う場合には類型的に不当な利得を得る行為を行う蓋然性が高いものと考えられ、無登録業者がそうした行為を行っている場合には、未公開株等の販売は公序良俗違反（民法90条）の一類型である暴利行為[注1]に当たる可能性が高いものと考えられる。

　民事効規定は、以上の考え方に基づき、投資者保護を図るための政策的観点から、無登録業者による未公開株等の販売は暴利行為に該当するものと推定し、投資者が暴利行為である旨の具体的な立証を行わなくとも売買契約等を原則無効とすることとしたものである[注2][注3]。

(注1) 暴利行為に関する代表的な判例（大判昭和9年5月1日民集13巻875頁）は、①相手方の窮迫、軽率または無経験に乗じて（主観的要素）、②著しく過当の利益を獲得する行為（客観的要素）は公序良俗に反するものとして無効であるとしている。

(注2) 公序良俗違反については、一般に法律行為の無効を主張する者が公序良俗違反であるとの評価を基礎付ける事実の立証責任を負うものと解されている。

(注3) 民事効規定は、金商法に基づく登録の有無、金商法上の有価証券、金商法に規定する取引に着目した特別の利用者保護ルールを定めるものであるため、金商法において規定を整備することとしている。なお、金商法においては民事効規定以外でも、書面による解除（いわゆるクーリングオフ（37条の6））や、虚偽記載のある目論見書等を使用した者等の賠償責任（17条等）、相場操縦行為等による賠償責任（160条）、上場会社等の役員等の短期売買利益の返還（164条）といった民事ルールが定められている。

また、民事効規定は、金商法に違反する行為によって被害にあった投資者自身による権利救済を行い易くすることを直接の目的としているが、当該規定に基づく民事手続による救済を通じて、金商法に違反する行為を抑止し、もって金融商品取引の公正性確保を図るものである。こうしたことを踏まえ、公正取引ルールを定める第6章（有価証券の取引等に関する規制）に規定を設けることとしている。

(c) 民事効規定により期待される効果

民事効規定に基づく契約無効の主張をしようとする投資者は、①無登録業者が、②未公開株等につき、③売付け等を行ったことを立証すれば足り、暴利行為である旨の具体的な立証を行う必要はない。これによって次のような効果が期待される。

① 上記3要件を満たすことにより原則として無効な取引となるため、国民生活センターや全国の消費生活センター等において、無登録業者に対する代金返還交渉のあっせんや仲介などを行い易くなる。

② 契約の効力を否定して不当利得の返還請求をする上で、投資者の立証責任が軽減されることにより、裁判において迅速な本案審理や民事保全法上の保全命令の迅速な発出が期待される（これに伴い、悪質業者が司法手続に係る手間を嫌い、裁判外において事実上、早期返金が促されるといった効果もあり得る）。

③ 売買契約を約定してしまったが、代金支払前の段階では、契約の拘

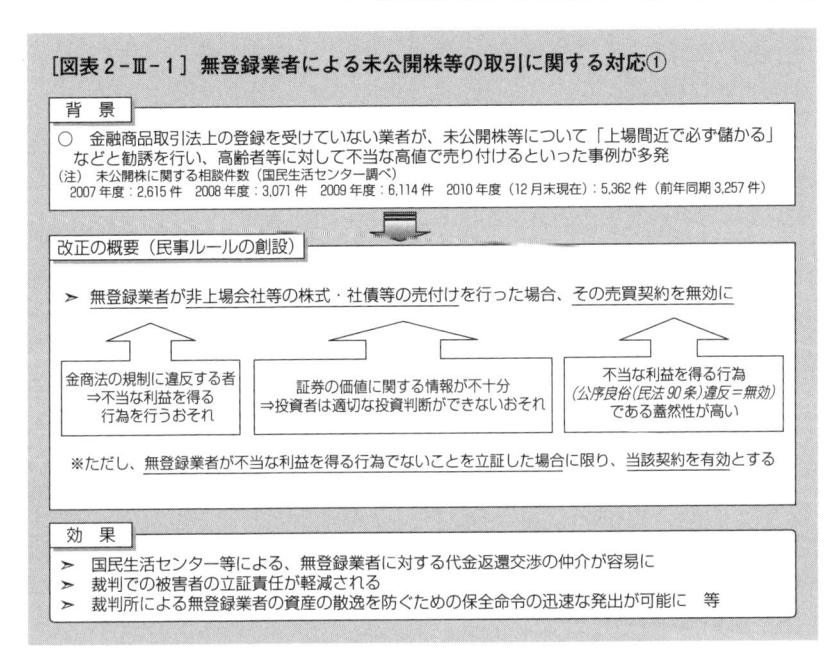

[図表2-Ⅲ-1] 無登録業者による未公開株等の取引に関する対応①

背 景
○ 金融商品取引法上の登録を受けていない業者が、未公開株等について「上場間近で必ず儲かる」などと勧誘を行い、高齢者等に対して不当な高値で売り付けるといった事例が多発
(注) 未公開株に関する相談件数（国民生活センター調べ）
2007年度：2,615件 2008年度：3,071件 2009年度：6,114件 2010年度（12月末現在）：5,362件（前年同期3,257件）

改正の概要（民事ルールの創設）
➤ 無登録業者が非上場会社等の株式・社債等の売付けを行った場合、その売買契約を無効に

| 金商法の規制に違反する者
⇒不当な利益を得る
行為を行うおそれ | 証券の価値に関する情報が不十分
⇒投資者は適切な投資判断ができないおそれ | 不当な利益を得る行為
(公序良俗(民法90条)違反＝無効)
である蓋然性が高い |

※ただし、無登録業者が不当な利益を得る行為でないことを立証した場合に限り、当該契約を有効とする

効 果
➤ 国民生活センター等による、無登録業者に対する代金返還交渉の仲介が容易に
➤ 裁判での被害者の立証責任が軽減される
➤ 裁判所による無登録業者の資産の散逸を防ぐための保全命令の迅速な発出が可能に　等

束力から離脱することで出捐を回避できるため、被害の発生を止めることが可能となる。

④　さらに、こうした規定が設けられることによって、無登録業者に未公開株等を利用した不当な行為をやりにくくさせるという一般的な抑止効果や被害の発生の未然防止効果も期待される。

(ii)　**無登録業者による広告・勧誘行為の禁止**

　金商法は、無登録業者による有価証券の売買等を業として行う行為について罰則の対象としているが、改正前においては、投資者に対し有価証券の売買等の広告・勧誘を行うのみでは、それが金融商品取引業に該当する場合を除き、犯罪行為とはならないこととなっていた[注1]。

　このため、改正前の金商法の下では、無登録業者が未公開株等の販売を行う前段階として広告・勧誘により投資者に接触を図っていく時点では取締りが困難であり、無登録業者が未公開株等の取引の誘引活動を行っていることを警察当局が認知した場合であっても、有価証券の売買等が行われ

たと思料されるべき資料がなければ(注2)令状による強制捜査に着手できないという状況にあった。

改正法では、無登録業者による金商法違反の行為を抑止し、その早期の取締りを可能とする観点から、無登録業者による広告・勧誘行為を禁止し、その違反行為に対する罰則を設けることとしている。

(注1) 金融商品取引業とは、金商法2条8項各号に掲げる行為のいずれかを業として行うこととされている。これらの中には、有価証券の売買の媒介（2号）、有価証券の募集・私募（7号）、有価証券の売出し（8号）、有価証券の募集・売出しの取扱い（9号）など、勧誘行為が金融商品取引業に該当し得るものもあるが、例えば、有価証券の売買（1号）は売買という法律行為を金融商品取引業の対象としているため、法律行為に至る前段階において有価証券の所有者が広告・勧誘を行っている時点では金融商品取引業に当たるとはいえず、無登録業罪は成立しないものと考えられる。

(注2) 刑事手続上、罪を犯したと思料されるべき資料の提出を行うことができなければ、捜索・差押え等の令状を裁判官に請求できない（刑事訴訟法218条、刑事訴訟規則156条1項）。

(a) 規制の概要

金融商品取引業者や登録金融機関など、法令の規定により、金融商品取引業（登録金融機関業務を含む）を行うことができる者以外の者が次の行為を行うことを禁止することとしている（金商法31条の3の2）。

① 標識の掲示その他の金融商品取引業を行う旨の表示をすること（1号）

無登録業者による取引の誘引行為は、ダイレクト・メール、ビラ、チラシ等において、金融商品の取引を行う旨が示される方法によって行われることがある。そこで、改正法では、法令の規定により金融商品取引業を行うことができる者以外の者が、金融商品取引業を行う旨の表示をすることを禁止することとしている。なお、「表示」には言語、動作、文字その他の表現手段によって事柄を他人に分かるように示す行為が広く含まれるものと考えられる。

② 金融商品取引業を行うことを目的として、金融商品取引契約の締結について勧誘すること（2号）

金融商品取引契約の締結の勧誘によって取引の誘引が行われることを禁止するものである。ただし、一般の投資者同士においても金融商品取引業に該当しない範囲で有価証券の売買を行うことはあり得、そのための勧誘を禁止することは適当でない。このため、改正法では、「金融商品取引業を行うことを目的として」勧誘するもののみを規制対象としている。なお、上述のとおり金融商品取引業に該当する勧誘もあるため、規制の重複を避ける観点から、金融商品取引業に該当する場合を除くこととしている。

(b) 広告・勧誘規制の違反者に対する罰則

広告・勧誘行為の禁止規制に違反した者は、1年以下の懲役もしくは100万円以下の罰金に処し、またはこれを併科することとしている（金商法200条12号の3）。また、違反者が、法人の業務・財産に関して違反行為をした場合には法人両罰（100万円、重課なし）の対象としている（同法207条）。

(ⅲ) **無登録業者に対する罰則の引上げ**

改正前の金商法では、無登録業罪の罰則は3年以下の懲役または300万円以下の罰金（またはこれを併科）であり、法人両罰については300万円以下の罰金とされ、重課されていなかった。しかし、近年、無登録業者が高齢者等に対して未公開株等を高額な価額で売り付ける事例が多数発生している状況を踏まえると、無登録業罪の法定刑は、無登録業に対する抑止力として十分とはいえない。このため、改正法では無登録業罪の罰則の引上げを行うとともに、法人に対する罰則について行為者よりも重課することとしている。

具体的には、無登録業罪の罰則については、貸金業法の罰則引上げ等の例を踏まえ、5年以下の懲役もしくは500万円以下の罰金、またはその併科としている（金商法197条の2第10号の4）。また、法人両罰については、5億円以下の罰金としている（同法207条1項2号）。

(ⅳ) **裁判所の禁止または停止命令の申立てに係る裁判管轄の拡大**

(a) 改正の経緯

裁判所は、緊急の必要があり、かつ、公益および投資者保護のため必要かつ適当であると認めるときは、内閣総理大臣の申立てにより金商法違反

行為を行う者または違反行為を行おうとする者に対して、その行為の禁止または停止を命ずることができる（192条1項）。この規定は、昭和23年の証券取引法制定時から存在したが、長い間利用されていなかった。

こうした中、平成20年の法改正（平成20年法律第65号）で、金融庁長官のこれらの命令に係る申立て等の権限を、日常的に市場の監視を行っている監視委に委任し、違反行為に対する迅速な対応を可能とした。さらに、無登録業者による未公開株の販売や、第2種金融商品取引業者に該当するファンド販売業者による資金の流用等の詐欺的な事案等が社会問題化する中、刑事罰や行政処分等の事後的な対応では投資者被害の拡大を未然に防止し得ないことから、裁判所の禁止または停止命令の積極的な活用や実効性の確保が求められるようになったことを受け、平成22年の法改正（平成22年法律第32号）では、監視委が申立て等の権限を財務局長等に委任することを可能とするとともに、これらの命令に対する違反行為を法人両罰規定（法人重課）の対象とした[注1]。

これらの法整備を踏まえて、監視委は、平成22年11月17日に無登録で未公開株等の募集の取扱い等を業として行っていた法人およびその役員について、平成23年4月28日に適格機関投資家等特例業務の要件を満たさずにファンド持分の私募・運用を行っていた法人およびその役職員について、裁判所に対する禁止または停止命令の申立てを行うなどしている[注2]（これらの申立てに対しては、裁判所から比較的短期間のうちに申立てに沿う内容の命令が発せられた）。このように、裁判所の禁止または停止命令の申立ては、投資者保護のための有効な方策の1つとして様々な事案での活用が期待されている。

ところで、上記各事案のように、法人のみならず違反行為を主導する役職員に対しても禁止または停止命令を得ておかなければこれらの者が組織の形態を変えて違反行為を続行するおそれのある場合も存在する。しかし、裁判所の禁止または停止命令の申立てに係る裁判管轄は、「被申立人（金商法違反行為を行う者）の住所地の地方裁判所」とされていたため（192条3項）、被申立人となる法人の住所と個々の役職員の住所とを管轄する裁判所が異なる場合には、同一の事件であっても別個の裁判所に申立てざ

を得ないという問題があった。

　また、消費者契約法は、適格消費者団体が事業者等による不特定かつ多数の消費者に対する不当行為の差止請求を行う場合、相手方の事務所等の所在地に加えて、当該不当行為があった地の裁判所にも裁判管轄を認めることとしている（43条2項）。これは、差止請求に係る相手方が不当な行為を行った後に事務所等の移転を転々と繰り返すような悪質・濫用的な事案においては、当該行為地を管轄する裁判所に訴えを提起することができなければ、消費者被害の拡大を未然に防止するという制度の実効性を確保することができないと考えられたことに基づくものとされている[注3]。この趣旨は、金商法上の裁判所の禁止または停止命令の申立ての場合にも妥当すると考えられる。

（注1）　裁判所による禁止または停止命令の違反者に対しては、3年以下の懲役もしくは300万円以下の罰金が科され、またはこれらが併科される。さらに法人両罰規定により、法人に対しては3億円以下の罰金が科される。

（注2）　その他の事案を含めた実例の詳細については、萩原秀紀「緊急差止命令（金商法191条1項）の活用」旬刊商事法務1923号19頁、高村聡「無登録業者等に関する金商法192条申立てについて」金融財政事情2911号24頁を参照。なお、監視委ホームページにも最新の情報が掲載されている。http://www.fsa.go.jp/sesc/mutouroku/index.htm

（注3）　消費者庁企画課編『逐条解説　消費者契約法〔第2版〕』441頁（商事法務、2010年）参照。

(b)　改正の概要

　以上の改正の必要性や類似制度の規定内容を踏まえ、改正法においては、裁判所の禁止または停止命令の申立てに係る裁判管轄を拡大し、当該金商法違反行為に係る行為地、具体的には被申立人の「行為が行われ、若しくは行われようとする地」の地方裁判所にも申立てができることとしている（金商法192条3項）。

80　Ⅲ　市場の信頼性の確保

[図表2－Ⅲ－2] 無登録業者による未公開株等の取引に関する対応②

＜無登録業者に対する規制の新設・罰則の引上げ＞
- 無登録業者による広告・勧誘行為を禁止（1年以下の懲役、100万円以下の罰金）
- 無登録業者に対する罰則の引上げ
  ・ 現行　3年以下の懲役、300万円以下の罰金　⇒　改正　5年以下の懲役、500万円以下の罰金
  ・ 無登録・無免許で業務を行う法人に対する罰則を行為者よりも重課（法人重課）
    ⇒　無登録で金融商品取引業を行う法人については5億円以下の罰金

＜裁判所による差止命令の申立ての裁判管轄の拡大＞

背景
- 現行法上、証券取引等監視委員会等の申立てにより、裁判所は、金商法の違反行為を行う者に対して当該行為の差止命令を行うことが可能
- 「被申立人（＝違反行為を行う者）の住所地」の地方裁判所に限り、証券取引等監視委員会等が差止命令の申立てをすることが可能
⇒　① 被申立人たる法人及びその役員等の住所地が異なる場合、複数の裁判所での手続が必要
　　② 被申立人が住所を転々とする場合、迅速・適切な申立てを行うことが困難

改正の概要
- 違反行為があった地の地方裁判所でも申立てができるように拡大

2　投資助言・代理業の登録拒否事由の拡充

　改正前においては、投資助言・代理業（28条3項）以外の金融商品取引業である第1種金融商品取引業（28条1項）、第2種金融商品取引業（28条2項）および投資運用業（28条4項）についてのみ、その登録拒否事由の1つとして人的構成要件(注1)が規定されていた（改正前の29条の4第1項1号ニ）。そして、これらの金融商品取引業の登録申請者が金融商品取引業を適確に遂行するに足りる人的構成を有しない場合には、その登録が拒否されることになっていた。

　一方、顧客の資産を直接取り扱わない投資助言・代理業については、その登録拒否事由として人的構成要件を設ける程の必要性は必ずしも高くなかったため、登録拒否事由とされておらず、法令違反が認められた段階で業務改善命令といった行政処分を行うことにより法令遵守体制の是正を求め、さらに悪質な場合には登録取消し等の行政処分を行うことで十分と考えられてきた。

　しかしながら、近年、投資助言・代理業者については、その関連する業

務経験も保有資格もなく、法令遵守意識が欠如しているなどの著しく不適切な者による参入が増加してきており、法令遵守意識の欠如等を原因とする悪質な法令違反により投資者被害が発生する事案が複数発生している(注2)。また、第16回犯罪対策閣僚会議（平成22年12月開催）において、「暴力団取締り等総合対策に関するワーキングチーム」から報告された「企業活動からの暴力団排除の取組について」では、各府省は業の主体から暴力団等を排除する対策の充実に努めることとされている。

このように、著しく不適切な業者によって投資者の利益が侵害されることを未然に防止するため、参入段階において不適切な業者の登録を拒否する必要性が高まってきていることや、近時の政府全体の取組みとして、許認可の付与に当たり、業の主体から暴力団等を排除するための対策の充実が求められていることも踏まえ、改正法では、投資助言・代理業の登録拒否事由に人的構成要件を追加することとしている（29条の4第1項1号ニ）。

なお、金商法29条の4第1項1号に定める登録拒否事由は登録申請時の審査基準であるだけでなく、登録後の金融商品取引業者の登録取消事由および業務停止事由にも該当する（52条1項1号）。このため、今般の改正により、投資助言・代理業を行おうとする者は、新規参入時だけでなく、登録後においても継続的に金融商品取引業を適確に遂行するに足りる人的構成を確保することが求められることとなる。

(注1) 人的構成要件とは、その行う業務に関する十分な知識および経験を有する役職員の確保の状況ならびに組織体制に照らし、当該業務を適正に遂行することができると認められることや、暴力団員など業務の運営に不適切な資質を有する役職員が排除されていること等を求める登録拒否事由である（金融商品取引業等に関する内閣府令13条参照）。

(注2) 監視委による投資助言・代理業者に対する集中的な検査において、投資助言・代理業者による多数の法令違反事例や不適切事例が認められ、これらの発生原因をみると、そのほとんど全ての事例において、役職員の基本的な法令の知識や法令遵守意識の著しい欠如等により、自己の営業上の利益のみを優先した業務運営が行われているという状況が認められた。こうした状況に鑑み、監視委は、平成23年2月8日、金融庁長官に対して、投資助言・代理業者に係る投資者保護の一層の徹底を図るため、投資助言・代理業に関する基本的な法令の知識や法令遵守意識が欠如

しているなど業務を適確に遂行するに足りる役職員が確保されていない場合に登録を拒否できるよう、他の業種と同様に、投資助言・代理業の登録拒否事由に人的構成要件を追加する必要がある旨の建議（金融庁設置法21条）を行っている。

[図表2-Ⅲ-3] 投資助言・代理業の登録拒否事由への人的構成要件の追加

背　景

○ 従来、投資助言・代理業者については、法令違反が認められた場合に行政処分を行うことによって、法令遵守体制の是正を求め、さらに悪質な場合には登録取消しを行うこととしてきた

○ 近時、投資助言・代理業者において、法令遵守意識の欠如等を原因とする悪質な法令違反が複数発生し、投資者被害も発生(注)
(注) 法令等の知識や証券業務に関する経験等のある役職員が全くいない業者において、顧客に対し法定書面を全く交付していなかった事例　等

○ また、許認可等の付与に当たり、業の主体から暴力団等を排除する対策の充実が求められている

改正の概要

➤ 投資助言・代理業の登録拒否事由に人的構成要件を追加
（例えば、業務を適確に遂行可能な役職員が確保されていない場合や、役職員に反社会的勢力との関係がある者がある場合に登録を拒否）

⇒ 投資助言・代理業者の法令遵守体制について、登録申請時にチェック

（参考）現行法上、投資助言・代理業以外の業種（第一種金商業、第二種金商業、投資運用業）では人的構成要件が登録拒否事由とされている

Ⅳ 施行日

　わが国においては、少子高齢化が進展し、経済の低成長が続く中、家計部門に適切な投資機会を提供し、企業等に多様な資金調達手段を確保することを通じて、金融がこれまで以上に実体経済をしっかりと支えることが求められている。

　また、わが国は、1,400兆円を超える家計部門の金融資産、高度な人材・技術等を有し、成長著しいアジア経済圏に隣接しており、こうした好条件を活かし、わが国の金融業が成長産業として発展し、付加価値を高めることが求められている。

　今般の改正は、こうした観点から行われるものであり、改正法に盛り込まれた措置を速やかに実施することが求められている。

　一方、改正法の施行に当たっては、関係する政令・内閣府令の制定が必要であり、これらの規定の整備にはパブリック・コメントの実施など一定の事務手続が必要とされている。

　以上を踏まえ、改正法の施行日は、以下のとおりとされている。

1　公布後20日施行

　無登録業者による未公開株等の取引に関する対応のうち、無登録業者に対する罰則の引上げについては、投資者保護を図る観点から、速やかに施行する必要がある一方で、一定の周知期間を設ける必要があることから、公布後20日（平成23年6月14日）から施行することとしている。

2　6月以内施行

　無登録業者による未公開株等の取引に関する対応のうち、取引の無効ルールの創設および無登録業者による広告・勧誘行為の禁止ならびに資産流動化スキームに係る規制の弾力化については、早期に施行することが望

まれるものの、関係政令・内閣府令の策定作業等に要する期間等を踏まえ、公布後6月以内の政令で定める日から施行することとしている。

3 1年以内施行

ライツ・オファリング（新株予約権無償割当てによる増資）に係る開示制度等の整備、コミットメントライン（特定融資枠契約）の借主の範囲拡大、銀行・保険会社等金融機関本体によるファイナンス・リースの活用の解禁、プロ等に限定した投資運用業の規制緩和、英文開示の範囲拡大および投資助言・代理業の登録拒否事由の拡大については、関係政令・内閣府令の策定作業等に要する期間等を踏まえるとともに、制度変更の周知期間を設ける必要があることから、公布後1年以内の政令で定める日から施行することとしている。

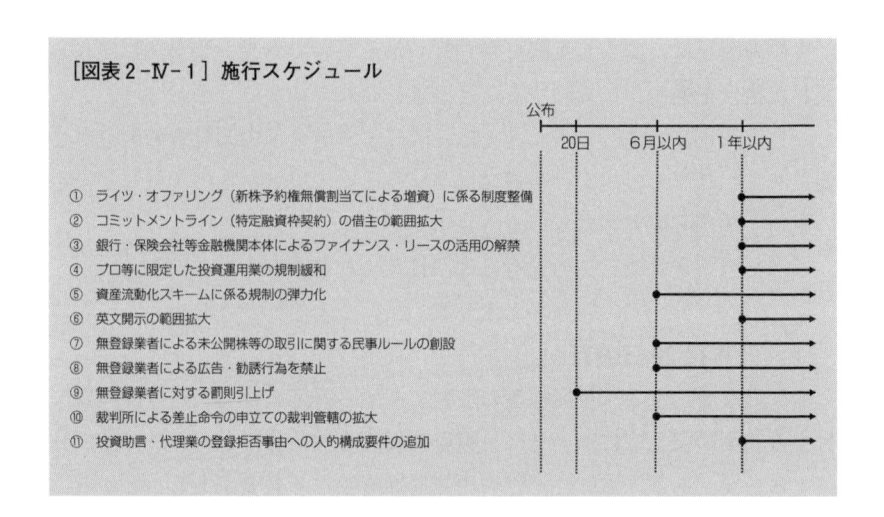

［図表2-Ⅳ-1］施行スケジュール

① ライツ・オファリング（新株予約権無償割当てによる増資）に係る制度整備
② コミットメントライン（特定融資枠契約）の借主の範囲拡大
③ 銀行・保険会社等金融機関本体によるファイナンス・リースの活用の解禁
④ プロ等に限定した投資運用業の規制緩和
⑤ 資産流動化スキームに係る規制の弾力化
⑥ 英文開示の範囲拡大
⑦ 無登録業者による未公開株等の取引に関する民事ルールの創設
⑧ 無登録業者による広告・勧誘行為を禁止
⑨ 無登録業者に対する罰則引上げ
⑩ 裁判所による差止命令の申立ての裁判管轄の拡大
⑪ 投資助言・代理業の登録拒否事由への人的構成要件の追加

第3部

逐条解説編

I　改正法の構成

　今般の「資本市場及び金融業の基盤強化のための金融商品取引法等の一部を改正する法律」は、14条の本則と32条の附則から構成されている。本則改正については、以下のとおりとなっている。

　　第1条　金融商品取引法の改正
　　第2条　無尽業法の改正
　　第3条　農業協同組合法の改正
　　第4条　水産業協同組合法の改正
　　第5条　中小企業等協同組合法の改正
　　第6条　投資信託及び投資法人に関する法律の改正
　　第7条　信用金庫法の改正
　　第8条　長期信用銀行法の改正
　　第9条　労働金庫法の改正
　　第10条　銀行法の改正
　　第11条　保険業法の改正
　　第12条　資産の流動化に関する法律の改正
　　第13条　特定融資枠契約に関する法律の改正
　　第14条　農林中央金庫法の改正

　附則改正については、以下のとおりとなっている。

　　附則第1条　施行期日
　　附則第2条～第8条　金融商品取引法の一部改正に伴う経過措置
　　附則第9条　無尽業法の一部改正に伴う経過措置
　　附則第10条　農業協同組合法の一部改正に伴う経過措置
　　附則第11条　水産業協同組合法の一部改正に伴う経過措置
　　附則第12条　銀行法の一部改正に伴う経過措置
　　附則第13条　保険業法の一部改正に伴う経過措置

附則第14条	資産の流動化に関する法律の一部改正に伴う経過措置
附則第15条	特定融資枠契約に関する法律の一部改正に伴う経過措置
附則第16条	協同組合による金融事業に関する法律の一部改正
附則第17条	地方税法の一部改正
附則第18条	租税特別措置法の一部改正
附則第19条	租税特別措置法の一部改正に伴う経過措置
附則第20条	所得税法の一部改正
附則第21条	農水産業協同組合貯金保険法の一部改正
附則第22条	農林中央金庫及び特定農水産業協同組合等による信用事業の再編及び強化に関する法律の一部改正
附則第23条	金融機関等の組織再編成の促進に関する特別措置法の一部改正
附則第24条	金融機能の強化のための特別措置に関する法律の一部改正
附則第25条	会社法の施行に伴う関係法律の整備等に関する法律の一部改正
附則第26条	証券取引法等の一部を改正する法律の施行に伴う関係法律の整備等に関する法律の一部改正
附則第27条	株式会社日本政策投資銀行法の一部改正
附則第28条	株式会社日本政策投資銀行法の一部改正に伴う経過措置
附則第29条	金融商品取引法等の一部を改正する法律の一部改正
附則第30条	罰則の適用に関する経過措置
附則第31条	政令への委任
附則第32条	検討

　本編においては、これらのうち、本則1条改正、6条改正および12条改正について逐条で解説を行っている。

逐条解説に入る前に、各制度見直しの柱ごとに、どのような改正条項が置かれているかを概観しておく。

1 金融商品取引法の一部改正（改正法1条関係）

(1) 開示制度等の見直し

(i) 新株予約権無償割当てによる増資（いわゆるライツ・オファリング）に係る開示制度等の整備

(a) 「引受人」の定義に、新株予約権証券の募集等に際し、新株予約権証券の取得者が行使しない新株予約権に係る新株予約権証券を取得して自己または第三者が当該新株予約権を行使することを内容とする契約をする者を追加するとともに、有価証券の引受けに関する所要の規定を整備することとする（法2条6項、21条4項、28条7項関係）。

(b) 募集の対象となる新株予約権証券が金融商品取引所に上場されている、またはその発行後、遅滞なく上場されることが予定されていること、および、当該新株予約権証券について有価証券届出書等の提出がなされた旨その他一定の事項を当該提出を行った後、遅滞なく、日刊新聞紙に掲載すること、という要件を満たした場合には、目論見書の作成・交付を必要としないこととする（法13条1項、15条2項関係）。

(c) 新株予約権のうち会社法277条の規定により割り当てられるものであって、当該新株予約権が行使されることが確保されることにより公開買付けによらないで取得されても投資者の保護のため支障を生ずることがないと認められるものとして内閣府令で定めるものについて、その行使を公開買付規制の適用対象とできるようにすることとする（法27条の2第1項関係）。

(d) 新株予約権無償割当てについての決定を内部者取引に係る重要事実

に追加することとする（法166条2項関係）。

(ⅱ) 英文開示の範囲拡大

(a) 届出書を提出しなければならない外国会社は、公益または投資者保護に欠けることがない場合には、届出書の提出に代えて、有価証券の募集または売出しに関する事項を記載した書類および外国において開示が行われている有価証券届出書等に類する書類であって英語で記載されているものを提出することができることとする。この場合、当該英語で記載された書類に記載されている事項のうち公益または投資者保護のため必要かつ適当なものの要約の翻訳文等を添付しなければならないこととする（法5条6項～9項、7条、9条、10条関係）。

(b) 有価証券報告書を提出しなければならない外国会社は、公益または投資者保護に欠けることがない場合には、臨時報告書に代えて、臨時報告書に記載すべき内容で英語で記載されているものを提出することができることとする（法24条の5関係）。

(ⅲ) 発行登録制度における目論見書の交付義務の免除

発行登録を行った有価証券を募集または売出しにより取得させ、または売り付ける場合において、発行登録書およびその発行登録追補書類に記載しなければならない事項（発行価格等を除く）ならびに発行価格等を公表する旨および公表の方法を記載した書類をあらかじめ交付し、かつ、当該方法により当該発行価格等が公表されたときは、当該書類を目論見書とみなし、当該発行価格等の公表を目論見書の交付とみなすこととする（法23条の12第7項関係）。

(2) 投資助言・代理業の登録拒否事由の拡充

投資助言・代理業の登録拒否事由に金融商品取引業を適確に遂行するに足りる人的構成を有しない者を追加することとする（法29条の4第1項関係）。

(3) 投資運用業の規制の緩和

(ⅰ) 投資運用業の登録要件の緩和

適格投資家向け投資運用業（投資運用業のうち、全ての運用財産に係る権

利者が適格投資家のみであって、その総額が一定の金額を超えないもの）について、投資運用業の登録要件を一部緩和することとする（法29条の5関係）。

(ii) 有価証券の取得勧誘に係る業規制の緩和

適格投資家向け投資運用業を行う者が、適格投資家を相手方として行う、自己が運用する投資信託等に係る有価証券の私募の取扱いを行う業務等に関する業規制の特例を定めることとする（法29条の5関係）。

(4) 無登録業者による未公開株等の取引に関する対応

(i) 無登録業者による広告・勧誘行為の禁止

無登録業者が、金融商品取引業を行う旨の表示をすること、および、金融商品取引業を行うことを目的として、金融商品取引契約の締結について勧誘をすることを禁止することとする（法31条の3の2関係）。

(ii) 無登録業者による未公開有価証券の売付け等の効果

無登録業者が未公開有価証券の売付け等を行った場合には、その売買契約等を原則として無効とすることとする（法171条の2関係）。

(iii) 無登録業者に対する罰則の引上げ

無登録業等に対する法定刑を、3年以下の懲役もしくは300万円以下の罰金またはこれらの併科から、5年以下の懲役もしくは500万円以下の罰金またはこれらの併科に引き上げるとともに、法人に対して行為者よりも重課（5億円以下の罰金）することとする（法197条の2、207条関係）。

(5) 外国投資運用業者に関する特例の見直し

外国投資運用業者が投資運用業についての登録を受けずに、金融商品取引業者等（投資運用業を行う者）を相手方として投資運用業を行うことを認める特例の適用範囲を、当該外国投資運用業者が投資助言・代理業についての登録を受けた場合に拡大することとする（法61条関係）。

(6) 金融商品取引業者等が適格機関投資家等特例業務を行う場合の届出事項の追加

金融商品取引業者等が適格機関投資家等特例業務を行う場合の届出事項

の追加を可能とすることとする（法63条の3関係）。

(7) **審判対象である事実、法令適用および課徴金額等に関する規定の見直し**

審判手続開始の基礎となった事実、法令の適用および課徴金額等の変更を被審人の利益を害さない限り、可能となるようにすることとする（法181条関係）。

(8) **裁判所の禁止・停止命令の申立てに係る裁判管轄の拡大**

裁判所の禁止・停止命令の申立てに係る裁判管轄に、違反行為が行われ、または行われようとする地を追加することとする（法192条3項関係）。

2 投資信託及び投資法人に関する法律の一部改正（改正法6条関係）

不動産の取得または譲渡が行われたときに、その価格について、鑑定評価および第三者による価格調査を二重に義務付けることを廃止し、第三者による鑑定評価義務に一本化することとする（投信法11条、201条関係）。

3 資産の流動化に関する法律の一部改正（改正法12条関係）

(1) **資産流動化計画の変更届出義務の緩和**

資産流動化計画の軽微な変更について、届出義務を免除することとする（SPC法9条1項、227条1項関係）。

(2) **資産の取得および資金調達に係る規制の見直し**

(i) 従たる特定資産の信託設定義務等の免除

不動産等に付随して用いられる軽微な特定資産について、信託設定義務等を免除することとする（SPC法4条3項、200条関係）。

(ii) 特定資産の価格調査に係る規制の見直し

取得する不動産の価格について、鑑定評価および第三者による価格調査を二重に義務付けることを廃止し、第三者による鑑定評価義務に一本化す

ることとする（SPC 法 40 条 1 項、122 条 1 項関係）。

(iii) **特定資産の譲渡人による重要事項の告知義務の廃止**

特定資産の譲渡人による特定目的会社に対する重要事項の告知義務を廃止することとする（SPC 法 199 条関係）。

(iv) **資金の借入れに係る規制の見直し**

特定目的会社の資金の借入れについて、特定目的借入れの使途制限の撤廃等を行うこととする（SPC 法 210 条、211 条関係）。

(3) 資産流動化の応用スキームの促進

特定目的信託における社債的受益権（あらかじめ定められた金額の分配を受ける種類の受益権）の発行要件について、他の種類の受益権の発行義務の廃止等を行うこととする（SPC 法 230 条 1 項関係）。

Ⅲ 金融商品取引法の一部改正に係る逐条解説

第1条　金融商品取引法の一部改正

第1章　総則

第2条（定義）

第6項 新設

改　正　後
6　この法律（第5章を除く。）において「引受人」とは、有価証券の募集若しくは売出し又は私募若しくは特定投資家向け売付け勧誘等（第1項有価証券に係る売付け勧誘等であつて、第4項第2号ロに掲げる場合に該当するもの（取引所金融商品市場における有価証券の売買及びこれに準ずる取引その他の政令で定める有価証券の取引に係るものを除く。）をいう。以下同じ。）に際し、次の各号のいずれかを行う者をいう。 一・二　（略） <u>三　当該有価証券が新株予約権証券（これに準ずるものとして内閣府令で定める有価証券を含む。以下この号において同じ。）である場合において、当該新株予約権証券を取得した者が当該新株予約権証券の全部又は一部につき新株予約権（これに準ずるものとして内閣府令で定める権利を含む。以下この号において同じ。）を行使しないときに当該行使しない新株予約権に係る新株予約権証券を取得して自己又は第三者が当該新株予約権を行使することを内容とする契約をすること。</u>

　コミットメント型ライツ・オファリングのスキームにおいてコミットメントを行う者を「引受人」に位置付けるため、「引受人」の定義に、新株予約権の募集等に際し、新株予約権を取得した者が当該新株予約権の権利行使をしないときにその未行使分を取得して当該新株予約権を行使するこ

とを内容とする契約を締結する者を加えるものである。

(1) 「引受人」・「有価証券の引受け」等の範囲の見直し
(i) 改正の背景

コミットメント型ライツ・オファリングのスキームにおいては、コミットメントを行う証券会社は、新株予約権無償割当てによって発行された新株予約権のうちの未行使分を発行会社から取得し、当該新株予約権を権利行使することによって得られた株式を市場等で売却することが一般的に想定されている。

従来の「引受人」の定義によれば、このコミットメント型ライツ・オファリングのスキームにおいてコミットメントを行う証券会社は「引受人」に該当しないと考えられる。すなわち、コミットメント型ライツ・オファリングのスキームでは、証券会社が売り捌こうとする有価証券（株式）と取得する有価証券（新株予約権）が異なるため、総額引受け型の引受人（本項1号）に該当しないこととなる。また、発行された有価証券（新株予約権）がいったん株主にすべて取得されるため、残額引受け型の引受人（本項2号）にも該当しないこととなると考えられる。

金融商品取引法は、投資者保護および資本市場の健全性確保等を図る観点から、引受人に該当する行為を行うことを「有価証券の引受け」と定義し（本条8項6号）、これを業として行う場合には「第1種金融商品取引業」としての内閣総理大臣の登録を必要としている（法29条、28条1項3号）。また、「有価証券の引受け」を行う第1種金融商品取引業者については、著しく不適当と認められる数量・価格等の条件による引受けを禁止する（法40条2号、金融商品取引業等に関する内閣府令（以下「業府令」という）123条1項3号）とともに、「有価証券の元引受け」を行う場合には、最低資本金規制を上乗せし（法29条の4第1項4号、令15条の7第1項）、引受けの適否の判断に資する事項の適切な審査を行うことを義務付けている（法40条2号、業府令123条1項4号）。

コミットメント型ライツ・オファリングのスキームにおける証券会社の行為は、発行される新株予約権の全部または一部について既存株主を含む

投資者が権利行使をしない場合にその残部について取得および権利行使をすることをあらかじめ約束し、有価証券の募残リスクを負担するものである。かかる行為を行う者は、発行される有価証券の全部または一部について他にこれを取得する者がない場合にその残部について取得することをあらかじめ約束する残額引受け型の引受人と、その行為態様やリスク負担の点で類似性を有するものと考えられる。

そのため、投資者保護および資本市場の健全性確保等の観点からすれば、残額引受けと類似性を有するコミットメント型ライツ・オファリングのスキームにおける証券会社の行為に対しても、こうした「有価証券の引受け」等に係る規制を適用する必要があると考えられる。

また、前述のとおり、コミットメント型ライツ・オファリングのスキームにおいてコミットメントを行う者は、従来の「引受人」の定義に該当しないため、現行法上、証券会社以外の者がコミットメントを行うことも可能となっている[注]。仮に人的構成の整備が不十分である者や財務基盤の脆弱な者等によってコミットメントが行われた場合には、投資者保護および資本市場の健全性確保等の観点から問題が生じるおそれがあるため、こうした者によってコミットメントが行われることのないよう、第1種金融商品取引業の登録を受けた証券会社のみがコミットメントを行い得ることとすることが適当と考えられる。

(注) ただし、業として株式を売り捌く場合には、有価証券の売買を業として行う行為に該当するため、第1種金融商品取引業の登録が必要となる。

(ii) 改正の概要

そこで、改正法では、新株予約権の募集等に際し、その新株予約権を取得した者が権利行使をしないときに、その未行使分を取得して権利行使することを内容とする契約を締結する者を「引受人」と位置付けることにより、その引受人の行為を「有価証券の引受け」の定義に含め（本条8項6号）、これを業として行う場合には「第1種金融商品取引業」としての登録を求める（法28条1項3号、29条）ほか、その登録を受けた者に対し、著しく不適当と認められる数量・価格等の条件による引受けを禁止する（法40

条2号、業府令123条1項3号）こととしている。

なお、本項の改正と併せ、法28条7項の改正を行うことにより「有価証券の元引受け」に関する規制も適用することとしている（法28条7項3号の解説参照）。

(2) 「第三者が当該新株予約権を行使することを内容とする契約」

コミットメント型ライツ・オファリングのスキームにおいては、発行会社から新株予約権の未行使分を取得した引受証券会社が自らは権利行使をせず、第三者に当該未行使分の全部または一部を譲渡し、それについて当該第三者に権利行使させることを内容とする契約を締結することも想定される。

投資者保護および資本市場の健全性確保等の観点からは、このようなケースにおいても、引受証券会社による不適切な引受審査等を禁止し、また、有価証券届出書の虚偽記載に関する責任等の引受人としての責任を負わせることが適当であるため、改正法では、引受証券会社が「第三者」に権利行使をさせることを内容とする契約を締結する場合であっても、その引受証券会社を「引受人」の定義に含めることとしている。

これは、特定の第三者に権利行使させることを内容とする契約を締結する場合に限られず、自己または自己以外の者によって権利行使することを内容とする契約を締結する場合を含むと考えられる。

なお、新株予約権の募集等に際して、未行使分の新株予約権を取得して権利行使することを内容とする契約を引受証券会社と締結する者も「引受人」の定義に該当することとなることに留意する必要がある。

一方、株主その他の投資者による新株予約権の権利行使の状況が当初の想定に及ばないような場合には、引受証券会社が、新株予約権無償割当ての効力が発生した後に他の機関投資家等と約定し、これらの者に対して新株予約権の全部または一部を譲渡して権利行使させることで発行会社とのコミットメントを履行することも想定される。このようなケースでは、当該機関投資家等は、新株予約権無償割当ての効力が発生した後に新株予約権の取得を約束することとなるため、「募集等に際し」の要件に該当せず、

「引受人」には該当しないものと考えられる。

(注) 内閣府令で定める事項
　コミットメント型ライツ・オファリングのスキームにおいては、新株予約権証券に類似する外国の有価証券等を用いて資金調達が行われることもあり得る。そのため、改正法では、募集等の対象となった有価証券が新株予約権証券に準ずるものとして内閣府令で定める有価証券である場合において、当該有価証券を取得した者が、新株予約権に準ずるものとして内閣府令で定める権利を行使しないときに、その未行使分を取得して当該権利の行使をすることを内容とする契約を締結する者も「引受人」の定義に含めることとしている。新株予約権証券に準ずる有価証券や、新株予約権に準ずる権利としては、新株予約権証券・新株予約権に類似する外国の証券・権利を規定することが考えられるが、詳細は、今後の内閣府令改正作業の中で検討する予定である。

第7項

改　正　後	改　正　前
7　この法律において「有価証券届出書」とは、第5条第1項（同条第5項において準用する場合を含む。以下同じ。）の規定による届出書及び<u>同条第10項</u>の規定によりこれに添付する書類並びに<u>第7条第1項</u>、第9条第1項又は第10条第1項の規定による訂正届出書をいう。	7　この法律において「有価証券届出書」とは、第5条第1項（同条第5項において準用する場合を含む。以下同じ。）の規定による届出書及び<u>同条第6項</u>の規定によりこれに添付する書類並びに<u>第7条</u>、第9条第1項又は第10条第1項の規定による訂正届出書をいう。

　5条6項から9項および7条2項を新設することに伴う形式的修正を行っている。

第2章　企業内容等の開示

第5条（有価証券届出書の提出）
第6項 新設

改　　正　　後
<u>6　第1項(前項において準用する場合を含む。以下この項及び第8項において同じ。)の規定により届出書を提出しなければならない外国会社（以下「届出書提出外国会社」という。）は、公益又は投資者保護に欠けることがないものとして内閣府令で定める場合には、第1項の届出書に代えて、内閣府令で定めるところにより、次に掲げる書類を提出することができる。</u> <u>一　第1項第1号に掲げる事項を記載した書類</u> <u>二　外国において開示（当該外国の法令（外国金融商品市場を開設する者その他の内閣府令で定める者の規則を含む。）に基づいて当該外国において公衆の縦覧に供されることをいう。第24条第8項、第24条の4の7第6項及び第24条の5第7項において同じ。）が行われている参照書類又は第1項の届出書に類する書類であつて英語で記載されているもの</u>

　届出書を提出しなければならない外国会社（「届出書提出外国会社」）は、公益または投資者保護に欠けることがないものとして内閣府令で定める場合には、届出書に代えて、内閣府令で定めるところにより、

　①　届出書に記載すべき「証券情報」（1項1号に掲げる事項）を日本語で記載した書類（「証券情報書類」）

　②　外国において開示が行われている参照書類（届出書提出外国会社の直近の有価証券報告書およびその添付書類ならびにその提出以後に提出される四半期報告書または半期報告書および臨時報告書ならびにこれらの訂正報告書をいう（4項本文）。以下同じ）または届出書に類する書類であつて英語で記載されているもの（以下「発行者情報書類」という）

を提出することができることとするものである。

　公益または投資者保護に欠けることがない場合に該当する具体的な要件、証券情報書類および発行者情報書類の提出方法等については、内閣府令で定められることになる。

> **参考**
>
> 　本項の規定は、法27条の規定により、発行者が会社以外の外国の者である場合についても準用されることから、会社以外の外国の者（例えば、外国ファンド、外国政府等）が発行者である有価証券に係る届出書についても英文開示の対象とされる。

　これまで英文開示の対象となっていなかった届出書を英文開示の対象とし、発行開示書類と継続開示書類(注)を一体として英文開示の対象とすることにより、英文開示の利便性を向上させる。

　届出書に係る英文開示については、届出書の記載内容を「証券情報」（当該募集または売出しに関する事項（1項1号））と「発行者情報」（発行者の属する企業集団および発行者の経理、事業等の状況等（1項2号））に分け、その記載内容ごとに、次のような考え方に基づいて要件が定められている。これらすべての要件に該当する場合について、英文開示が認められることになる。

① 「証券情報」については、投資者の投資判断に直接的に影響を及ぼす重要な情報であり、また、金融商品の販売に当たり金融商品取引業者が説明責任を果たす上で重要な要素となると考えられることから、開示府令、外国債等の発行者の内容等の開示に関する内閣府令（以下「外国債等開示府令」という）または特定有価証券の内容等の開示に関する内閣府令において定められている有価証券届出書における「証券情報」の様式に従い、日本語により作成されていること。

② 「発行者情報」については、基本的に従来の継続開示書類に係る英文開示の考え方が踏襲されている。すなわち、投資者が適正に投資判断を行うためには、その情報が投資者の十分な評価の対象となっており、その発行者の有価証券について市場において適正な価格形成が行われていることが必要であると考えられることから、「発行者情報」が記載された参照書類に類する書類が、外国の法令等に基づき、外国の市場において適正に開示されていること。

(注) 従来の英文開示の対象書類は次のとおりである。
① 有価証券報告書、四半期報告書、半期報告書およびこれらの訂正報告書（24条8項、24条の4の7第6項、24条の5第7項等）
② 確認書および訂正確認書（24条の4の2第6項）
③ 内部統制報告書および訂正報告書（24条の4の4第6項）
④ 親会社等状況報告書および訂正報告書（24条の7第5項）

(1) 公益または投資者保護に欠けることがない場合

「公益又は投資者保護に欠けることがないものとして内閣府令で定める場合」に該当するか否かについては、基本的に、有価証券報告書等に係る英文開示の要件である「公益又は投資者保護に欠けることがないものとして内閣府令で定める場合」（24条8項）と同様に、金融庁長官が、届出書ごとに、

① 届出書提出外国会社が提出しようとする発行者情報書類が、投資者保護に欠けるものではないと認められる用語、様式及び作成方法により作成されているか
② 発行者情報書類が、外国において適正に開示されているか

について事前に審査するものと考えられる。

このうち、「投資者保護に欠けるものではないと認められる用語、様式及び作成方法により作成されているか」については、(i)発行者情報書類が外国の法令に基づいて開示されている場合（(2)の①参照）には、当該外国の法令に基づく開示制度における作成基準・開示基準、(ii)発行者情報書類が外国金融商品取引所の規則に基づいて開示されている場合（(2)の②参照）には、当該外国金融商品取引所の定める作成基準・開示基準が、わが国金融商品取引法の開示制度における作成基準・開示基準に照らして、投資者保護に欠けるものではないかについて検討した上で、当該「発行者情報書類」がこれらの基準に基づき適正に作成され、公衆の縦覧に供されているかについて検討されるものと考えられる[注]。

(注) 英文開示の実績が積み重ねられた場合には、その作成基準・開示基準が投資者保護に欠けるものではないと認められる外国金融商品取引所を告示等によって公表することも考えられる。

(2) 外国において開示が行われている場合

「外国において開示が行われている」場合とは、次のいずれかの要件に該当する場合とする。

① 外国の法令に基づいて当該外国において公衆の縦覧に供されていること。

② 外国金融商品市場を開設する者（外国金融商品取引所）その他の内閣府令で定める者（内閣府令では、外国金融商品市場を開設する者のほか、外国金融商品市場に準ずるものとして外国に開設された店頭売買有価証券市場の性質を有する市場を開設する者を規定する予定）の規則に基づいて当該外国において公衆の縦覧に供されていること。

なお、①には、外国金融商品取引所には上場しないが、わが国において有価証券の募集・売出しを行うと同時に、外国においても有価証券の募集・売出しを行う場合（いわゆるグローバル・オファリング）であって、当該外国の法令に基づく開示制度において、当該届出書提出会社に関する情報を記載した書類で英語により記載された発行者情報書類の内容が開示されることが予定されている場合が含まれる。

また、②の「外国金融商品取引所の規則に基づいて開示されている場合」には、わが国の金融商品取引所と同時に外国金融商品取引所に上場しようとする場合（いわゆる国内外同時上場）であって、発行者情報書類の内容について、当該外国金融商品取引所においても審査が行われ、開示されることが予定されている場合が含まれる。

第7項 新設

改　正　後
7　前項第2号に掲げる書類には、内閣府令で定めるところにより、当該書類に記載されている事項のうち公益又は投資者保護のため必要かつ適当なものとして内閣府令で定めるものの要約の日本語による翻訳文、当該書類に記載されていない事項のうち公益又は投資者保護のため必要かつ適当なものとして内閣府令で定めるものを記載した書類その他内閣府令で定めるもの（次項及び第13条第2項第1号において「補足書類」という。）を添付しなければならない。

現行の有価証券報告書等に係る英文開示と同様に、届出書について英文開示を行う場合には、次の「補足書類」を添付しなければならないこととするものである。
① 発行者情報書類に記載されている事項のうち、公益または投資者保護のため必要かつ適当なものとして内閣府令で定めるものの要約の日本語による翻訳文
② 発行者情報書類に記載されていない事項のうち、公益または投資者保護のため必要かつ適当なものとして内閣府令で定めるものを記載した書類
③ その他内閣府令で定めるもの

基本的に、現行の有価証券報告書に係る英文開示における補足書類と同様であるが、①の「日本語による要約」の対象となる情報、②の対象となる情報等の範囲等については、内閣府令で定める予定である。なお、現行では、②の事項は全文について日本語によらなければならないが（開示府令17条の3第3項）、改正後はその事項の全文は英語でよいこととする一方で、その事項が①の「日本語による要約」の対象となる情報に該当する場合には、要約の日本語による翻訳文を付さなければならない旨を内閣府令で規定する予定である。また、③については、有価証券届出書の記載事項と外国会社届出書およびその補足書類の記載事項との対照表等を規定する予定である。

「補足書類」は、投資者保護の観点から、
① 英語により記載された発行者情報書類の中で、投資者の投資判断に特に重要であると考えられる情報について、その要約を日本語に翻訳したものを添付することにより、投資者による投資判断に特に重要であると考えられる情報の取得を容易にするとともに、
② 本来、開示府令等において定める届出書に記載すべき事項が発行者情報書類に記載されていない場合に、当該記載されていない情報の添付を求めることにより、日本語による開示と英語による開示との情報格差を是正する

ため、添付を義務付けるものである。この考え方は、基本的に、現行の有

価証券報告書に係る英文開示において添付する「補足書類」と同様である。

現行、有価証券報告書に係る英文開示として外国会社が提出する英語による有価証券報告書および添付書類に類する書類（「外国会社報告書」という（法24条8項））に添付する「補足書類」は次のとおりである（24条9項）。

(i) 外国会社報告書に記載されている事項のうち、公益または投資者保護のため必要かつ適当なもの（開示府令が適用される外国会社の場合は、「事業等のリスク」、「財政状態、経営成績及びキャッシュ・フローの状況の分析」および「財務書類」）の要約の日本語による翻訳文（開示府令17条の3第2項）

(ii) 外国会社報告書に記載すべき事項であって、外国会社報告書に記載がない事項のうち公益または投資者保護のため必要かつ適当なもの（開示府令が適用される外国会社の場合は、「事業等のリスク」、「財政状態、経営成績及びキャッシュ・フローの状況の分析」および「財務書類」（＝(i)の事項））を日本語により記載した書類（開示府令17条の3第3項）

(iii) 有価証券報告書に記載すべき事項であって、外国会社報告書に記載がない事項（開示府令が適用される外国会社の場合は、「事業等のリスク」、「財政状態、経営成績及びキャッシュ・フローの状況の分析」および「財務書類」以外の事項）を日本語または英語により記載した書類（開示府令17条の3第4項1号）

(iv) 有価証券報告書に記載すべき事項とこれに相当する外国会社報告書の記載事項との対照表（開示府令17条の3第4項2号）

(v) 代理者証明書・代理権授与証明書（開示府令17条の3第4項3号・4号）

(vi) 表紙（開示府令第8号の2様式等）（開示府令17条の3第4項5号）

なお、改正後は、(ii)については、英語による全文にその要約の日本語による翻訳文を添付することでよいこととし、(iii)については、全文英語でよいこととする予定である。

また、「日本語による要約」については、要約の程度等を示す基準が不明確であるため、要約の仕方によっては、重要な情報の部分が要約から漏れ、虚偽記載等に該当することになるのではないかとの懸念があることから、英文開示が利用されていないとの指摘がある。このため、開示制度ワー

キング・グループ報告においても提言されているように、「日本語による要約」について、要約する情報の範囲、要約の程度等の基準等について検討することが考えられる。

第8項 新設

改　正　後
8　前2項の規定により届出書提出外国会社が第6項各号に掲げる書類（以下この章において「外国会社届出書」という。）及びその補足書類を提出した場合には、当該外国会社届出書及びその補足書類を第1項の届出書とみなし、これらの提出を同項の届出書を提出したものとみなして、この法律又はこの法律に基づく命令（以下この章から第2章の4までにおいて「金融商品取引法令」という。）の規定を適用する。

　届出書提出外国会社が、「外国会社届出書」（＝証券情報書類（日本語）＋発行者情報書類（英語））および「補足書類」を提出した場合には、当該外国会社届出書およびその補足書類を届出書とみなし、これらの提出を届出書を提出したものとみなして、金融商品取引法令の規定を適用することとするものである。

　届出書提出外国会社が「外国会社届出書」およびその「補足書類」を提出した場合であっても、届出書を提出した場合と全く同じ法的効果が及ぶようにするものである。

　したがって、例えば、重要な事項につき虚偽の記載のある「外国会社届出書」およびその「補足書類」を提出した場合には、重要な事項につき虚偽の記載のある届出書類を提出したものとして、課徴金に関する規定（172条の2）、罰則規定（197条1号）等が適用される。

第9項 新設

改　正　後
9　内閣総理大臣は、外国会社届出書を提出した届出書提出外国会社が第6項の規定により外国会社届出書を提出することができる場合に該当しないと認めるときは、当該届出書提出外国会社に対し、その旨を通知しなければならない。この場合においては、行政手続法（平成5年法律第88号）第13条第1項の規定による意見陳述のための手続の区分にかかわらず、聴聞を行わなければならない。

　内閣総理大臣は、外国会社届出書を提出した届出書提出外国会社が6項の規定により外国会社届出書を提出することができる場合に該当しないと認めるときは、その旨を当該届出書提出外国会社に通知することとするものである。

　例えば、発行者情報書類は外国において開示されていても、その発行者情報書類の記載内容が投資者保護に欠けることとなるような作成基準により作成されたものであることにより、外国会社届出書を提出することを金融庁長官が認めることができない場合がこれに該当するものと考えられる。

　なお、外国会社届出書を提出する要件に該当しない旨の「通知」は、行政手続法2条4号に規定する不利益処分に該当することも考えられることから、当該通知を行う場合には、同法13条1項の規定による意見陳述のための手続の区分にかかわらず、聴聞を行わなければならないこととされている。

　届出書提出外国会社が、「公益又は投資者保護に欠けることがないものとして内閣府令で定める場合」（6項本文）に該当しないこと等により、英文開示を行うことができないにもかかわらず、外国会社届出書およびその補足書類を提出した場合において、内閣総理大臣がそのことを認めたときには、内閣総理大臣はその旨を通知しなければならない。

　この場合には、外国会社届出書およびその補足書類の提出は有価証券届出書の提出とは認められないことから、当該外国会社届出書に係る有価証券の募集または売出しを行うことができない。したがって、当該通知を受けた届出書提出外国会社は、当該有価証券の募集又は売出しを行おうとす

る場合には、5条1項の規定による日本語による届出書を提出する必要がある。

　また、行政手続法上、不利益処分を行う場合には意見陳述のための手続として聴聞を行い、または弁明の機会の付与しなければないこととされているが（行政手続法13条1項）、金商法では、同法に定める意見陳述のための手続の区分にかかわらす、聴聞を行わなければならないこととされている。このため、届出書提出外国会社に対して「聴聞」を行う場合についても、聴聞を行わなければならないこととされている。金商法の規定に基づく処分に係る聴聞は、原則、公開して行うこととされている（186条の2）。

参考　行政手続法第13条第1項

　行政庁は、不利益処分をしようとする場合には、次の各号の区分に従い、この章の定めるところにより、当該不利益処分の名あて人となるべき者について、当該各号に定める意見陳述のための手続を執らなければならない。
一　次のいずれかに該当するとき　聴聞
　　イ　許認可等を取り消す不利益処分をしようとするとき。
　　ロ　イに規定するもののほか、名あて人の資格又は地位を直接にはく奪する不利益処分をしようとするとき。
　　ハ　名あて人が法人である場合におけるその役員の解任を命ずる不利益処分、名あて人の業務に従事する者の解任を命ずる不利益処分又は名あて人の会員である者の除名を命ずる不利益処分をしようとするとき。
　　ニ　イからハまでに掲げる場合以外の場合であって行政庁が相当と認めるとき。
二　前号イからニまでのいずれにも該当しないとき　弁明の機会の付与

第6条（届出書類の写しの金融商品取引所等への提出）

改　正　後	改　正　前
第6条　次の各号に掲げる有価証券の発行者は、第4条第1項から第3項までの規定による届出をしたときは、遅滞なく、前条第1項及び<u>第10項</u>の規定による届出書類の写しを当該各号に掲げる者に提出しなければならない。 一・二　（略）	第6条　次の各号に掲げる有価証券の発行者は、第4条第1項から第3項までの規定による届出をしたときは、遅滞なく、前条第1項及び<u>第6項</u>の規定による届出書類の写しを当該各号に掲げる者に提出しなければならない。 一・二　（略）

　5条6項から9項を新設することに伴う形式的修正を行っている。

第7条（訂正届出書の自発的提出）
第1項

改　正　後	改　正　前
第7条　第4条第1項から第3項までの規定による届出の日以後当該届出がその効力を生ずることとなる日前において、第5条第1項及び<u>第10項</u>の規定による届出書類に記載すべき重要な事項の変更その他公益又は投資者保護のため当該書類の内容を訂正する必要があるものとして内閣府令で定める事情があるときは、届出者（会社の成立後は、その会社。以下同じ。）は、訂正届出書を内閣総理大臣に提出しなければならない。これらの事由がない場合において、届出者が当該届出書類のうちに訂正を必要とするものがあると認めたときも、同様とする。	第7条　第4条第1項から第3項までの規定による届出の日以後当該届出がその効力を生ずることとなる日前において、第5条第1項及び<u>第6項</u>の規定による届出書類に記載すべき重要な事項の変更その他公益又は投資者保護のため当該書類の内容を訂正する必要があるものとして内閣府令で定める事情があるときは、届出者（会社の成立後は、その会社。以下同じ。）は、訂正届出書を内閣総理大臣に提出しなければならない。これらの事由がない場合において、届出者が当該届出書類のうちに訂正を必要とするものがあると認めたときも、同様とする。

　5条6項から9項を新設することに伴う形式的修正を行っている。

第2項 新設

改　正　後
2　第5条第6項から第9項までの規定は、届出書提出外国会社が前項の規定により外国会社届出書の訂正届出書を提出する場合について準用する。

　届出書の提出後、その効力が発生する前において、その届出書類（届出書およびその添付書類）に記載すべき重要な事項の変更その他公益または投資者保護のため当該書類の内容を訂正する事情が生じたときは、届出者は訂正届出書を内閣総理大臣に提出しなければならない（本条1項）。

　この場合の外国会社届出書の訂正届出書についても、英文開示が可能とされ、その提出のための要件、手続等について、外国会社届出書およびその補足書類に関する規定（5条6項から9項までの規定）を準用するものである。

　なお、この規定は、届出書提出外国会社が提出した外国会社届出書を対象としたものであり、日本語による届出書の訂正届出書を英文で提出することは認められない。

第8条（届出の効力発生日）

第1項

改　正　後	改　正　前
第8条　第4条第1項から第3項までの規定による届出は、内閣総理大臣が第5条第1項の規定による届出書（同項ただし書に規定する事項の記載がない場合には、当該事項に係る<u>前条第1項</u>の規定による訂正届出書。次項において同じ。）を受理した日から15日を経過した日に、その効力を生ずる。	第8条　第4条第1項から第3項までの規定による届出は、内閣総理大臣が第5条第1項の規定による届出書（同項ただし書に規定する事項の記載がない場合には、当該事項に係る<u>前条の規定</u>による訂正届出書。次項において同じ。）を受理した日から15日を経過した日に、その効力を生ずる。

　7条2項を新設することに伴う形式的修正を行っている。

第2項

改　正　後	改　正　前
2　前項の期間内に<u>前条第1項</u>の規定による訂正届出書の提出があつた場合における<u>前項</u>の規定の適用については、内閣総理大臣がこれを受理した日に、第5条第1項の規定による届出書の受理があつたものとみなす。	2　前項の期間内に<u>前条</u>の規定による訂正届出書の提出があつた場合における同項の規定の適用については、内閣総理大臣がこれを受理した日に、第5条第1項の規定による届出書の受理があつたものとみなす。

　7条2項を新設することに伴う形式的修正を行っている。

第3項

改　正　後	改　正　前
3　内閣総理大臣は、第5条第1項及び<u>第10項若しくは前条第1項</u>の規定による届出書類の内容が公衆に容易に理解されると認める場合又は当該届出書類の届出者に係る第5条第1項第2号に掲げる事項に関する情報が既に公衆に広範に提供されていると認める場合においては、当該届出者に対し、第1項に規定する期間に満たない期間を指定し、又は第4条第1項から第3項までの規定による届出が、直ちに若しくは第1項に規定する届出書を受理した日の翌日に、その効力を生ずる旨を通知することができる。この場合において、同条第1項から第3項までの規定による届出は、当該満たない期間を指定した場合にあつてはその期間を経過した日に、当該通知をした場合にあつては直ちに又は当該翌日に、その効力を生ずる。	3　内閣総理大臣は、第5条第1項及び<u>第6項若しくは前条</u>の規定による届出書類の内容が公衆に容易に理解されると認める場合又は当該届出書類の届出者に係る第5条第1項第2号に掲げる事項に関する情報が既に公衆に広範に提供されていると認める場合においては、当該届出者に対し、第1項に規定する期間に満たない期間を指定し、又は第4条第1項から第3項までの規定による届出が、直ちに若しくは第1項に規定する届出書を受理した日の翌日に、その効力を生ずる旨を通知することができる。この場合において、同条第1項から第3項までの規定による届出は、当該満たない期間を指定した場合にあつてはその期間を経過した日に、当該通知をした場合にあつては直ちに又は当該翌日に、その効力を生ずる。

5条6項から9項および7条2項を新設することに伴う形式的修正を行っている。

第9条（形式不備等による訂正届出書の提出命令）
第1項

改　正　後	改　正　前
第9条　内閣総理大臣は、第5条第1項及び第10項若しくは第7条第1項の規定による届出書類に形式上の不備があり、又はその書類に記載すべき重要な事項の記載が不十分であると認めるときは、届出者に対し、訂正届出書の提出を命ずることができる。この場合においては、行政手続法第13条第1項の規定による意見陳述のための手続の区分にかかわらず、聴聞を行わなければならない。	第9条　内閣総理大臣は、第5条第1項及び第6項若しくは第7条の規定による届出書類に形式上の不備があり、又はその書類に記載すべき重要な事項の記載が不十分であると認めるときは、届出者に対し、訂正届出書の提出を命ずることができる。この場合においては、行政手続法（平成5年法律第88号）第13条第1項の規定による意見陳述のための手続の区分にかかわらず、聴聞を行わなければならない。

　5条6項から9項までおよび7条2項を新設することに伴う形式的修正を行っている。
　また、5条に新設した9項の規定中、行政手続法の法律番号が付されたことに伴い、本項の規定中の行政手続法の法律番号を削除するものである。

第2項　新設

改　正　後
2　第5条第6項から第8項までの規定は、届出書提出外国会社が前項の規定により外国会社届出書の訂正届出書を提出する場合について準用する。

　当該届出書類に形式上の不備があり、またはその書類に記載すべき重要な事項の記載が不十分であると認めるときは、内閣総理大臣は、届出者に対し訂正届出書の提出を命ずることができる（本条1項）。

この場合の外国会社届出書の訂正届出書についても、英文開示が可能とされ、その提出のための要件、手続等について、外国会社届出書およびその補足書類に関する規定（5条6項から8項までの規定）を準用するものである。

　7条1項の規定による自発的な訂正届出書の英文開示については、5条6項から9項の規定も準用することとされているが、本条1項の規定による訂正届出書の英文開示については、5条9項の規定が準用されていない。5条9項は、英文開示を行うことができない届出書提出外国会社が外国届出書およびその補足書類を提出した場合についての規定であるが、1項の規定による訂正届出書は内閣総理大臣が提出を命ずるものであり、英文開示を行うことができない届出書提出外国会社に対し、英文開示による訂正届出書の提出を命ずることはないと考えられることから、準用する必要がないためである。

　なお、本項は、届出書提出外国会社が提出した外国会社届出書を対象としたものであり、日本語による届出書の訂正届出書を英文で提出することは認められない。

第3項

改　正　後	改　正　前
3　第1項の規定による処分があつた場合においては、第4条第1項から第3項までの規定による届出は、前条の規定にかかわらず、内閣総理大臣が指定する期間を経過した日に、その効力を生ずる。	2　前項の規定による処分があつた場合においては、第4条第1項から第3項までの規定による届出は、前条の規定にかかわらず、内閣総理大臣が指定する期間を経過した日に、その効力を生ずる。

　前項を2項として新設することに伴う形式的修正を行っている。

第5項

改　正　後	改　正　前
<u>5</u>　第1項の規定による処分は、第4条第1項から第3項までの規定による届出がその効力を生ずることとなつた日以後は、することができない。ただし、その日以後に<u>第7条第1項の規定により提出される</u>訂正届出書については、この限りでない。	<u>4</u>　第1項の規定による処分は、第4条第1項から第3項までの規定による届出がその効力を生ずることとなつた日以後は、することができない。ただし、その日以後に<u>第7条</u>の規定により提出される訂正届出書については、この限りでない。

7条2項を新設することに伴う形式的修正を行っている。

第10条（虚偽記載等による訂正届出書の提出命令及び効力の停止命令）

第2項 新設

改　正　後
<u>2　第5条第6項から第8項までの規定は、届出書提出外国会社が前項の規定により外国会社届出書の訂正届出書を提出する場合について準用する。</u>

　有価証券届出書に重要な事項について虚偽の記載があり、または記載すべき重要な事項もしくは誤解を生じさせないために必要な重要な事実の記載が欠けていることを発見したときは、内閣総理大臣は、聴聞の手続を行うことにより、届出者に対し訂正届出書の提出を命じ、必要があると認めるときは、届出の効力の停止を命じることができる（本条1項）。
　この場合の外国会社届出書の訂正届出書についても、英文開示が可能とされ、その提出のための要件、手続等について、外国会社届出書およびその補足書類に関する規定（5条6項から8項までの規定）を準用するものである。
　7条1項の規定による自発的な訂正届出書の英文開示については、5条6項から9項の規定も準用することとされているが、本条1項の規定によ

る訂正届出書の英文開示については、5条9項の規定が準用されていない。5条9項は、英文開示を行うことができない届出書提出外国会社が外国届出書およびその補足書類を提出した場合についての規定であるが、1項の規定による訂正届出書は内閣総理大臣が提出を命ずるものであり、英文開示を行うことができない届出書提出外国会社に対し、英文開示による訂正届出書の提出を命ずることはないと考えられることから、準用する必要がないためである。

なお、本項は、届出書提出外国会社が提出した外国会社届出書を対象としたものであり、日本語による届出書の訂正届出書を英文で提出することは認められない。

第3項

改　正　後	改　正　前
<u>3</u>　前条<u>第3項及び第4項</u>の規定は、第4条第1項から第3項までの規定による届出がその効力を生ずることとなる日前に<u>第1項</u>の規定による訂正届出書の提出命令があつた場合について準用する。	2　前条<u>第2項及び第3項</u>の規定は、第4条第1項から第3項までの規定による届出がその効力を生ずることとなる日前に前項の規定による訂正届出書の提出命令があつた場合について準用する。

9条2項および本条2項を新設することに伴う形式的修正を行っている。

第11条（虚偽記載のある有価証券届出書の届出後1年内の届出の効力の停止等）

第2項

改　正　後	改　正　前
2　前項の規定による処分があつた場合において、内閣総理大臣は、同項の記載につき<u>第7条第1項</u>又は前条第1項の規定により提出された訂正届出書の内容が適当であり、かつ、当該届出者	2　前項の規定による処分があつた場合において、内閣総理大臣は、同項の記載につき<u>第7条</u>又は前条第1項の規定により提出された訂正届出書の内容が適当であり、かつ、当該届出者が発行

改正後	改正前
が発行者である有価証券を募集又は売出しにより取得させ又は売り付けても公益又は投資者保護のため支障がないと認めるときは、前項の規定による処分を解除することができる。	者である有価証券を募集又は売出しにより取得させ又は売り付けても公益又は投資者保護のため支障がないと認めるときは、前項の規定による処分を解除することができる。

7条2項を新設することに伴う形式的修正を行っている。

第12条（訂正届出書の写しの金融商品取引所等への提出）

改正後	改正前
第12条　第6条の規定は、<u>第7条第1項</u>、第9条第1項又は第10条<u>第1項</u>の規定により訂正届出書が提出された場合について準用する。	第12条　第6条の規定は、<u>第7条</u>、第9条第1項又は第10条<u>第1項</u>の規定により訂正届出書が提出された場合について準用する。

7条2項を新設することに伴う形式的修正を行っている。

第13条（目論見書の作成及び虚偽記載のある目論見書等の使用禁止）

第1項

改正後	改正前
第13条　その募集又は売出し（適格機関投資家取得有価証券一般勧誘（有価証券の売出しに該当するものを除く。）及び特定投資家等取得有価証券一般勧誘（有価証券の売出しに該当するものを除く。）を含む。以下この条並びに第15条第2項から第4項まで及び第6項において同じ。）につき第4条第1項本文、第2項本文又は第3項本文の規定の適用を受ける有価証券の発行者は、当該募集又は売出しに際し、目論	第13条　その募集又は売出し（適格機関投資家取得有価証券一般勧誘（有価証券の売出しに該当するものを除く。）及び特定投資家等取得有価証券一般勧誘（有価証券の売出しに該当するものを除く。）を含む。以下この条並びに第15条第2項から第4項まで及び第6項において同じ。）につき第4条第1項本文、第2項本文又は第3項本文の規定の適用を受ける有価証券の発行者は、当該募集又は売出しに際し、目論

見書を作成しなければならない。開示が行われている場合（同条第7項に規定する開示が行われている場合をいう。以下この章において同じ。）における有価証券の売出し（その売出価額の総額が1億円未満であるものその他内閣府令で定めるものを除く。）に係る有価証券（以下この章において「既に開示された有価証券」という。）の発行者についても、同様とする。<u>ただし、当該有価証券の募集が新株予約権証券の募集（会社法第277条に規定する新株予約権無償割当てにより行うものであつて、第4条第1項本文、第2項本文又は第3項本文の規定の適用を受けるものに限る。）であつて、次に掲げる要件の全てに該当する場合は、この限りでない。</u>	見書を作成しなければならない。開示が行われている場合（同条第7項に規定する開示が行われている場合をいう。以下この章において同じ。）における有価証券の売出し（その売出価額の総額が1億円未満であるものその他内閣府令で定めるものを除く。）に係る有価証券（以下この章において「既に開示された有価証券」という。）の発行者についても、同様とする。
<u>一　当該新株予約権証券が金融商品取引所に上場されており、又はその発行後、遅滞なく上場されることが予定されていること。</u>	（新設）
<u>二　当該新株予約権証券に関して第4条第1項本文、第2項本文又は第3項本文の規定による届出を行つた旨その他内閣府令で定める事項を当該届出を行つた後、遅滞なく、時事に関する事項を掲載する日刊新聞紙に掲載すること。</u>	（新設）

　その募集につき有価証券届出書の提出が必要となる有価証券の発行者は、当該募集に際し、目論見書を作成することが必要とされているが、いわゆるライツ・オファリングについて、①募集の対象となる新株予約権証券が金融商品取引所に上場されている、またはその発行後、遅滞なく上場されることが予定されていること、および②当該新株予約権証券について有価証券届出書等の提出がなされた旨その他一定の事項を当該届出を行った後、

遅滞なく、日刊新聞紙に掲載することという要件を満たした場合には、目論見書の作成を必要としない旨の特例を規定するものである。

　15条2項に基づき、発行者、有価証券の売出しをする者、引受人、金融商品取引業者、登録金融機関または金融商品仲介業者は、有価証券を募集または売出しにより取得させ、または売り付ける場合には、原則として、法定の事項を記載した目論見書を交付することが義務付けられている。また、目論見書を交付する前提として、発行者は、募集または売出しに際し、原則として、目論見書を作成することが義務付けられている（13条1項）。

　一般に募集に際しては、投資者は短期間での投資判断が求められる。投資者に対して強い投資勧誘が行われる場面も想定される中、投資者が自己の責任において的確な投資判断を行うためには、有価証券届出書による間接的な企業内容等の開示だけでは不十分と考えられる。このような考え方を踏まえ、現行制度では、有価証券の募集に際して目論見書の交付を義務付けることにより、投資者に対する直接的な開示を行うこととされている。

　現行制度上、会社法277条の規定による新株予約権無償割当ては、有価証券の募集に該当し、有価証券の募集に際しては、原則として、投資者に対する目論見書の交付が必要とされている（企業内容等開示ガイドライン2－3）。ただし、この場合は、公募・第三者割当増資とは異なり、既存の株主全員に対して目論見書を交付することが必要となるため、実際問題として、特に株主数が多い企業にとっては、ライツ・オファリングによる資金調達の選択肢が奪われているとの指摘がある。

　一方で、会社法277条の規定による新株予約権無償割当てにおいては、株主に新株予約権が自動的に割り当てられることから、新株予約権無償割当てに係る目論見書は新株予約権を取得するか否かの投資判断のための情報としてではなく、割り当てられた新株予約権を行使するか否かの判断のために利用されることとなり、本来の目論見書とは趣旨・性格が異なる。加えて、新株予約権が金融商品取引所に上場される場合には、市場価格で新株予約権を売却することが可能となり、新株予約権の行使の判断のための情報を、目論見書という形で全株主に対して一律に提供する必要性は低くなる。

以上を踏まえると、投資者保護を図りつつも、ライツ・オファリングが企業の資金調達の現実的な選択肢となるよう、ライツ・オファリングについて目論見書の交付方法の弾力化を行うことが適当である。具体的には、ライツ・オファリングのうち、新株予約権が金融商品取引所に上場される場合においては、書面による目論見書の交付に代えて、有価証券届出書等の提出後、遅滞なく、有価証券届出書等を提出した旨その他の事項の情報を日刊新聞紙に掲載することで足りるとすることが適当である。

　以上のとおり目論見書の交付を不要とする場合には、そもそも目論見書を作成することが不要となることから、改正法においては、有価証券の募集が新株予約権証券の募集（会社法277条に規定する新株予約権無償割当てにより行うものであって、4条1項本文、2項本文または3項本文の規定の適用を受けるものに限る）であって、
　① 当該新株予約権証券が金融商品取引所に上場されており、またはその発行後、遅滞なく上場されることが予定されていること、および
　② 当該新株予約権証券に関して4条1項本文、2項本文または3項本文の規定による届出を行った旨その他内閣府令で定める事項を当該届出を行った後、遅滞なく、時事に関する事項を掲載する日刊新聞紙に掲載すること

という要件を満たす場合には、目論見書の作成を不要とすることとしている（13条1項ただし書）。日刊新聞紙への情報の掲載は、投資者が有価証券届出書等に記載される情報にアクセスしやすくするために求めるものである。投資者に対する情報提供を十分に達成する観点からは、遅くとも新株予約権が株主に割り当てられるまでに時事に関する事項を掲載する日刊新聞紙への掲載を行うことが必要と考えられる。日刊新聞紙に掲載する具体的な情報として内閣府令で定めるものとしては、現時点では電子開示システム（EDINET）のウェブページのアドレスや発行者の連絡先などが考えられる。

　なお、投資者がEDINETに掲載された有価証券届出書等を確認することによって投資判断に必要な情報を入手することができることを前提に、目論見書の作成・交付義務を適用除外とするものであり、上記の特例が適

用される場合であっても、有価証券届出書等の提出は引き続き必要としている。

> [参考] 「金融庁・開示制度ワーキング・グループ報告～新株予約権無償割当てによる増資（いわゆる「ライツ・オファリング」）に係る制度整備について～」（平成23年1月19日）

2．ライツ・オファリングに係る制度整備
　(1)　目論見書の交付方法の弾力化
　　……目論見書の交付方法の弾力化を認めるとしても、我が国においてライツ・オファリングは馴染みが薄いことから、発行者や市場関係者がライツ・オファリングについて周知を図るための実務的対応を行っていくことが、投資者保護の観点からは重要と考えられる。このため、金融商品取引所における適時開示制度に基づく発行者の情報開示を充実させるとともに、……コミットメントを行う証券会社などの市場関係者において、ライツ・オファリングの周知に向けてどのような対応が可能であるかについて、具体的な検討が進められることが期待される。

第2項

改　正　後	改　正　前
2　前項の目論見書は、次の各号に掲げる場合の区分に応じ、当該各号に定める事項に関する内容を記載しなければならない。ただし、第1号に掲げる場合の目論見書については、第5条第1項ただし書の規定により同項第1号のうち発行価格その他の内閣府令で定める事項（以下この項及び第15条第5項において「発行価格等」という。）を記載しないで第5条第1項本文の規定による届出書を提出した場合には、当該発行価格等を記載することを要しない。	2　前項の目論見書は、次の各号に掲げる場合の区分に応じ、当該各号に定める事項に関する内容を記載しなければならない。ただし、第1号に掲げる場合の目論見書については、第5条第1項ただし書の規定により同項第1号のうち発行価格その他の内閣府令で定める事項（以下この項及び第15条第5項において「発行価格等」という。）を記載しないで第5条第1項本文の規定による届出書を提出した場合には、当該発行価格等を記載することを要しない。

一　第15条第2項本文の規定により交付しなければならない場合　次のイ又はロに掲げる有価証券の区分に応じ、当該イ又はロに定める事項 　イ　その募集又は売出しにつき第4条第1項本文、第2項本文又は第3項本文の規定の適用を受ける有価証券　次に掲げる事項 　　(1)　第5条第1項各号に掲げる事項（当該募集又は売出しにつき同条第6項及び第7項の規定により外国会社届出書及びその補足書類が提出された場合には、これらの規定により当該書類に記載すべきものとされる事項。以下この項において同じ。）のうち、投資者の投資判断に極めて重要な影響を及ぼすものとして内閣府令で定めるもの 　　(2)　（略） 　ロ　（略） 二　（略） 三　第15条第4項本文の規定により交付しなければならない場合　第7条第1項の規定による訂正届出書に記載した事項	一　第15条第2項本文の規定により交付しなければならない場合　次のイ又はロに掲げる有価証券の区分に応じ、当該イ又はロに定める事項 　イ　その募集又は売出しにつき第4条第1項本文、第2項本文又は第3項本文の規定の適用を受ける有価証券　次に掲げる事項 　　(1)　第5条第1項各号に掲げる事項のうち、投資者の投資判断に極めて重要な影響を及ぼすものとして内閣府令で定めるもの 　　(2)　（略） 　ロ　（略） 二　（略） 三　第15条第4項本文の規定により交付しなければならない場合　第7条の規定による訂正届出書に記載した事項

(1)　第1号

　その募集または売出しについて届出書の提出を要する有価証券または既に開示された有価証券を募集または売出しにより取得させ、または売り付ける場合に、必ず、あらかじめまたは同時にその相手方の投資者に交付しなければならない目論見書（いわゆる交付目論見書（15条2項本文））の記載内容は、5条1項各号に掲げる事項（届出書の記載事項）のうち、投資者の投資判断に極めて重要な影響を及ぼすものとして内閣府令で定めるものとされている。ただし、当該有価証券の募集または売出しについて、届出

書提出外国会社が外国会社届出書およびその補足書類を提出した場合における交付目論見書の記載内容については、これらの書類に記載すべきものとされる事項のうち、投資者の投資判断に極めて重要な影響を及ぼすものとして内閣府令で定めるものとするものである（1号イ(1)）。

　同様に、その募集または売出しについて届出書の提出を要する有価証券または既に開示された有価証券（これらの有価証券は、投資信託もしくは外国投資信託の受益証券、投資証券もしくは投資法人債券または外国投資証券（投信証券）に限られている（政令3条の2））を募集または売出しにより取得させ、または売り付ける場合に、相手方の投資者から交付の請求があったときに、あらかじめまたは同時に交付しなければならない目論見書（いわゆる請求目論見書（15条3項））についても、外国会社が外国会社届出書およびその補足書類を提出した場合には、これらの書類に記載すべきものとされる事項のうち、投資者の投資判断に重要な影響を及ぼすものとして内閣府令で定めるものとする（2号イ(1)）。

　今般の改正では、開示書類の英文開示の利便性を高めるため、英文開示の対象に有価証券届出書等を含め、届出書提出外国会社は、公益または投資者保護に欠けることがないものと認められる一定の場合に該当するときは、有価証券届出書に代えて、外国会社届出書およびその補足書類を提出することができることとしている（5条6〜9項参照）。

　一方、有価証券の募集または売出しを行う場合、有価証券届出書の提出とともに、その募集または売出しにより当該有価証券を取得させ、または売り付けるときには、その相手方に対し、あらかじめまたは同時に目論見書を交付しなければならないため、この目論見書についても英文開示を行うことができなければ、英文開示の利便性を高めることはできないものと考えられる。

　このため、目論見書についても英文開示を認めることとするものである。

　目論見書の記載事項は、目論見書の区分によってそれぞれ定められ、基本的には、届出書の記載事項が目論見書の記載事項となることから、届出書提出外国会社が外国会社届出書およびその補足書類を提出した場合には、当該外国会社届出書およびその補足書類の記載事項を目論見書の記載事項

とするものである。

　目論見書の区分ごとの具体的な記載事項は、次のとおりとなる。
① 交付目論見書（13条2項1号）
　　a 「外国会社届出書及びその補足書類」の記載事項のうち、投資者の投資判断に極めて重要な影響を及ぼすものとして内閣府令で定めるもの
　　b 5条1項各号に掲げる事項（届出書の記載事項）以外の事項であって内閣府令で定めるもの
② 請求目論見書（投信証券のみが対象）（13条2項2号）
　　a 「外国会社届出書及びその補足書類」の記載事項のうち、投資者の投資判断に重要な影響を及ぼすものとして内閣府令で定めるもの
　　b 5条1項各号に掲げる事項以外の事項であって内閣府令で定めるもの
③ 訂正目論見書（訂正届出書を提出した場合に交付する目論見書）（13条2項3号）
　「外国会社届出書の訂正届出書」に記載した事項

(2) 第3号

7条2項を新設することに伴う形式的修正を行っている。

第3項

改　正　後	改　正　前
3　前項第1号及び第2号に掲げる場合の目論見書であつて、第5条第4項（同条第5項において準用する場合を含む。以下同じ。）の規定の適用を受けた届出書を提出した者が作成すべきもの又は同条第4項各号に掲げる<u>全て</u>の要件を満たす者が作成すべき既に開示された有価証券に係るものについては、参照書類を参照すべき旨を記載した場合	3　前項第1号及び第2号に掲げる場合の目論見書であつて、第5条第4項（同条第5項において準用する場合を含む。以下同じ。）の規定の適用を受けた届出書を提出した者が作成すべきもの又は同条第4項各号に掲げる<u>すべて</u>の要件を満たす者が作成すべき既に開示された有価証券に係るものについては、参照書類を参照すべき旨を記載した場

改正後	改正前
には、同条第1項第2号に掲げる事項の記載をしたものとみなす。	合には、同条第1項第2号に掲げる事項の記載をしたものとみなす。

「常用漢字表」（平成22年内閣告示2号）において「全て」が常用漢字表に追加されたことに伴う形式的修正を行っている。

第15条（届出の効力発生前の有価証券の取引禁止及び目論見書の交付）
第2項

改正後	改正前
2　発行者、有価証券の売出しをする者、引受人、金融商品取引業者、登録金融機関又は金融商品仲介業者は、前項の有価証券又は既に開示された有価証券を募集又は売出しにより取得させ、又は売り付ける場合には、第13条第2項第1号に定める事項に関する内容を記載した目論見書をあらかじめ又は同時に交付しなければならない。ただし、次に掲げる場合は、この限りでない。 一・二　（略） 三　第13条第1項ただし書に規定する場合	2　発行者、有価証券の売出しをする者、引受人、金融商品取引業者、登録金融機関又は金融商品仲介業者は、前項の有価証券又は既に開示された有価証券を募集又は売出しにより取得させ、又は売り付ける場合には、第13条第2項第1号に定める事項に関する内容を記載した目論見書をあらかじめ又は同時に交付しなければならない。ただし、次に掲げる場合は、この限りでない。 一・二　（略） （新設）

　有価証券の募集により有価証券を取得させる場合においては、原則として目論見書を交付することが必要とされているが、13条1項ただし書により目論見書の作成義務が適用除外とされる場合には、目論見書の交付を必要としない旨の特例を定めるものである。

　発行者、有価証券の売出しをする者、引受人、金融商品取引業者、登録金融機関または金融商品仲介業者は、有価証券を募集または売出しにより取得させ、または売り付ける場合には、原則として、法定の事項を記載した目論見書を交付することが義務付けられている。

もっとも、13条1項の解説で既述のとおり、①ライツ・オファリングにおいて目論見書の交付を必要とすると、事実上、規模の大きい会社からライツ・オファリングによる資金調達の選択肢を奪うことになること、②新株予約権無償割当てに係る目論見書は、本来の目論見書とは趣旨・性格が異なること、③新株予約権が金融商品取引所に上場される場合には、新株予約権の行使の判断のための情報を、目論見書という形で全株主に対して一律に提供する必要性は低くなることを踏まえて、ライツ・オファリングのうち、新株予約権が金融商品取引所に上場される場合においては、書面による目論見書の交付に代えて、有価証券届出書等の提出後、遅滞なく、有価証券届出書等を提出した旨その他の事項の情報を日刊新聞紙に掲載することで足りることとしている（15条2項3号）。

第4項

改　正　後	改　正　前
4　発行者、有価証券の売出しをする者、引受人、金融商品取引業者、登録金融機関又は金融商品仲介業者は、第1項の有価証券を募集又は売出しにより取得させ、又は売り付ける場合において、当該有価証券に係る第5条第1項本文の届出書について<u>第7条第1項の規定</u>による訂正届出書が提出されたときには、第13条第2項第3号に定める事項に関する内容を記載した目論見書をあらかじめ又は同時に交付しなければならない。ただし、第2項各号に掲げる場合は、この限りでない。	4　発行者、有価証券の売出しをする者、引受人、金融商品取引業者、登録金融機関又は金融商品仲介業者は、第1項の有価証券を募集又は売出しにより取得させ、又は売り付ける場合において、当該有価証券に係る第5条第1項本文の届出書について<u>第7条の規定</u>による訂正届出書が提出されたときには、第13条第2項第3号に定める事項に関する内容を記載した目論見書をあらかじめ又は同時に交付しなければならない。ただし、第2項各号に掲げる場合は、この限りでない。

　7条2項を新設することに伴う形式的修正を行っている。

第21条（虚偽記載のある届出書の提出会社の役員等の賠償責任）
第4項

改　正　後	改　正　前
4　第1項第4号において「元引受契約」とは、有価証券の募集又は売出しに際して締結する次の各号のいずれかの契約をいう。 一　当該有価証券を取得させることを目的として当該有価証券の全部又は一部を発行者又は所有者（金融商品取引業者及び登録金融機関を除く。次号及び第3号において同じ。）から取得することを内容とする契約 二　（略） 三　当該有価証券が新株予約権証券（これに準ずるものとして内閣府令で定める有価証券を含む。以下この号において同じ。）である場合において、当該新株予約権証券を取得した者が当該新株予約権証券の全部又は一部につき新株予約権（これに準ずるものとして内閣府令で定める権利を含む。以下この号において同じ。）を行使しないときに当該行使しない新株予約権に係る新株予約権証券を発行者又は所有者から取得して自己又は第三者が当該新株予約権を行使することを内容とする契約	4　第1項第4号において「元引受契約」とは、有価証券の募集又は売出しに際して締結する次の各号のいずれかの契約をいう。 一　当該有価証券を取得させることを目的として当該有価証券の全部又は一部を発行者又は所有者（金融商品取引業者及び登録金融機関を除く。次号において同じ。）から取得することを内容とする契約 二　（略） （新設）

　有価証券の募集等に際して、発行者等との間で「元引受契約」を締結した金融商品取引業者等は、原則として、募集等に応じて有価証券を取得した者に対し、有価証券届出書の重要事項に係る虚偽記載等により生じた損害を賠償する責任を負うこととされているが、コミットメント型ライツ・オファリングのスキームにおいて発行者等から未行使分の新株予約権を取

得し、権利行使することを約束する証券会社は、残額引受け型の「元引受契約」を締結する引受人と、その行為態様やリスク負担の点で類似性を有するものと考えられる。

　そのため、企業内容等の適正な開示の確保および投資者保護の観点からすれば、コミットメント型ライツ・オファリングのスキームにおいて発行者等から未行使分の新株予約権を取得し、権利行使することを約束する証券会社についても、本条に定める損害賠償責任を課すことが適当と考えられる。

　そこで、改正法では、新株予約権の募集等に際して締結する契約であって、新株予約権を取得した者が権利行使をしないときに、その未行使分を発行者等から取得して権利行使することを内容とするものを「元引受契約」と位置付けることとしている。

第23条の2（参照方式による場合の適用規定の読替え）

改　正　後	改　正　前
第23条の2　第5条第4項の規定の適用を受ける届出書若しくは当該届出書に係る訂正届出書が提出され、又は第13条第3項の規定の適用を受ける目論見書が作成された場合における第7条、第9条から第11条まで、第17条から第21条まで、第22条及び前条の規定の適用については、<u>第7条第1項中</u>「規定による届出書類」とあるのは「規定による届出書類（同条第4項（同条第5項において準用する場合を含む。第9条から第11条までにおいて同じ。）の規定の適用を受ける届出書にあつては、当該届出書に係る参照書類を含む。以下<u>この項</u>において同じ。）」と、第9条第1項中「届出書類」とあるのは「届出書類（第5条第4項の規定の適用を受ける届出書又は当該届出書に<u>係る第</u>	第23条の2　第5条第4項の規定の適用を受ける届出書若しくは当該届出書に係る訂正届出書が提出され、又は第13条第3項の規定の適用を受ける目論見書が作成された場合における第7条、第9条から第11条まで、第17条から第21条まで、第22条及び前条の規定の適用については、<u>第7条中</u>「規定による届出書類」とあるのは「規定による届出書類（同条第4項（同条第5項において準用する場合を含む。第9条から第11条までにおいて同じ。）の規定の適用を受ける届出書にあつては、当該届出書に係る参照書類を含む。以下<u>この条</u>において同じ。）」と、第9条第1項中「届出書類」とあるのは「届出書類（第5条第4項の規定の適用を受ける届出書又は当該届出書に<u>係る第</u>

7条第1項の規定による訂正届出書に
あつては、これらの届出書又は訂正届
出書に係る参照書類を含む。)」と、第
10条第1項中「有価証券届出書」とあ
るのは「有価証券届出書(第5条第4
項の規定の適用を受ける届出書又は当
該届出書に係る第7条第1項、前条第
1項若しくはこの項の規定による訂正
届出書にあつては、これらの届出書又
は訂正届出書に係る参照書類を含む。)」
と、同条第4項中「訂正届出書」とあ
るのは「訂正届出書(第5条第4項の
規定の適用を受ける届出書に係る訂正
届出書にあつては、当該訂正届出書に
係る参照書類を含む。)」と、第11条
第1項中「有価証券届出書のうちに」
とあるのは「有価証券届出書(第5条
第4項の規定の適用を受ける届出書又
は当該届出書に係る第7条第1項、第
9条第1項若しくは前条第1項の規定
による訂正届出書にあつては、有価証
券届出書及び当該有価証券届出書に係
る参照書類)のうちに」と、同条第2
項中「訂正届出書」とあるのは「訂正
届出書(第5条第4項の規定の適用を
受ける届出書に係る訂正届出書にあつ
ては、当該訂正届出書に係る参照書類
を含む。)」と、第17条中「目論見書」
とあるのは「目論見書(同条第3項の
規定の適用を受ける目論見書にあつて
は、当該目論見書に係る参照書類を含
む。)」と、第18条第1項中「有価証
券届出書のうちに」とあるのは「有価
証券届出書(第5条第4項の規定の適
用を受ける届出書又は当該届出書に係
る第7条第1項、第9条第1項若しく
は第10条第1項の規定による訂正届
出書にあつては、有価証券届出書及び

7条の規定による訂正届出書にあつて
は、これらの届出書又は訂正届出書に
係る参照書類を含む。)」と、第10条
第1項中「有価証券届出書」とあるの
は「有価証券届出書(第5条第4項の
規定の適用を受ける届出書又は当該届
出書に係る第7条、前条第1項若しく
はこの項の規定による訂正届出書にあ
つては、これらの届出書又は訂正届出
書に係る参照書類を含む。)」と、同条
第3項中「訂正届出書」とあるのは「訂
正届出書(第5条第4項の規定の適用
を受ける届出書に係る訂正届出書にあ
つては、当該訂正届出書に係る参照書
類を含む。)」と、第11条第1項中「有
価証券届出書のうちに」とあるのは「有
価証券届出書(第5条第4項の規定の
適用を受ける届出書又は当該届出書に
係る第7条、第9条第1項若しくは前
条第1項の規定による訂正届出書にあ
つては、有価証券届出書及び当該有価
証券届出書に係る参照書類)のうちに」
と、同条第2項中「訂正届出書」とあ
るのは「訂正届出書(第5条第4項の
規定の適用を受ける届出書に係る訂正
届出書にあつては、当該訂正届出書に
係る参照書類を含む。)」と、第17条
中「目論見書」とあるのは「目論見書(同
条第3項の規定の適用を受ける目論見
書にあつては、当該目論見書に係る参
照書類を含む。)」と、第18条第1項
中「有価証券届出書のうちに」とある
のは「有価証券届出書(第5条第4項
の規定の適用を受ける届出書又は当該
届出書に係る第7条、第9条第1項若
しくは第10条第1項の規定による訂
正届出書にあつては、有価証券届出書
及び当該有価証券届出書に係る参照書

当該有価証券届出書に係る参照書類）のうちに」と、同条第2項中「目論見書のうちに」とあるのは「目論見書（同条第3項の規定の適用を受ける目論見書にあつては、目論見書及び当該目論見書に係る参照書類）のうちに」と、第19条第2項及び第20条前段中「有価証券届出書」とあるのは「有価証券届出書（第5条第4項の規定の適用を受ける届出書又は当該届出書に係る第7条第1項、第9条第1項若しくは第10条第1項の規定による訂正届出書にあつては、これらの届出書又は訂正届出書に係る参照書類を含む。）」と、「目論見書」とあるのは「目論見書（第13条第3項の規定の適用を受ける目論見書にあつては、目論見書及び当該目論見書に係る参照書類）」と、第21条第1項中「有価証券届出書のうちに」とあるのは「有価証券届出書（第5条第4項の規定の適用を受ける届出書又は当該届出書に係る第7条第1項、第9条第1項若しくは第10条第1項の規定による訂正届出書にあつては、有価証券届出書及び当該有価証券届出書に係る参照書類）のうちに」と、同条第3項中「目論見書のうちに」とあるのは「目論見書（同条第3項の規定の適用を受ける目論見書にあつては、目論見書及び当該目論見書に係る参照書類）のうちに」と、第22条第1項中「有価証券届出書のうちに」とあるのは「有価証券届出書（第5条第4項の規定の適用を受ける届出書又は当該届出書に係る第7条第1項、第9条第1項若しくは第10条第1項の規定による訂正届出書にあつては、有価証券届出書及び当該有価証券届出書に係る参照書類）のうちに」と、同条第2項中「目論見書のうちに」とあるのは「目論見書（同条第3項の規定の適用を受ける目論見書にあつては、目論見書及び当該目論見書に係る参照書類）のうちに」と、第19条第2項及び第20条前段中「有価証券届出書」とあるのは「有価証券届出書（第5条第4項の規定の適用を受ける届出書又は当該届出書に係る第7条、第9条第1項若しくは第10条第1項の規定による訂正届出書にあつては、これらの届出書又は訂正届出書に係る参照書類を含む。）」と、「目論見書」とあるのは「目論見書（第13条第3項の規定の適用を受ける目論見書にあつては、目論見書及び当該目論見書に係る参照書類）」と、第21条第1項中「有価証券届出書のうちに」とあるのは「有価証券届出書（第5条第4項の規定の適用を受ける届出書又は当該届出書に係る第7条、第9条第1項若しくは第10条第1項の規定による訂正届出書にあつては、有価証券届出書及び当該有価証券届出書に係る参照書類）のうちに」と、同条第3項中「目論見書のうちに」とあるのは「目論見書（同条第3項の規定の適用を受ける目論見書にあつては、目論見書及び当該目論見書に係る参照書類）のうちに」と、第22条第1項中「有価証券届出書のうちに」とあるのは「有価証券届出書（第5条第4項の規定の適用を受ける届出書又は当該届出書に係る第7条、第9条第1項若しくは第10条第1項の規定による訂正届出書にあつては、有価証券届出書及び当該有価証券届出書に係る参照書類）のうちに」と、前条第1項中「有価証券届出書」とあるのは「有価証券

改　正　後	改　正　前
のうちに」と、前条第1項中「有価証券届出書」とあるのは「有価証券届出書（第5条第4項の規定の適用を受ける届出書又は当該届出書に係る第7条第1項、第9条第1項若しくは第10条第1項の規定による訂正届出書にあつては、これらの届出書又は訂正届出書に係る参照書類を含む。）」とする。	届出書（第5条第4項の規定の適用を受ける届出書又は当該届出書に係る第7条、第9条第1項若しくは第10条第1項の規定による訂正届出書にあつては、これらの届出書又は訂正届出書に係る参照書類を含む。）」とする。

7条2項を新設することに伴う形式的修正を行っている。

第23条の5（発行登録書の効力発生日）
第1項

改　正　後	改　正　前
第23条の5　第8条の規定は、発行登録の効力の発生について準用する。この場合において、同条第1項中「第5条第1項の規定による届出書（同項ただし書に規定する事項の記載がない場合には、当該事項に係る前条第1項の規定による訂正届出書。次項において同じ。）」とあるのは「第23条の3第1項に規定する発行登録書（以下第23条までにおいて「発行登録書」という。）」と、同条第2項中「前条第1項の規定による訂正届出書」とあるのは「第23条4の規定による訂正発行登録書」と、「第5条第1項の規定による届出書」とあるのは「発行登録書」と、同条第3項中「第5条第1項及び第10項若しくは前条第1項の規定による届出書類」とあるのは「発行登録書及びその添付書類又は第23条の3第3項に規定する発行登録（以下第23条までにおいて「発行登録」という。）が効力を生	第23条の5　第8条の規定は、発行登録の効力の発生について準用する。この場合において、同条第1項中「第5条第1項の規定による届出書（同項ただし書に規定する事項の記載がない場合には、当該事項に係る前条の規定による訂正届出書。次項において同じ。）」とあるのは「第23条の3第1項に規定する発行登録書（以下第23条までにおいて「発行登録書」という。）」と、同条第2項中「前条の規定による訂正届出書」とあるのは「第23条の4の規定による訂正発行登録書」と、「第5条第1項の規定による届出書」とあるのは「発行登録書」と、同条第3項中「第5条第1項及び第6項若しくは前条の規定による届出書類」とあるのは「発行登録書及びその添付書類又は第23条の3第3項に規定する発行登録（以下第23条までにおいて「発行登録」という。）が効力を生ずることとなる

ずることとなる日前において提出される第23条の4の規定による訂正発行登録書」と、「当該届出書類の届出者」とあるのは「これらの書類の提出者」と読み替えるものとする。	日前において提出される第23条の4の規定による訂正発行登録書」と、「当該届出書類の届出者」とあるのは「これらの書類の提出者」と読み替えるものとする。

　7条2項および5条6項から9項までを新設することに伴う形式的修正を行っている。

第23条の12（発行登録書等に関する準用規定等）
第7項　新設

改　正　後
7　発行者、有価証券の売出しをする者、引受人、金融商品取引業者、登録金融機関又は金融商品仲介業者が、発行登録を行つた有価証券を募集又は売出しにより取得させ、又は売り付ける場合において、当該有価証券に係る発行登録書又は発行登録書及び当該発行登録書についての第23条の4の規定による訂正発行登録書が提出された後に、第23条の3第1項及び第2項、第23条の4並びに第23条の8第1項の規定により当該発行登録書、その訂正発行登録書及びその発行登録追補書類に記載しなければならない事項（発行条件のうち発行価格その他の内閣府令で定める事項（以下この項において「発行価格等」という。）を除く。）並びに発行価格等を公表する旨及び公表の方法（内閣府令で定めるものに限る。）を記載した書類をあらかじめ交付し、かつ、当該書類に記載された方法により当該発行価格等が公表されたときは、第3項において準用する第15条第2項及び第6項の規定にかかわらず、当該書類を第2項において準用する第13条第1項の目論見書とみなし、当該発行価格等の公表を第3項において準用する第15条第2項の規定による交付とみなす。

　発行者、売出人、引受人または金融商品取引業者等は、発行登録を行った有価証券を募集又は売出しにより取得させ、または売り付ける場合において、当該有価証券に係る発行登録書の提出後または発行登録書およびその訂正発行登録書の提出後に、
　① 当該発行登録書、その訂正発行登録書およびその発行登録追補書類に記載すべき事項で、

a 「発行価格等」以外の事項
　　b 「発行価格等」を公表する旨
　　c 当該公表の方法
を記載した書類をあらかじめ投資者に交付し、
かつ、
　② 当該書類に記載された方法により当該「発行価格等」が公表された場合には、
　　　当該書類を目論見書とみなし、当該「発行価格等」の公表を目論見書の交付とみなすこととするものである。

　通常、発行者、売出人、引受人または金融商品取引業者等は、発行登録制度を行った有価証券を募集または売出しにより取得させ、または売り付ける場合には、発行登録書、その訂正発行登録書および発行登録追補書類に記載すべき事項を記載した目論見書をあらかじめまたは同時に交付しなければならない（23条の12第2項において準用する15条2項）。発行登録した有価証券の募集または売出しをブック・ビルディング方式で行う場合についても同様である。

　一方、ブック・ビルディング方式による有価証券の募集または売出しについて有価証券届出書を提出する場合には、発行条件が記載されていない有価証券届出書および目論見書（これらの訂正届出書及び訂正目論見書を含む）に、発行条件の決定後に当該発行条件を公表する旨およびその公表方法が明記され、かつ、その明記された公表方法（日刊新聞紙への公告等）によりその発行条件が公表された場合には、その発行条件に係る訂正目論見書の交付義務を免除することとしている（15条5項）。

　このように、発行登録制度を利用する場合には、有価証券届出書のように発行条件決定時の訂正目論見書の交付義務の免除規定は整備されていなかったため、以下のような弊害を生じていた。

　① 有価証券の発行に当たり、募集期間が発行条件決定直後の短期間である場合において、発行条件決定に係る訂正目論見書が交付されるまでの時間を要し、その間に募集期間が終了してしまい、投資者が投資機会を失う。

② 海外の発行体がグローバル・オファリング（海外同時募集）を行う場合、海外で発行条件が決定され、海外で同時に約定が開始されたにもかかわらず、日本国内では発行条件に係る訂正目論見書が投資者に交付されるまでに時間を要し、その間に募集期間が終了してしまい、わが国の投資者が投資機会を失う。

このため、有価証券届出書を提出して行うブック・ビルディング方式による募集または売出しと同様に、発行登録制度を利用して行うブック・ビルディング方式による募集または売出しを行う場合に、「発行価格等」（発行価格その他の内閣府令[注1]で定める事項）のみを記載した発行登録追補書類を提出した場合における目論見書の交付を免除するための特例規定を7項として規定している。

具体的には、発行登録書または発行登録書およびその訂正発行登録書の提出後に、発行登録書、その訂正発行登録書およびその発行登録追補書類に記載すべき事項で「発行価格等」以外の事項ならびに「発行価格等」を公表する旨および公表の方法（内閣府令[注2]で定めるものに限る）を記載した書類をあらかじめ投資者に交付し、かつ、当該書類に記載された方法により当該「発行価格等」が公表された場合に、当該書類を目論見書とみなし、当該「発行価格等」の公表を目論見書の交付とみなすこととしている。

（注1）内閣府令では、有価証券届出書の場合と同様に、発行価格等の内容について、有価証券の種類ごとに規定することが考えられる。例えば、時価に近い一定の価格により発行する株券の場合は、発行価格、資本組入額、申込証拠金、申込取扱場所、引受人ならびに引受株式数および引受けの条件を規定する予定である。

（注2）内閣府令では、有価証券届出書の場合と同様に、次の方法を規定することが考えられる。
① 2以上の日刊新聞紙に掲載する方法
② 1の日刊新聞紙に掲載し、かつ、発行者または販売証券会社のホームページに掲載する方法
③ 発行者および販売証券会社のホームページに掲載する方法（投資者が当該情報を閲覧した旨又は他の方法により当該情報を取得した旨を電話等の方法により直接に確認する場合に限る）

第24条（有価証券報告書の提出）
第8項

改　正　後	改　正　前
8　第1項（第5項において準用する場合を含む。以下この項から第13項までにおいて同じ。）の規定により有価証券報告書を提出しなければならない外国会社（第23条の3第4項の規定により有価証券報告書を提出したものを含む。以下「報告書提出外国会社」という。）は、公益又は投資者保護に欠けることがないものとして内閣府令で定める場合には、第1項の規定による有価証券報告書及び第6項の規定によりこれに添付しなければならない書類（以下この条において「有価証券報告書等」という。）に代えて、外国において開示が行われている有価証券報告書等に類する書類であつて英語で記載されているもの（以下この章において「外国会社報告書」という。）を提出することができる。	8　第1項（第5項において準用する場合を含む。以下この項から第13項までにおいて同じ。）の規定により有価証券報告書を提出しなければならない外国会社（第23条の3第4項の規定により有価証券報告書を提出したものを含む。以下「報告書提出外国会社」という。）は、公益又は投資者保護に欠けることがないものとして内閣府令で定める場合には、第1項の規定による有価証券報告書及び第6項の規定によりこれに添付しなければならない書類（以下この条において「有価証券報告書等」という。）に代えて、外国において開示（当該外国の法令（外国金融商品市場を開設する者その他の内閣府令で定める者の規則を含む。）に基づいて当該外国において公衆の縦覧に供されることをいう。第24条の4の7第6項及び第24条の5第7項において同じ。）が行われている有価証券報告書等に類する書類であつて英語で記載されたもの（以下この章において「外国会社報告書」という。）を提出することができる。

　5条6項に「外国において開示」の定義を規定したことに伴う形式的修正およびその他所要の規定の整備を行っている。

第11項

改正後	改正前
11　第8項及び第9項の規定により報告書提出外国会社が外国会社報告書及びその補足書類を提出した場合には、当該外国会社報告書及びその補足書類を有価証券報告書とみなし、これらの提出を有価証券報告書等を提出したものとみなして、<u>金融商品取引法令の規定を適用する。</u>	11　第8項及び第9項の規定により報告書提出外国会社が外国会社報告書及びその補足書類を提出した場合には、当該外国会社報告書及びその補足書類を有価証券報告書とみなし、これらの提出を有価証券報告書等を提出したものとみなして、<u>この法律又はこの法律に基づく命令（以下この章から第2章の4までにおいて「金融商品取引法令」という。）</u>の規定を適用する。

　5条8項に「金融商品取引法令」の定義を規定したことに伴う形式的修正を行っている。

第12項

改正後	改正前
12　内閣総理大臣は、外国会社報告書を提出した報告書提出外国会社が第8項<u>の規定により</u>外国会社報告書を提出することができる場合に該当しないと認めるときは、当該報告書提出外国会社に対し、その旨を通知しなければならない。この場合においては、行政手続法第13条第1項の規定による意見陳述のための手続の区分にかかわらず、聴聞を行わなければならない。	12　内閣総理大臣は、外国会社報告書を提出した報告書提出外国会社が第8項の外国会社報告書を提出することができる場合に該当しないと認めるときは、当該報告書提出外国会社に対し、その旨を通知しなければならない。この場合においては、行政手続法第13条第1項の規定による意見陳述のための手続の区分にかかわらず、聴聞を行わなければならない。

　本項の規定中「第8項の外国会社報告書を提出すること」について、8項に定める要件を満たすことにより提出する外国会社報告書である旨を明確にする観点から、「第8項の規定により外国会社報告書を提出すること」としている。

第24条の2（訂正届出書に関する規定の準用）
第1項

改　正　後	改　正　前
第24条の2　<u>第7条第1項</u>、第9条第1項及び第10条第1項の規定は、有価証券報告書及びその添付書類について準用する。この場合において、<u>第7条第1項中</u>「第4条第1項から第3項までの規定による届出の日以後当該届出がその効力を生ずることとなる日前において、第5条第1項及び<u>第10項</u>の規定による届出書類」とあるのは「有価証券報告書及びその添付書類」と、「届出者」とあるのは「有価証券報告書の提出者」と、「訂正届出書」とあるのは「訂正報告書」と、第9条第1項中「届出者」とあるのは「有価証券報告書の提出者」と、「訂正届出書」とあるのは「訂正報告書」と、第10条第1項中「届出者」とあるのは「有価証券報告書の提出者」と、「訂正届出書の提出を命じ、必要があると認めるときは、第4条第1項から第3項までの規定による届出の効力の停止」とあるのは「訂正報告書の提出」と読み替えるものとする。	第24条の2　<u>第7条</u>、第9条第1項及び第10条第1項の規定は、有価証券報告書及びその添付書類について準用する。この場合において、<u>第7条中</u>「第4条第1項から第3項までの規定による届出の日以後当該届出がその効力を生ずることとなる日前において、第5条第1項及び<u>第6項</u>の規定による届出書類」とあるのは「有価証券報告書及びその添付書類」と、「届出者」とあるのは「有価証券報告書の提出者」と、「訂正届出書」とあるのは「訂正報告書」と、第9条第1項中「届出者」とあるのは「有価証券報告書の提出者」と、「訂正届出書」とあるのは「訂正報告書」と、第10条第1項中「届出者」とあるのは「有価証券報告書の提出者」と、「訂正届出書の提出を命じ、必要があると認めるときは、第4条第1項から第3項までの規定による届出の効力の停止」とあるのは「訂正報告書の提出」と読み替えるものとする。

　7条2項および5条6項から9項までを新設することに伴う形式的修正を行っている。

第2項

改　正　後	改　正　前
2　有価証券の発行者である会社は、前項において準用する<u>第7条第1項</u>又は	2　有価証券の発行者である会社は、前項において準用する<u>第7条</u>又は第10

第24条の2第4項　135

| 第10条第1項の規定により有価証券報告書の記載事項のうち重要なものについて訂正報告書を提出したときは、政令で定めるところにより、その旨を公告しなければならない。 | 条第1項の規定により有価証券報告書の記載事項のうち重要なものについて訂正報告書を提出したときは、政令で定めるところにより、その旨を公告しなければならない。 |

7条2項を新設することに伴う形式的修正を行っている。

第3項

改　正　後	改　正　前
3　第6条の規定は、第1項において準用する<u>第7条第1項</u>、第9条第1項又は第10条第1項の規定により有価証券報告書又はその添付書類について訂正報告書が提出された場合について準用する。	3　第6条の規定は、第1項において準用する<u>第7条</u>、第9条第1項又は第10条第1項の規定により有価証券報告書又はその添付書類について訂正報告書が提出された場合について準用する。

7条2項を新設することに伴う形式的修正を行っている。

第4項

改　正　後	改　正　前
4　前条第8項、第9項及び第11項の規定は、第1項において読み替えて準用する<u>第7条第1項</u>、第9条第1項又は第10条第1項の規定により報告書提出外国会社が提出した外国会社報告書及びその補足書類の訂正報告書を提出する場合について準用する。	4　前条第8項、第9項及び第11項の規定は、第1項において読み替えて準用する<u>第7条</u>、第9条第1項又は第10条第1項の規定により報告書提出外国会社が提出した外国会社報告書及びその補足書類の訂正報告書を提出する場合について準用する。

7条2項を新設することに伴う形式的修正を行っている。

第24条の3（虚偽記載のある有価証券報告書の提出後1年内の届出の効力の停止等）

改　正　後	改　正　前
第24条の3　第11条の規定は、重要な事項について虚偽の記載がある有価証券報告書（その訂正報告書を含む。次条において同じ。）を提出した者が当該記載について前条第1項において準用する<u>第7条第1項</u>の規定により訂正報告書を提出した日又は<u>前条第1項に</u>おいて準用する第10条第1項の規定により訂正報告書の提出を命ぜられた日から1年以内に提出する第5条第1項に規定する届出書又は発行登録書若しくは発行登録追補書類について準用する。	第24条の3　第11条の規定は、重要な事項について虚偽の記載がある有価証券報告書（その訂正報告書を含む。次条において同じ。）を提出した者が当該記載について前条第1項において準用する<u>第7条</u>の規定により訂正報告書を提出した日又は<u>同項</u>において準用する第10条第1項の規定により訂正報告書の提出を命ぜられた日から1年以内に提出する第5条第1項に規定する届出書又は発行登録書若しくは発行登録追補書類について準用する。

　7条2項を新設することに伴う形式的修正を行っている。

第24条の4の2（有価証券報告書の記載内容に係る確認書の提出）
第4項

改　正　後	改　正　前
4　前3項の規定は、第24条の2第1項において読み替えて準用する<u>第7条第1項</u>、第9条第1項又は第10条第1項の規定により訂正報告書を提出する場合について準用する。この場合において、必要な技術的読替えは、政令で定める。	4　前3項の規定は、第24条の2第1項において読み替えて準用する<u>第7条</u>、第9条第1項又は第10条第1項の規定により訂正報告書を提出する場合について準用する。この場合において、必要な技術的読替えは、政令で定める。

　7条2項を新設することに伴う形式的修正を行っている。

第6項

改　正　後	改　正　前
6　第24条第8項、第9項及び第11項から第13項までの規定は、報告書提出外国会社が第1項又は第2項の規定により確認書を提出する場合（外国会社報告書を提出している場合に限る。）について準用する。この場合において、同条第8項中「外国会社（第23条の3第4項の規定により有価証券報告書を提出したものを含む。以下「報告書提出外国会社」という。）」とあるのは「外国会社」と、「第1項の規定による有価証券報告書及び第6項の規定によりこれに添付しなければならない書類（以下この条において「有価証券報告書等」という。）」とあるのは「第24条の4の2第1項又は第2項（これらの規定を同条第3項（同条第4項において準用する場合を含む。）及び第4項において準用する場合を含む。）の規定による確認書」と、「外国において開示が行われている有価証券報告書等に類する」とあるのは「確認書に記載すべき事項を記載した」と、同条第9項中「、当該外国会社報告書に記載されていない事項のうち公益又は投資者保護のため必要かつ適当なものとして内閣府令で定めるものを記載した書類その他」とあるのは「その他」と、同条第11項中「有価証券報告書等」とあるのは「第24条の4の2第1項又は第2項（これらの規定を同条第3項（同条第4項において準用する場合を含む。）及び第4項において準用する場合を含む。）の規定による確認書」と読み替えるものとするほか、必要な	6　第24条第8項、第9項及び第11項から第13項までの規定は、報告書提出外国会社が第1項又は第2項の規定により確認書を提出する場合（外国会社報告書を提出している場合に限る。）について準用する。この場合において、同条第8項中「外国会社（第23条の3第4項の規定により有価証券報告書を提出したものを含む。以下「報告書提出外国会社」という。）」とあるのは「外国会社」と、「第1項の規定による有価証券報告書及び第6項の規定によりこれに添付しなければならない書類（以下この条において「有価証券報告書等」という。）」とあるのは「第24条の4の2第1項又は第2項（これらの規定を同条第3項（同条第4項において準用する場合を含む。）及び第4項において準用する場合を含む。）の規定による確認書」と、「外国において開示<u>（当該外国の法令（外国金融商品市場を開設する者その他の内閣府令で定める者の規則を含む。）に基づいて当該外国において公衆の縦覧に供されることをいう。第24条の4の7第6項及び第24条の5第7項において同じ。）</u>が行われている有価証券報告書等に類する」とあるのは「確認書に記載すべき事項を記載した」と、同条第9項中「、当該外国会社報告書に記載されていない事項のうち公益又は投資者保護のため必要かつ適当なものとして内閣府令で定めるものを記載した書類その他」とあるのは「その他」と、同条第11項中「有価証券報告書等」とあるのは

改　正　後	改　正　前
技術的読替えは、政令で定める。	「第24条の4の2第1項又は第2項（これらの規定を同条第3項（同条第4項において準用する場合を含む。）及び第4項において準用する場合を含む。）の規定による確認書」と読み替えるものとするほか、必要な技術的読替えは、政令で定める。

　5条6項に「外国において開示」の定義を規定したことに伴う形式的修正を行っている。

第24条の4の3（訂正確認書の提出）
第1項

改　正　後	改　正　前
第24条の4の3　<u>第7条第1項</u>、第9条第1項及び第10条第1項の規定は、確認書について準用する。この場合において、<u>第7条第1項</u>中「第4条第1項から第3項までの規定による届出の日以後当該届出がその効力を生ずることとなる日前において、第5条第1項及び<u>第10項</u>の規定による届出書類」とあるのは「確認書」と、「届出者」とあるのは「確認書の提出者」と、「訂正届出書」とあるのは「訂正確認書」と、第9条第1項中「届出者」とあるのは「確認書の提出者」と、「訂正届出書」とあるのは「訂正確認書」と、第10条第1項中「届出者」とあるのは「確認書の提出者」と、「訂正届出書の提出を命じ、必要があると認めるときは、第4条第1項から第3項までの規定による届出の効力の停止」とあるのは「訂正確認書の提出」と読み替えるものとするほか、必要な技術的読替えは、政	第24条の4の3　<u>第7条</u>、第9条第1項及び第10条第1項の規定は、確認書について準用する。この場合において、<u>第7条</u>中「第4条第1項から第3項までの規定による届出の日以後当該届出がその効力を生ずることとなる日前において、第5条第1項及び<u>第6項</u>の規定による届出書類」とあるのは「確認書」と、「届出者」とあるのは「確認書の提出者」と、「訂正届出書」とあるのは「訂正確認書」と、第9条第1項中「届出者」とあるのは「確認書の提出者」と、「訂正届出書」とあるのは「訂正確認書」と、第10条第1項中「届出者」とあるのは「確認書の提出者」と、「訂正届出書の提出を命じ、必要があると認めるときは、第4条第1項から第3項までの規定による届出の効力の停止」とあるのは「訂正確認書の提出」と読み替えるものとするほか、必要な技術的読替えは、政令で定

改正後	改正前
令で定める。	める。

7条2項および5条6項から9項までを新設することに伴う形式的修正を行っている。

第2項

改正後	改正前
2　第6条の規定は、前項において準用する<u>第7条第1項</u>、第9条第1項又は第10条第1項の規定により確認書の訂正確認書が提出された場合について準用する。この場合において、必要な技術的読替えは、政令で定める。	2　第6条の規定は、前項において準用する<u>第7条</u>、第9条第1項又は第10条第1項の規定により確認書の訂正確認書が提出された場合について準用する。この場合において、必要な技術的読替えは、政令で定める。

7条2項を新設することに伴う形式的修正を行っている。

第3項

改正後	改正前
3　第24条第8項、第9項及び第11項の規定は、第1項において読み替えて準用する<u>第7条第1項</u>、第9条第1項又は第10条第1項の規定により外国会社が提出した確認書の訂正確認書を提出する場合について準用する。この場合において、必要な技術的読替えは、政令で定める。	3　第24条第8項、第9項及び第11項の規定は、第1項において読み替えて準用する<u>第7条</u>、第9条第1項又は第10条第1項の規定により外国会社が提出した確認書の訂正確認書を提出する場合について準用する。この場合において、必要な技術的読替えは、政令で定める。

7条2項を新設することに伴う形式的修正を行っている。

第24条の4の4（財務計算に関する書類その他の情報の適正性を確保するための体制の評価）

第6項

改　正　後	改　正　前
6　第24条第8項、第9項及び第11項から第13項までの規定は、報告書提出外国会社が第1項又は第2項の規定による内部統制報告書を提出する場合（外国会社報告書を提出している場合に限る。）について準用する。この場合において、同条第8項中「外国会社（第23条の3第4項の規定により有価証券報告書を提出したものを含む。以下「報告書提出外国会社」という。）」とあるのは「外国会社」と、「第1項の規定による有価証券報告書及び第6項の規定によりこれに添付しなければならない書類（以下この条において「有価証券報告書等」という。）」とあるのは「第24条の4の4第1項又は第2項（これらの規定を同条第3項において準用する場合を含む。）の規定による内部統制報告書及び同条第4項の規定によりこれに添付しなければならない書類（以下この条において「内部統制報告書等」という。）」と、「外国において開示が行われている有価証券報告書等に類する」とあるのは「内部統制報告書等に記載すべき事項を記載した」と、同条第9項中「、当該外国会社報告書に記載されていない事項のうち公益又は投資者保護のため必要かつ適当なものとして内閣府令で定めるものを記載した書類その他」とあるのは「その他」と、同条第11項中「有価証券報告書等」とあるのは「内部統制報告書等」と読	6　第24条第8項、第9項及び第11項から第13項までの規定は、報告書提出外国会社が第1項又は第2項の規定による内部統制報告書を提出する場合（外国会社報告書を提出している場合に限る。）について準用する。この場合において、同条第8項中「外国会社（第23条の3第4項の規定により有価証券報告書を提出したものを含む。以下「報告書提出外国会社」という。）」とあるのは「外国会社」と、「第1項の規定による有価証券報告書及び第6項の規定によりこれに添付しなければならない書類（以下この条において「有価証券報告書等」という。）」とあるのは「第24条の4の4第1項又は第2項（これらの規定を同条第3項において準用する場合を含む。）の規定による内部統制報告書及び同条第4項の規定によりこれに添付しなければならない書類（以下この条において「内部統制報告書等」という。）」と、「外国において開示（当該外国の法令（外国金融商品市場を開設する者その他の内閣府令で定める者の規則を含む。）に基づいて当該外国において公衆の縦覧に供されることをいう。第24条の4の7第6項及び第24条の5第7項において同じ。）が行われている有価証券報告書等に類する」とあるのは「内部統制報告書等に記載すべき事項を記載した」と、同条第9項中「、当該外国会社報告書に

み替えるものとするほか、必要な技術的読替えは、政令で定める。	記載されていない事項のうち公益又は投資者保護のため必要かつ適当なものとして内閣府令で定めるものを記載した書類その他」とあるのは「その他」と、同条第11項中「有価証券報告書等」とあるのは「内部統制報告書等」と読み替えるものとするほか、必要な技術的読替えは、政令で定める。

　5条6項に「外国において開示」の定義を規定したことに伴う形式的修正を行っている。

第24条の4の5（訂正内部統制報告書の提出）
第1項

改　正　後	改　正　前
第24条の4の5　<u>第7条第1項、第9条第1項及び第10条第1項</u>の規定は、内部統制報告書及びその添付書類について準用する。この場合において、<u>第7条第1項</u>中「第4条第1項から第3項までの規定による届出の日以後当該届出がその効力を生ずることとなる日前において、第5条第1項及び<u>第10項</u>の規定による届出書類」とあるのは「内部統制報告書及びその添付書類」と、「届出者」とあるのは「内部統制報告書の提出者」と、「訂正届出書」とあるのは「訂正報告書」と、第9条第1項中「届出者」とあるのは「内部統制報告書の提出者」と、「訂正届出書」とあるのは「訂正報告書」と、第10条第1項中「届出者」とあるのは「内部統制報告書の提出者」と、「訂正届出書の提出を命じ、必要があると認めるときは、第4条第1項から第3項ま	第24条の4の5　<u>第7条</u>、第9条第1項及び第10条第1項の規定は、内部統制報告書及びその添付書類について準用する。この場合において、<u>第7条</u>中「第4条第1項から第3項までの規定による届出の日以後当該届出がその効力を生ずることとなる日前において、第5条第1項及び<u>第6項</u>の規定による届出書類」とあるのは「内部統制報告書及びその添付書類」と、「届出者」とあるのは「内部統制報告書の提出者」と、「訂正届出書」とあるのは「訂正報告書」と、第9条第1項中「届出者」とあるのは「内部統制報告書の提出者」と、「訂正届出書」とあるのは「訂正報告書」と、第10条第1項中「届出者」とあるのは「内部統制報告書の提出者」と、「訂正届出書の提出を命じ、必要があると認めるときは、第4条第1項から第3項までの規定による届出の効

での規定による届出の効力の停止」とあるのは「訂正報告書の提出」と読み替えるものとするほか、必要な技術的読替えは、政令で定める。 | 力の停止」とあるのは「訂正報告書の提出」と読み替えるものとするほか、必要な技術的読替えは、政令で定める。

7条2項および5条6項から9項までを新設することに伴う形式的修正を行っている。

第2項

改　正　後	改　正　前
2　第6条の規定は、前項において準用する第7条第1項、第9条第1項又は第10条第1項の規定により内部統制報告書又はその添付書類について訂正報告書が提出された場合について準用する。この場合において、必要な技術的読替えは、政令で定める。	2　第6条の規定は、前項において準用する第7条、第9条第1項又は第10条第1項の規定により内部統制報告書又はその添付書類について訂正報告書が提出された場合について準用する。この場合において、必要な技術的読替えは、政令で定める。

7条2項を新設することに伴う形式的修正を行っている。

第3項

改　正　後	改　正　前
3　第24条第8項、第9項及び第11項の規定は、第1項において読み替えて準用する第7条第1項、第9条第1項又は第10条第1項の規定により外国会社が提出した内部統制報告書の訂正報告書を提出する場合について準用する。この場合において、必要な技術的読替えは、政令で定める。	3　第24条第8項、第9項及び第11項の規定は、第1項において読み替えて準用する第7条、第9条第1項又は第10条第1項の規定により外国会社が提出した内部統制報告書の訂正報告書を提出する場合について準用する。この場合において、必要な技術的読替えは、政令で定める。

7条2項を新設することに伴う形式的修正を行っている。

第24条の4の7（四半期報告書の提出）
第4項

改　正　後	改　正　前
4　第7条第1項、第9条第1項及び第10条第1項の規定は四半期報告書について、第22条の規定は四半期報告書及びその訂正報告書のうちに重要な事項について虚偽の記載があり、又は記載すべき重要な事項若しくは誤解を生じさせないために必要な重要な事実の記載が欠けている場合について、それぞれ準用する。この場合において、第7条第1項中「第4条第1項から第3項までの規定による届出の日以後当該届出がその効力を生ずることとなる日前において、第5条第1項及び第10項の規定による届出書類」とあるのは「四半期報告書（第24条の4の7第1項又は第2項（これらの規定を同条第3項において準用する場合を含む。）の規定による四半期報告書をいう。以下この条、第9条第1項、第10条第1項及び第22条において同じ。）」と、「届出者」とあるのは「四半期報告書の提出者」と、「訂正届出書」とあるのは「訂正報告書」と、第9条第1項中「届出者」とあるのは「四半期報告書の提出者」と、「訂正届出書」とあるのは「訂正報告書」と、第10条第1項中「届出者」とあるのは「四半期報告書の提出者」と、「訂正届出書の提出を命じ、必要があると認めるときは、第4条第1項から第3項までの規定による届出の効力の停止」とあるのは「訂正報告書の提出」と、第22条第1項中「有価証券届出書の届出者が発行者である有価証券を募集又は売出しによらないで取	4　第7条、第9条第1項及び第10条第1項の規定は四半期報告書について、第22条の規定は四半期報告書及びその訂正報告書のうちに重要な事項について虚偽の記載があり、又は記載すべき重要な事項若しくは誤解を生じさせないために必要な重要な事実の記載が欠けている場合について、それぞれ準用する。この場合において、第7条中「第4条第1項から第3項までの規定による届出の日以後当該届出がその効力を生ずることとなる日前において、第5条第1項及び第6項の規定による届出書類」とあるのは「四半期報告書（第24条の4の7第1項又は第2項（これらの規定を同条第3項において準用する場合を含む。）の規定による四半期報告書をいう。以下この条、第9条第1項、第10条第1項及び第22条において同じ。）」と、「届出者」とあるのは「四半期報告書の提出者」と、「訂正届出書」とあるのは「訂正報告書」と、第9条第1項中「届出者」とあるのは「四半期報告書の提出者」と、「訂正届出書」とあるのは「訂正報告書」と、第10条第1項中「届出者」とあるのは「四半期報告書の提出者」と、「訂正届出書の提出を命じ、必要があると認めるときは、第4条第1項から第3項までの規定による届出の効力の停止」とあるのは「訂正報告書の提出」と、第22条第1項中「有価証券届出書の届出者が発行者である有価証券を募集又は売出しによらないで取得した者」とある

改正後	改正前
得した者」とあるのは「四半期報告書又はその訂正報告書の提出者が発行者である有価証券を取得した者」と、同条第2項中「前項」とあるのは「第24条の4の7第4項において準用する前項」と読み替えるものとするほか、必要な技術的読替えは、政令で定める。	のは「四半期報告書又はその訂正報告書の提出者が発行者である有価証券を取得した者」と、同条第2項中「前項」とあるのは「第24条の4の7第4項において準用する前項」と読み替えるものとするほか、必要な技術的読替えは、政令で定める。

　7条2項および5条6項から9項までを新設することに伴う形式的修正を行っている。

第5項

改正後	改正前
5　第6条の規定は、第1項又は第2項(これらの規定を第3項において準用する場合を含む。次項から第11項までにおいて同じ。)の規定により四半期報告書が提出された場合及び前項において準用する第7条第1項、第9条第1項又は第10条第1項の規定により当該報告書の訂正報告書が提出された場合について準用する。この場合において、必要な技術的読替えは、政令で定める。	5　第6条の規定は、第1項又は第2項(これらの規定を第3項において準用する場合を含む。次項から第11項までにおいて同じ。)の規定により四半期報告書が提出された場合及び前項において準用する第7条、第9条第1項又は第10条第1項の規定により当該報告書の訂正報告書が提出された場合について準用する。この場合において、必要な技術的読替えは、政令で定める。

　7条2項を新設することに伴う形式的修正を行っている。

第6項

改正後	改正前
6　第1項の規定により四半期報告書を提出しなければならない報告書提出外国会社(第2項の規定により四半期報告書を提出する報告書提出外国会社を	6　第1項の規定により四半期報告書を提出しなければならない報告書提出外国会社(第2項の規定により四半期報告書を提出する報告書提出外国会社を

改正後	改正前
含む。以下この条において同じ。）は、公益又は投資者保護に欠けることがないものとして内閣府令で定める場合には、第１項の規定による四半期報告書に代えて、外国において開示が行われている四半期報告書に類する書類であつて英語で<u>記載されている</u>もの（以下この条において「外国会社四半期報告書」という。）を提出することができる。	含む。以下この条において同じ。）は、公益又は投資者保護に欠けることがないものとして内閣府令で定める場合には、第１項の規定による四半期報告書に代えて、外国において開示が行われている四半期報告書に類する書類であつて英語で<u>記載された</u>もの（以下この条において「外国会社四半期報告書」という。）を提出することができる。

所要の規定の整備を行っている。

第９項

改　正　後	改　正　前
９　内閣総理大臣は、外国会社四半期報告書を提出した報告書提出外国会社が<u>第６項の規定により</u>外国会社四半期報告書を<u>提出</u>することができる場合に該当しないと認めるときは、当該報告書提出外国会社に対し、その旨を通知しなければならない。この場合においては、行政手続法第13条第１項の規定による意見陳述のための手続の区分にかかわらず、聴聞を行わなければならない。	９　内閣総理大臣は、外国会社四半期報告書を提出した報告書提出外国会社が第６項の外国会社四半期報告書を提出することができる場合に該当しないと認めるときは、当該報告書提出外国会社に対し、その旨を通知しなければならない。この場合においては、行政手続法第13条第１項の規定による意見陳述のための手続の区分にかかわらず、聴聞を行わなければならない。

　本項の規定中「第６項の外国会社四半期報告書を提出すること」について、６項に定める要件を満たすことにより提出する外国会社四半期報告書である旨を明確にする観点から、「第６項の規定により外国会社四半期報告書を提出すること」としている。

第11項

改正後	改正前
11　第6項から第8項までの規定は、第4項において読み替えて準用する<u>第7条第1項</u>、第9条第1項又は第10条第1項の規定により報告書提出外国会社が提出した外国会社四半期報告書及びその補足書類の訂正報告書を提出する場合について準用する。この場合において、必要な技術的読替えは、政令で定める。	11　第6項から第8項までの規定は、第4項において読み替えて準用する<u>第7条</u>、第9条第1項又は第10条第1項の規定により報告書提出外国会社が提出した外国会社四半期報告書及びその補足書類の訂正報告書を提出する場合について準用する。この場合において、必要な技術的読替えは、政令で定める。

7条2項を新設することに伴う形式的修正を行っている。

第24条の4の8（確認書に関する規定の四半期報告書への準用）
第1項

改正後	改正前
第24条の4の8　第24条の4の2の規定は、前条第1項又は第2項（これらの規定を同条第3項において準用する場合を含む。）の規定により四半期報告書を提出する場合及び同条第4項において読み替えて準用する<u>第7条第1項</u>、第9条第1項又は第10条第1項の規定により訂正報告書を提出する場合について準用する。この場合において、第24条の4の2第1項中「有価証券報告書の記載内容」とあるのは「四半期報告書（その訂正報告書を含む。以下この条において同じ。）の記載内容」と、「有価証券報告書等に代えて外国会社報告書」とあるのは「四半期報告書に代えて外国会社四半期報告書」と、「当該外国会社報告書」とあるのは「当	第24条の4の8　第24条の4の2の規定は、前条第1項又は第2項（これらの規定を同条第3項において準用する場合を含む。）の規定により四半期報告書を提出する場合及び同条第4項において読み替えて準用する<u>第7条</u>、第9条第1項又は第10条第1項の規定により訂正報告書を提出する場合について準用する。この場合において、第24条の4の2第1項中「有価証券報告書の記載内容」とあるのは「四半期報告書（その訂正報告書を含む。以下この条において同じ。）の記載内容」と、「有価証券報告書等に代えて外国会社報告書」とあるのは「四半期報告書に代えて外国会社四半期報告書」と、「当該外国会社報告書」とあるのは「当該外

改　正　後	改　正　前
該外国会社四半期報告書」と、同条第2項中「有価証券報告書と併せて」とあるのは「四半期報告書と併せて」と、同条第6項中「第24条の4の2第1項又は第2項（これらの規定を同条第3項（同条第4項において準用する場合を含む。）及び第4項において準用する場合を含む。)の規定による確認書」とあるのは「第24条の4の8において読み替えて準用する第24条の4の2第1項又は第2項（これらの規定を同条第3項（同条第4項において準用する場合を含む。）及び第4項において準用する場合を含む。）の規定による確認書」と読み替えるものとするほか、必要な技術的読替えは、政令で定める。	国会社四半期報告書」と、同条第2項中「有価証券報告書と併せて」とあるのは「四半期報告書と併せて」と、同条第6項中「第24条の4の2第1項又は第2項（これらの規定を同条第3項（同条第4項において準用する場合を含む。）及び第4項において準用する場合を含む。）の規定による確認書」とあるのは「第24条の4の8において読み替えて準用する第24条の4の2第1項又は第2項（これらの規定を同条第3項（同条第4項において準用する場合を含む。）及び第4項において準用する場合を含む。）の規定による確認書」と読み替えるものとするほか、必要な技術的読替えは、政令で定める。

7条2項を新設することに伴う形式的修正を行っている。

第24条の5（半期報告書及び臨時報告書の提出）
第3項

改　正　後	改　正　前
3　前2項の規定は、第24条第5項において準用する同条第1項の規定による有価証券報告書を提出しなければならない会社（第23条の3第4項の規定により当該有価証券報告書を提出した会社を含む。次項及び第20項において同じ。）のうち、第24条の4の7第3項において準用する同条第1項の規定により四半期報告書を提出しなければならない会社以外の会社について準用する。この場合において、第1項中「以外の会社」とあるのは「以外の会社（特定有価証券（第5条第1項に	3　前2項の規定は、第24条第5項において準用する同条第1項の規定による有価証券報告書を提出しなければならない会社（第23条の3第4項の規定により当該有価証券報告書を提出した会社を含む。次項及び第15項において同じ。）のうち、第24条の4の7第3項において準用する同条第1項の規定により四半期報告書を提出しなければならない会社以外の会社について準用する。この場合において、第1項中「以外の会社」とあるのは「以外の会社（特定有価証券（第5条第1項に

規定する特定有価証券をいう。以下この項及び次項において同じ。）の発行者に限る。）」と、「その事業年度」とあるのは「当該特定有価証券に係る特定期間（第24条第5項において準用する同条第1項に規定する特定期間をいう。以下この項において同じ。）」と、「事業年度ごと」とあるのは「特定期間ごと」と、「当該事業年度」とあるのは「当該特定期間」と、「当該会社の属する企業集団及び当該会社の経理の状況その他事業」とあるのは「当該会社が行う資産の運用その他これに類似する事業に係る資産の経理の状況その他資産」と、前項中「有価証券の」とあるのは「特定有価証券の」と読み替えるものとする。	規定する特定有価証券をいう。以下この項及び次項において同じ。）の発行者に限る。）」と、「その事業年度」とあるのは「当該特定有価証券に係る特定期間（第24条第5項において準用する同条第1項に規定する特定期間をいう。以下この項において同じ。）」と、「事業年度ごと」とあるのは「特定期間ごと」と、「当該事業年度」とあるのは「当該特定期間」と、「当該会社の属する企業集団及び当該会社の経理の状況その他事業」とあるのは「当該会社が行う資産の運用その他これに類似する事業に係る資産の経理の状況その他資産」と、前項中「有価証券の」とあるのは「特定有価証券の」と読み替えるものとする。

　　本条15項から19項までを新設することに伴う形式的修正を行っている。

第5項

改　正　後	改　正　前
5　第7条第1項、第9条第1項及び第10条第1項の規定は半期報告書及び臨時報告書について、第22条の規定は半期報告書及び臨時報告書並びにこれらの訂正報告書のうちに重要な事項について虚偽の記載があり、又は記載すべき重要な事項若しくは誤解を生じさせないために必要な重要な事実の記載が欠けている場合について、それぞれ準用する。この場合において、第7条第1項中「第4条第1項から第3項までの規定による届出の日以後当該届出がその効力を生ずることとなる日前に	5　第7条、第9条第1項及び第10条第1項の規定は半期報告書及び臨時報告書について、第22条の規定は半期報告書及び臨時報告書並びにこれらの訂正報告書のうちに重要な事項について虚偽の記載があり、又は記載すべき重要な事項若しくは誤解を生じさせないために必要な重要な事実の記載が欠けている場合について、それぞれ準用する。この場合において、第7条中「第4条第1項から第3項までの規定による届出の日以後当該届出がその効力を生ずることとなる日前において、第5

おいて、第5条第1項及び第10項の規定による届出書類」とあるのは「半期報告書(第24条の5第1項(同条第3項において準用する場合を含む。)に規定する半期報告書をいう。以下この条、第9条第1項、第10条第1項及び第22条において同じ。)又は臨時報告書(第24条の5第4項に規定する臨時報告書をいう。以下この条、第9条第1項、第10条第1項及び第22条において同じ。)」と、「届出者」とあるのは「半期報告書又は臨時報告書の提出者」と、「訂正届出書」とあるのは「訂正報告書」と、第9条第1項中「届出者」とあるのは「半期報告書又は臨時報告書の提出者」と、「訂正届出書」とあるのは「訂正報告書」と、第10条第1項中「届出者」とあるのは「半期報告書又は臨時報告書の提出者」と、「訂正届出書の提出を命じ、必要があると認めるときは、第4条第1項から第3項までの規定による届出の効力の停止」とあるのは「訂正報告書の提出」と、第22条第1項中「有価証券届出書の届出者が発行者である有価証券を募集又は売出しによらないで取得した者」とあるのは「半期報告書又は臨時報告書若しくはこれらの訂正報告書の提出者が発行者である有価証券を取得した者」と、同条第2項中「前項」とあるのは「第24条の5第5項において準用する前項」と読み替えるものとする。

条第1項及び第6項の規定による届出書類」とあるのは「半期報告書(第24条の5第1項(同条第3項において準用する場合を含む。)に規定する半期報告書をいう。以下この条、第9条第1項、第10条第1項及び第22条において同じ。)又は臨時報告書(第24条の5第4項に規定する臨時報告書をいう。以下この条、第9条第1項、第10条第1項及び第22条において同じ。)」と、「届出者」とあるのは「半期報告書又は臨時報告書の提出者」と、「訂正届出書」とあるのは「訂正報告書」と、第9条第1項中「届出者」とあるのは「半期報告書又は臨時報告書の提出者」と、「訂正届出書」とあるのは「訂正報告書」と、第10条第1項中「届出者」とあるのは「半期報告書又は臨時報告書の提出者」と、「訂正届出書の提出を命じ、必要があると認めるときは、第4条第1項から第3項までの規定による届出の効力の停止」とあるのは「訂正報告書の提出」と、第22条第1項中「有価証券届出書の届出者が発行者である有価証券を募集又は売出しによらないで取得した者」とあるのは「半期報告書又は臨時報告書若しくはこれらの訂正報告書の提出者が発行者である有価証券を取得した者」と、同条第2項中「前項」とあるのは「第24条の5第5項において準用する前項」と読み替えるものとする。

7条2項および5条6項から9項までを新設することに伴う形式的修正を行っている。

第6項

改　正　後	改　正　前
6　第6条の規定は、第1項（第3項において準用する場合を含む。次項から第12項までにおいて同じ。）又は第4項の規定により半期報告書又は臨時報告書が提出された場合及び前項において準用する<u>第7条第1項</u>、第9条第1項又は第10条第1項の規定によりこれらの報告書の訂正報告書が提出された場合について準用する。	6　第6条の規定は、第1項（第3項において準用する場合を含む。次項から第12項までにおいて同じ。）又は第4項の規定により半期報告書又は臨時報告書が提出された場合及び前項において準用する<u>第7条</u>、第9条第1項又は第10条第1項の規定によりこれらの報告書の訂正報告書が提出された場合について準用する。

　7条2項を新設することに伴う形式的修正を行っている。

第7項

改　正　後	改　正　前
7　第1項の規定により半期報告書を提出しなければならない報告書提出外国会社は、公益又は投資者保護に欠けることがないものとして内閣府令で定める場合には、<u>同項の規定による半期報告書</u>に代えて、外国において開示が行われている半期報告書に類する書類であつて英語で<u>記載されているもの</u>（以下この条において「外国会社半期報告書」という。）を提出することができる。	7　第1項の規定により半期報告書を提出しなければならない報告書提出外国会社は、公益又は投資者保護に欠けることがないものとして内閣府令で定める場合には、<u>第1項の規定による半期報告書</u>に代えて、外国において開示が行われている半期報告書に類する書類であつて英語で<u>記載された</u>もの（以下この条において「外国会社半期報告書」という。）を提出することができる。

　所要の規定の整備を行っている。

第10項

改　正　後	改　正　前
10　内閣総理大臣は、外国会社半期報告	10　内閣総理大臣は、外国会社半期報告

改　正　後	改　正　前
書を提出した報告書提出外国会社が第7項の規定により外国会社半期報告書を提出することができる場合に該当しないと認めるときは、当該報告書提出外国会社に対し、その旨を通知しなければならない。この場合においては、行政手続法第13条第1項の規定による意見陳述のための手続の区分にかかわらず、聴聞を行わなければならない。	書を提出した報告書提出外国会社が第7項の外国会社半期報告書を提出することができる場合に該当しないと認めるときは、当該報告書提出外国会社に対し、その旨を通知しなければならない。この場合においては、行政手続法第13条第1項の規定による意見陳述のための手続の区分にかかわらず、聴聞を行わなければならない。

　本項の規定中「第7項の外国会社半期報告書を提出すること」について、7項に定める要件を満たすことにより提出する外国会社半期報告書である旨を明確にする観点から、「第7項の規定により外国会社半期報告書を提出すること」としている。

第12項

改　正　後	改　正　前
12　第7項から第9項までの規定は、第5項において読み替えて準用する第7条第1項、第9条第1項又は第10条第1項の規定により報告書提出外国会社が提出した外国会社半期報告書及びその補足書類の訂正報告書を提出する場合について準用する。	12　第7項から第9項までの規定は、第5項において読み替えて準用する第7条、第9条第1項又は第10条第1項の規定により報告書提出外国会社が提出した外国会社半期報告書及びその補足書類の訂正報告書を提出する場合について準用する。

　7条2項を新設することに伴う形式的修正を行っている。

第15項　新設

改　正　後
15　報告書提出外国会社が第4項の規定により臨時報告書を提出しなければならない場合において、公益又は投資者保護に欠けることがないものとして内閣府令で定める場合に該当するときは、同項の規定による臨時報告書に代えて、内閣府令

> で定めるところにより、同項の規定により記載すべき内容が英語で記載されているもの（以下この条において「外国会社臨時報告書」という。）を提出することができる。

　報告書提出外国会社（有価証券報告書を提出しなければならない外国会社をいう（24条8項）。以下同じ）が臨時報告書を提出しなければならない場合において、公益または投資者保護に欠けることがないものとして内閣府令で定める場合には、日本語による臨時報告書に代えて、臨時報告書に記載すべき内容が英語で記載されたもの（「外国会社臨時報告書」）を提出することができることとしている。

　公益または投資者保護に欠けることがない場合に該当する具体的な要件、証券情報書類および発行者情報書類の提出方法等については、内閣府令で定められることになる。

　外国会社が提出する臨時報告書については、投資者は投資判断を行うために即時に当該情報の内容を把握する必要があること、また、国ごとに制度が異なり、臨時報告書の提出事由、開示内容は異なることにかんがみ、これまで、英文開示の対象とされていなかった。

　しかしながら、英文開示を利用しやすいものとするためには、臨時報告書についても英文開示の対象とする必要があるため、公益または投資者保護に欠けることがない場合に限り、臨時報告書の英文開示を可能とすることとされた。

　臨時報告書により開示される情報は投資者の投資判断に重要な影響を及ぼすものであると考えられることから、その情報は投資者に分かりやすく開示されることが重要である。このため、公益または投資者保護に欠けることがない場合に該当する具体的な要件としては、その情報がどういう理由により開示されることとなったかを投資者がすぐに理解することができるよう、その臨時報告書の提出理由が日本語により記載されることとすることが考えられ、その旨を内閣府令で定める予定である。

　なお、有価証券届出書、有価証券報告書等の英文開示については、外国の法令等により英語で開示されている情報を外国会社届出書、外国会社報

告書等として開示することとしている（5条6項、24条8項等）。しかしながら、臨時報告書については、内閣府令で定める提出事由に該当したときに、内閣府令で定める内容の情報を遅滞なく開示しなければならないため、外国会社臨時報告書として開示する情報は、外国の法令等により外国で開示されていることを要件としないこととしている。

第16項 新設

改　正　後
16　前項の規定により報告書提出外国会社が外国会社臨時報告書を提出した場合には、当該外国会社臨時報告書を臨時報告書とみなし、その提出を臨時報告書を提出したものとみなして、金融商品取引法令を適用する。

　報告書提出外国会社が外国会社臨時報告書を提出した場合には、外国会社臨時報告書を臨時報告書とみなし、その提出を臨時報告書の提出とみなして、金融商品取引法令の規定を適用することとしている。
　報告書提出外国会社が外国会社臨時報告書を提出した場合であっても、臨時報告書を提出した場合と全く同じ法的効果が及ぶようにするものである。
　したがって、例えば、重要な事項につき虚偽の記載のある外国会社臨時報告書を提出した場合には、重要な事項につき虚偽の記載のある臨時報告書を提出したものとして、課徴金に関する規定（172条の4第2項）、罰則規定（197条の2第6号）等が適用される。

第17項 新設

改　正　後
17　内閣総理大臣は、外国会社臨時報告書を提出した報告書提出外国会社が第15項の規定により外国会社臨時報告書を提出することができる場合に該当しないと認めるときは、当該報告書提出外国会社に対し、その旨を通知しなければならない。この場合においては、行政手続法第13条第1項の規定による意見陳述のための手続の区分にかかわらず、聴聞を行わなければならない。

内閣総理大臣は、外国会社臨時報告書を提出した報告書提出外国会社が15項の規定により外国会社臨時報告書を提出することができる場合に該当しないと認めるときは、その旨を当該報告書提出外国会社に通知することとしている。

　例えば、その臨時報告書の提出理由が日本語で記載されておらず、外国会社臨時報告書を提出することを金融庁長官が認めることができない場合がこれに該当するものと考えられる。

　なお、外国会社臨時報告書を提出する要件に該当しない旨の「通知」は、行政手続法2条4号に規定する不利益処分に該当することも考えられることから、当該通知を行う場合には、行政手続法13条1項の規定による意見陳述のための手続の区分にかかわらず、聴聞を行わなければならないこととしている。

第18項 新設

改　正　後
18　前項の規定による通知を受けた報告書提出外国会社は、第4項の規定にかかわらず、同項の規定による臨時報告書を、遅滞なく、提出しなければならない。

　前項の通知を受けた報告書提出外国会社は、遅滞なく4項の規定による（日本語による）臨時報告書を提出しなければならないこととしている。

　英文開示を行うことができないにもかかわらず、報告書提出外国会社が外国会社臨時報告書を提出した場合、当該外国会社臨時報告書の提出は臨時報告書の提出とは認められない。このため、当該通知を受けた報告書提出外国会社は、遅滞なく、本条4項の規定による日本語による臨時報告書を提出する必要がある。

　これは、臨時報告書を提出しなければならない事象は既に発生しており、当該事象のかかる情報が遅滞なく開示されなければ、投資者保護が図られないことになると考えられることから、本項を規定している。

第19項 新設

改　正　後
<u>19</u>　<u>第15項から前項までの規定は、第5項において読み替えて準用する第7条第1項、第9条第1項又は第10条第1項の規定により報告書提出外国会社が提出した外国会社臨時報告書の訂正報告書を提出する場合について準用する。</u>

　外国会社臨時報告書の訂正報告書についても、英語による提出を可能とされ、その提出のための要件、手続等について、臨時報告書に係る英文開示についての規定（15項から18項まで）を準用することとしている。
　なお、この規定は、報告書提出外国会社が提出した外国会社臨時報告書を対象としたものであり、日本語による臨時報告書の訂正報告書を英文で提出することは認められない。

第20項

改　正　後	改　正　前
<u>20</u>　第4項の規定により臨時報告書を提出しなければならない会社（第24条第5項において準用する同条第1項の規定による有価証券報告書を提出しなければならない会社に限る。）が、内閣府令で定めるところにより、第4項の規定による臨時報告書に記載すべき内容の一部を記載した書面（法令又は金融商品取引所の規則（これに類するものとして内閣府令で定めるものを含む。）に基づいて作成された書面に限る。以下この項及び次項において「臨時代替書面」という。）を臨時報告書と併せて内閣総理大臣に提出する場合において、公益又は投資者保護に欠けることがないものとして内閣府令で定めるところにより内閣総理大臣の承認を受けた場合における第4項の規定の	15　第4項の規定により臨時報告書を提出しなければならない会社（第24条第5項において準用する同条第1項の規定による有価証券報告書を提出しなければならない会社に限る。）が、内閣府令で定めるところにより、第4項の規定による臨時報告書に記載すべき内容の一部を記載した書面（法令又は金融商品取引所の規則（これに類するものとして内閣府令で定めるものを含む。）に基づいて作成された書面に限る。以下この項及び次項において「臨時代替書面」という。）を臨時報告書と併せて内閣総理大臣に提出する場合において、公益又は投資者保護に欠けることがないものとして内閣府令で定めるところにより内閣総理大臣の承認を受けた場合における第4項の規定の

改正後	改正前
適用については、同項中「その内容を記載した報告書」とあるのは、「その内容（第20項に規定する臨時代替書面に記載された内容を除く。）を記載した報告書」とする。	適用については、同項中「その内容を記載した報告書」とあるのは、「その内容（第15項に規定する臨時代替書面に記載された内容を除く。）を記載した報告書」とする。

　15項から19項までを新設することに伴う形式的修正を行っている。

第24条の5の2（確認書に関する規定の半期報告書への準用）
第1項

改　　正　　後	改　　正　　前
第24条の5の2　第24条の4の2の規定は、前条第1項（同条第3項において準用する場合を含む。）の規定により半期報告書を提出する場合及び同条第5項において読み替えて準用する第7条第1項、第9条第1項又は第10条第1項の規定により訂正報告書を提出する場合について準用する。この場合において、第24条の4の2第1項中「有価証券報告書の記載内容」とあるのは「半期報告書（その訂正報告書を含む。以下この条において同じ。）の記載内容」と、「有価証券報告書等に代えて外国会社報告書」とあるのは「半期報告書に代えて外国会社半期報告書」と、「当該外国会社報告書」とあるのは「当該外国会社半期報告書」と、同条第2項中「有価証券報告書と併せて」とあるのは「半期報告書と併せて」と、同条第6項中「第24条の4の2第1項又は第2項（これらの規定を同条第3項（同条第4項において準用する場合を含む。）及び第4項において準用する場合を含む。）の規定による確認書」	第24条の5の2　第24条の4の2の規定は、前条第1項（同条第3項において準用する場合を含む。）の規定により半期報告書を提出する場合及び同条第5項において読み替えて準用する第7条、第9条第1項又は第10条第1項の規定により訂正報告書を提出する場合について準用する。この場合において、第24条の4の2第1項中「有価証券報告書の記載内容」とあるのは「半期報告書（その訂正報告書を含む。以下この条において同じ。）の記載内容」と、「有価証券報告書等に代えて外国会社報告書」とあるのは「半期報告書に代えて外国会社半期報告書」と、「当該外国会社報告書」とあるのは「当該外国会社半期報告書」と、同条第2項中「有価証券報告書と併せて」とあるのは「半期報告書と併せて」と、同条第6項中「第24条の4の2第1項又は第2項（これらの規定を同条第3項（同条第4項において準用する場合を含む。）及び第4項において準用する場合を含む。）の規定による確認書」

改　正　後	改　正　前
とあるのは「第24条の5の2において読み替えて準用する第24条の4の2第1項又は第2項（これらの規定を同条第3項（同条第4項において準用する場合を含む。）及び第4項において準用する場合を含む。）の規定による確認書」と読み替えるものとするほか、必要な技術的読替えは、政令で定める。	とあるのは「第24条の5の2において読み替えて準用する第24条の4の2第1項又は第2項（これらの規定を同条第3項（同条第4項において準用する場合を含む。）及び第4項において準用する場合を含む。）の規定による確認書」と読み替えるものとするほか，必要な技術的読替えは、政令で定める。

　　7条2項を新設することに伴う形式的修正を行っている。

第24条の6（自己株券買付状況報告書の提出）
第2項

改　正　後	改　正　前
2　第7条第1項、第9条第1項及び第10条第1項の規定は前項に規定する報告書（以下「自己株券買付状況報告書」という。）について、第22条の規定は自己株券買付状況報告書のうちに重要な事項について虚偽の記載があり、又は記載すべき重要な事項若しくは誤解を生じさせないために必要な重要な事実の記載が欠けている場合について、それぞれ準用する。この場合において、第7条第1項中「第4条第1項から第3項までの規定による届出の日以後当該届出がその効力を生ずることとなる日前において、第5条第1項及び第10項の規定による届出書類」とあるのは「自己株券買付状況報告書（第24条の6第1項に規定する報告書をいう。以下この条、第9条第1項、第10条第1項及び第22条において同じ。）」と、「届出者」とあるのは「自己株券買付状況報告書の提出者」と、「訂正届出書	2　第7条、第9条第1項及び第10条第1項の規定は前項に規定する報告書（以下「自己株券買付状況報告書」という。）について、第22条の規定は自己株券買付状況報告書のうちに重要な事項について虚偽の記載があり、又は記載すべき重要な事項若しくは誤解を生じさせないために必要な重要な事実の記載が欠けている場合について、それぞれ準用する。この場合において、第7条中「第4条第1項から第3項までの規定による届出の日以後当該届出がその効力を生ずることとなる日前において、第5条第1項及び第6項の規定による届出書類」とあるのは「自己株券買付状況報告書（第24条の6第1項に規定する報告書をいう。以下この条、第9条第1項、第10条第1項及び第22条において同じ。）」と、「届出者」とあるのは「自己株券買付状況報告書の提出者」と、「訂正届出書」とある

とあるのは「訂正報告書」と、第9条第1項中「届出者」とあるのは「自己株券買付状況報告書の提出者」と、「訂正届出書」とあるのは「訂正報告書」と、第10条第1項中「届出者」とあるのは「自己株券買付状況報告書の提出者」と、「訂正届出書の提出を命じ、必要があると認めるときは、第4条第1項から第3項までの規定による届出の効力の停止」とあるのは「訂正報告書の提出」と、第22条第1項中「第21条第1項第1号及び第3号に掲げる者」とあるのは「当該自己株券買付状況報告書を提出した会社のその提出の時における役員」と、「有価証券届出書の届出者が発行者である有価証券を募集又は売出しによらないで取得した者」とあるのは「自己株券買付状況報告書の提出者が発行者である有価証券を取得した者」と、同条第2項中「第21条第2項第1号及び第2号」とあるのは「第21条第2項第1号」と、「前項」とあるのは「第24条の6第2項において準用する前項」と読み替えるものとする。	のは「訂正報告書」と、第9条第1項中「届出者」とあるのは「自己株券買付状況報告書の提出者」と、「訂正届出書」とあるのは「訂正報告書」と、第10条第1項中「届出者」とあるのは「自己株券買付状況報告書の提出者」と、「訂正届出書の提出を命じ、必要があると認めるときは、第4条第1項から第3項までの規定による届出の効力の停止」とあるのは「訂正報告書の提出」と、第22条第1項中「第21条第1項第1号及び第3号に掲げる者」とあるのは「当該自己株券買付状況報告書を提出した会社のその提出の時における役員」と、「有価証券届出書の届出者が発行者である有価証券を募集又は売出しによらないで取得した者」とあるのは「自己株券買付状況報告書の提出者が発行者である有価証券を取得した者」と、同条第2項中「第21条第2項第1号及び第2号」とあるのは「第21条第2項第1号」と、「前項」とあるのは「第24条の6第2項において準用する前項」と読み替えるものとする。

　7条2項および5条6項から9項までを新設することに伴う形式的修正を行っている。

第3項

改　正　後	改　正　前
3　第6条の規定は、第1項の規定により自己株券買付状況報告書が提出された場合及び前項において準用する<u>第7条第1項</u>、第9条第1項又は第10条第1項の規定により当該報告書の訂正報告書が提出された場合について準用する。	3　第6条の規定は、第1項の規定により自己株券買付状況報告書が提出された場合及び前項において準用する<u>第7条</u>、第9条第1項又は第10条第1項の規定により当該報告書の訂正報告書が提出された場合について準用する。

　7条2項を新設することに伴う形式的修正を行っている。

第24条の7（親会社等状況報告書の提出）
第3項

改　正　後	改　正　前
3　<u>第7条第1項</u>、第9条第1項及び第10条第1項の規定は、親会社等状況報告書について準用する。この場合において、<u>第7条第1項</u>中「第4条第1項から第3項までの規定による届出の日以後当該届出がその効力を生ずることとなる日前において、第5条第1項及び<u>第10項</u>の規定による届出書類」とあるのは「親会社等状況報告書（第24条の7第1項に規定する親会社等状況報告書をいう。以下同じ。）」と、「届出者」とあるのは「親会社等状況報告書の提出者」と、「訂正届出書」とあるのは「訂正報告書」と、第9条第1項中「届出者」とあるのは「親会社等状況報告書の提出者」と、「訂正届出書」とあるのは「訂正報告書」と、第10条第1項中「届出者」とあるのは「親会社等状況報告書の提出者」と、「訂	3　<u>第7条</u>、第9条第1項及び第10条第1項の規定は、親会社等状況報告書について準用する。この場合において、第7条中「第4条第1項から第3項までの規定による届出の日以後当該届出がその効力を生ずることとなる日前において、第5条第1項及び<u>第6項</u>の規定による届出書類」とあるのは「親会社等状況報告書（第24条の7第1項に規定する親会社等状況報告書をいう。以下同じ。）」と、「届出者」とあるのは「親会社等状況報告書の提出者」と、「訂正届出書」とあるのは「訂正報告書」と、第9条第1項中「届出者」とあるのは「親会社等状況報告書の提出者」と、「訂正届出書」とあるのは「訂正報告書」と、第10条第1項中「届出者」とあるのは「親会社等状況報告書の提出者」と、「訂正届出書の提出

改正後	改正前
正届出書の提出を命じ、必要があると認めるときは、第4条第1項から第3項までの規定による届出の効力の停止」とあるのは「訂正報告書の提出」と読み替えるものとするほか、必要な技術的読替えは、政令で定める。	を命じ、必要があると認めるときは、第4条第1項から第3項までの規定による届出の効力の停止」とあるのは「訂正報告書の提出」と読み替えるものとするほか、必要な技術的読替えは、政令で定める。

　7条2項および5条6項から9項までを新設することに伴う形式的修正を行っている。

第4項

改正後	改正前
4　第1項本文若しくは第2項本文の規定により親会社等状況報告書を提出し、又は前項において準用する<u>第7条第1項</u>、第9条第1項若しくは第10条第1項の規定により親会社等状況報告書の訂正報告書を提出した親会社等は、遅滞なく、これらの書類の写しを当該親会社等の提出子会社に送付するとともに、これらの書類の写しを次の各号に掲げる当該提出子会社が発行者である有価証券の区分に応じ、当該各号に定める者に提出しなければならない。 一・二（略）	4　第1項本文若しくは第2項本文の規定により親会社等状況報告書を提出し、又は前項において準用する<u>第7条</u>、第9条第1項若しくは第10条第1項の規定により親会社等状況報告書の訂正報告書を提出した親会社等は、遅滞なく、これらの書類の写しを当該親会社等の提出子会社に送付するとともに、これらの書類の写しを次の各号に掲げる当該提出子会社が発行者である有価証券の区分に応じ、当該各号に定める者に提出しなければならない。 一・二（略）

　7条2項を新設することに伴う形式的修正を行っている。

第5項

改　正　後	改　正　前
5　第24条第8項、第9項及び第11項から第13項までの規定は、外国会社である親会社等が親会社等状況報告書を提出する場合について準用する。この場合において、同条第8項中「外国会社（第23条の3第4項の規定により有価証券報告書を提出したものを含む。以下「報告書提出外国会社」という。）」とあるのは「外国会社である親会社等（第24条の7第1項に規定する親会社等をいう。以下この条において同じ。）」と、「外国において開示が行われている有価証券報告書等に類する」とあるのは「親会社等状況報告書に記載すべき事項を記載した」と、同条第9項中「、当該外国会社報告書に記載されていない事項のうち公益又は投資者保護のため必要かつ適当なものとして内閣府令で定めるものを記載した書類その他」とあるのは「その他」と読み替えるものとするほか、必要な技術的読替えは、政令で定める。	5　第24条第8項、第9項及び第11項から第13項までの規定は、外国会社である親会社等が親会社等状況報告書を提出する場合について準用する。この場合において、同条第8項中「外国会社（第23条の3第4項の規定により有価証券報告書を提出したものを含む。以下「報告書提出外国会社」という。）」とあるのは「外国会社である親会社等（第24条の7第1項に規定する親会社等をいう。以下この条において同じ。）」と、「外国において開示（当該外国の法令（外国金融商品市場を開設する者その他の内閣府令で定める者の規則を含む。）に基づいて当該外国において公衆の縦覧に供されることをいう。第24条の4の7第6項及び第24条の5第7項において同じ。）が行われている有価証券報告書等に類する」とあるのは「親会社等状況報告書に記載すべき事項を記載した」と、同条第9項中「、当該外国会社報告書に記載されていない事項のうち公益又は投資者保護のため必要かつ適当なものとして内閣府令で定めるものを記載した書類その他」とあるのは「その他」と読み替えるものとするほか、必要な技術的読替えは、政令で定める。

　5条6項に「外国において開示」の定義を規定したことに伴う形式的修正を行っている。

第25条（有価証券届出書等の公衆縦覧）
第1項

改　正　後	改　正　前
第25条　内閣総理大臣は、内閣府令で定めるところにより、次の各号に掲げる書類（以下この条及び次条において「縦覧書類」という。）を、当該縦覧書類を受理した日から当該各号に定める期間を経過する日（当該各号に掲げる訂正届出書、訂正発行登録書、訂正報告書又は訂正確認書にあつては、当該訂正の対象となつた当該各号に掲げる第5条第1項及び<u>第10項</u>の規定による届出書及びその添付書類、同条第4項の規定の適用を受ける届出書及びその添付書類、発行登録書及びその添付書類、有価証券報告書及びその添付書類、確認書、内部統制報告書及びその添付書類、四半期報告書、半期報告書、臨時報告書、自己株券買付状況報告書又は親会社等状況報告書に係る当該経過する日、第5号及び第9号に掲げる確認書（当該確認書の対象が有価証券報告書及びその添付書類の訂正報告書、四半期報告書の訂正報告書又は半期報告書の訂正報告書である場合に限る。）にあつては、当該訂正の対象となつた有価証券報告書及びその添付書類、四半期報告書又は半期報告書に係る当該経過する日）までの間、公衆の縦覧に供しなければならない。 一　第5条第1項及び<u>第10項</u>の規定による届出書及びその添付書類並びにこれらの訂正届出書（同条第4項の規定の適用を受ける届出書及びその添付書類並びにこれらの訂正届出書を除く。）　5年	第25条　内閣総理大臣は、内閣府令で定めるところにより、次の各号に掲げる書類（以下この条及び次条において「縦覧書類」という。）を、当該縦覧書類を受理した日から当該各号に定める期間を経過する日（当該各号に掲げる訂正届出書、訂正発行登録書、訂正報告書又は訂正確認書にあつては、当該訂正の対象となつた当該各号に掲げる第5条第1項及び<u>第6項</u>の規定による届出書及びその添付書類、同条第4項の規定の適用を受ける届出書及びその添付書類、発行登録書及びその添付書類、有価証券報告書及びその添付書類、確認書、内部統制報告書及びその添付書類、四半期報告書、半期報告書、臨時報告書、自己株券買付状況報告書又は親会社等状況報告書に係る当該経過する日、第5号及び第9号に掲げる確認書（当該確認書の対象が有価証券報告書及びその添付書類の訂正報告書、四半期報告書の訂正報告書又は半期報告書の訂正報告書である場合に限る。）にあつては、当該訂正の対象となつた有価証券報告書及びその添付書類、四半期報告書又は半期報告書に係る当該経過する日）までの間、公衆の縦覧に供しなければならない。 一　第5条第1項及び<u>第6項</u>の規定による届出書及びその添付書類並びにこれらの訂正届出書（同条第4項の規定の適用を受ける届出書及びその添付書類並びにこれらの訂正届出書を除く。）　5年

| 二~十二（略） | 二~十二（略） |

5条6項から9項までを新設することに伴う形式的修正を行っている。

第27条（会社以外の発行者に関する準用規定）

改　正　後	改　正　前
第27条　第2条の2、第5条から第13条まで、第15条から第24条の5の2まで及び第24条の7から前条までの規定は、発行者が会社以外の者（<u>第5条第6項から第9項まで、第7条第2項、第9条第2項、第10条第2項、第24条</u>第8項から第13項まで、第24条の2第4項、第24条の4の2第6項（第24条の4の8第1項及び第24条の5の2第1項において準用する場合を含む。）、第24条の4の3第3項、第24条の4の4第6項、第24条の4の5第3項、第24条の4の7第6項から第11項まで<u>並びに第24条の5第7項から第12項まで及び第15項から第19項まで</u>の規定にあつては外国の者に限る。）である場合について準用する。この場合において、<u>第5条第6項及び</u>第24条第8項中「外国会社（」とあるのは「会社以外の外国の者（」と、<u>第5条第6項、第8項及び第9項、第7条第2項、第9条第2項並びに第10条第2項中「届出提出外国会社」とあるのは「届出提出外国者」と、第</u>24条第8項及び第10項から第13項まで、第24条の2第4項、第24条の4の7第6項及び第8項から第11項まで並びに第24条の5第7項、<u>第9項から第12項まで及び第15項から第19</u>	第27条　第2条の2、第5条から第13条まで、第15条から第24条の5の2まで及び第24条の7から前条までの規定は、発行者が会社以外の者（第24条第8項から第13項まで、第24条の2第4項、第24条の4の2第6項（第24条の4の8第1項及び第24条の5の2第1項において準用する場合を含む。）、第24条の4の3第3項、第24条の4の4第6項、第24条の4の5第3項、第24条の4の7第6項から第11項まで<u>及び第24条の5第7項から第12項までの規定にあつては外国の者に限る。）である場合について準用する。この場合において、第24条第8項中「外国会社（」とあるのは「会社以外の外国の者（」と、同項、同条第10項から第13項まで、第24条の2第4項、第24条の4の7第6項及び第8項から第11項まで並びに第24条の5第7項及び第9項から第12項まで</u>での規定中「報告書提出外国会社」とあるのは「報告書提出外国者」と読み替えるものとするほか、必要な技術的読替えその他これらの規定の適用に関し必要な事項は、政令で定める。

項までの規定中「報告書提出外国会社」とあるのは「報告書提出外国者」と読み替えるものとするほか、必要な技術的読替えその他これらの規定の適用に関し必要な事項は、政令で定める。

　第2章（企業内容等の開示）の規定（一部の規定（3条、4条等）を除く）については、基本的に、「会社」を発行者としている。しかしながら、「会社以外の者」（例えば、組合、投資法人等）が発行者である場合もあり、このような場合であってもこれらの規定が適用されるよう、本条において、発行者が「会社以外の者」である場合にこれらの規定を準用する旨が定められ、必要な読替え規定が置かれている。

　一方、有価証券報告書等についての英文開示に係る規定（24条8項から13項まで等）については、単に「会社以外の者」について準用することとした場合、会社以外の国内の者についても英文開示に係る規定が適用されることから、従来より、英文開示に係る規定については、発行者が「会社以外の者」のうち「外国の者」である場合に限って準用するよう規定されている。

　改正法において、有価証券届出書および臨時報告書についても英文開示の対象とされることから、有価証券届出書及び臨時報告書についての英文開示に係る規定についても、発行者が「会社以外の者」のうち「外国の者」である場合に限って準用するよう規定し、必要な読替え（「届出書提出外国会社」→「届出書提出外国者」等）規定を定めている。

第2章の2　公開買付けに関する開示

第27条の2（発行者以外の者による株券等の公開買付け）
第1項

改　　正　　後	改　　正　　前
第27条の2　その株券、新株予約権付社債券その他の有価証券で政令で定めるもの（以下この章及び第27条の30の11（第4項を除く。）において「株券等」という。）について有価証券報告書を提出しなければならない発行者又は特定上場有価証券（流通状況がこれに準ずるものとして政令で定めるものを含み、株券等に限る。）の発行者の株券等につき、当該発行者以外の者が行う買付け等（株券等の買付けその他の有償の譲受けをいい、これに類するものとして政令で定めるものを含む。以下この節において同じ。）であつて次のいずれかに該当するものは、公開買付けによらなければならない。ただし、新株予約権(会社法第277条の規定により割り当てられるものであつて、当該新株予約権が行使されることが確保されることにより公開買付けによらないで取得されても投資者の保護のため支障を生ずることがないと認められるものとして内閣府令で定めるものを除く。以下この項において同じ。)を有する者が当該新株予約権を行使することにより行う株券等の買付け等及び株券等の買付け等を行う者がその者の特別関係者（第7項第1号に掲げる者のうち内閣府令で定めるものに限る。）から行う株券等の買付け等その他政令で定める株券等の買付け等は、	第27条の2　その株券、新株予約権付社債券その他の有価証券で政令で定めるもの（以下この章及び第27条の30の11（第4項を除く。）において「株券等」という。）について有価証券報告書を提出しなければならない発行者又は特定上場有価証券（流通状況がこれに準ずるものとして政令で定めるものを含み、株券等に限る。）の発行者の株券等につき、当該発行者以外の者が行う買付け等（株券等の買付けその他の有償の譲受けをいい、これに類するものとして政令で定めるものを含む。以下この節において同じ。）であつて次のいずれかに該当するものは、公開買付けによらなければならない。ただし、新株予約権を有する者が当該新株予約権を行使することにより行う株券等の買付け等及び株券等の買付け等を行う者がその者の特別関係者（第7項第1号に掲げる者のうち内閣府令で定めるものに限る。）から行う株券等の買付け等その他政令で定める株券等の買付け等は、この限りでない。

この限りでない。 一〜六（略）	一〜六（略）

　会社法277条の規定により割り当てられる新株予約権であって、当該新株予約権が行使されることが確保されることにより公開買付けによらないで取得されても投資者保護のため支障を生ずることがないと認められるものとして内閣府令で定めるものについては、その取得時ではなく行使時に公開買付規制の適用対象とすることができるよう、公開買付規制の適用対象範囲の修正を行うものである。

　現行制度上、新株予約権の取得を「株券等の買付け等」と捉え、これにより株券等所有割合（27条の2第8項）が一定割合を超える場合には、公開買付規制が適用される（27条の2第1項）。

　買付者およびその特別関係者が所有する新株予約権は、株券に転換して議決権を行使することにより、実質的に対象会社の支配権を獲得することが可能であるところ、規制の実効性を高める観点から、新株予約権取得時に、株券等所有割合を判定して公開買付規制を適用することとされている。そのため、現行法では、新株予約権取得時に公開買付規制を適用することを前提に、取得時に加えて行使時まで規制の適用対象とすることは過剰な規制となることから、「新株予約権を有する者が当該新株予約権を行使することにより行う株券等の買付け等」については一律に規制対象となる「買付け等」から除外している（27条の2第1項ただし書）。

　他方、株券等所有割合の計算において、買付者およびその特別関係者以外の第三者については、所有する全ての新株予約権を行使するとは限らないため、第三者の新株予約権は分母に加算されない。

　この点、例えば、コミットメント型ライツ・オファリングでは、会社法277条に規定する新株予約権無償割当てにより、全ての株主に新株予約権が割り当てられた上で、最終的には全ての新株予約権が行使されることが確保されている。このため、各株主の株券等所有割合の計算上、新株予約権が割り当てられた段階で株券等所有割合がいったん上昇し、一定期間経過後は、他者所有分も含めすべての新株予約権に係る議決権数が分母に加

算されることになり、当該割合は最終的には減少することが想定される。この場合、割り当てられた新株予約権を行使し、その他に株式の取得・処分を行わなかった株主の株券等所有割合は、新株予約権無償割当てがなされる前の割合に戻ることとなる(注)。

　上記のような株券等所有割合の変動の特性があるにもかかわらず、現行制度に基づき、割当て時点における株券等所有割合を基準に公開買付規制に基づく義務が課されると、投資者への情報提供等の観点から適当ではない場合も考えられる。したがって、コミットメント型ライツ・オファリング等の場面においては、株券等所有割合の変動の特性を踏まえて、新株予約権の取得時ではなく、その行使時を基準に株券等所有割合を判定して公開買付規制を適用することが適当である。

　そのため、改正法においては、新株予約権のうち、会社法277条の規定により割り当てられるものであって、当該新株予約権が行使されることが確保されることにより公開買付けによらないで取得されても投資者の保護のため支障を生ずることがないと認められるものとして内閣府令で定めるものについては、当該新株予約権を行使することにより行う株券等の買付け等に対して、公開買付規制を適用できることとした。内閣府令で定める新株予約権については、今後、実務上の取扱いや規制の実効性確保の観点を踏まえて検討されることとなるが、例えば、①新株予約権無償割当てにより取得したものであること、②発行から行使期間の末日までの期間が長期間に及ぶようなものではないこと、および③全ての新株予約権について行使する旨のコミットメントが約されていることという要件を満たすものなどが考えられる。

　なお、このように行使されることが確保される新株予約権については、その行使時まで株券等所有割合の計算の対象としないこととする旨の内閣府令の改正を行うことにより、その取得時においては公開買付規制の適用対象とならないようにするための手当てを行う予定である。また、大量保有報告規制に係る「株券等保有割合」(27条の23第4項)についても同様の手当てを行う予定である。

　さらに、かかる改正のほか、公開買付規制・大量保有報告規制に関して

は、証券会社が引受けを行う業務により所有・保有する株券等について払込期日の翌日まで株券等所有割合・株券等保有割合の対象から除外する特例（発行者以外の者による株券等の公開買付けの開示に関する内閣府令7条1項2号、株券等の大量保有の状況の開示に関する内閣府令4条2号）について、「コミットメント型ライツ・オファリングにおいて証券会社がコミットメントを行う行為を「有価証券の引受け」と位置付けて上記の特例を適用する場合には、証券会社が新株予約権を行使して株式を取得するために要する期間等を考慮し、より長い猶予期間を設けることが必要である」ことを踏まえた適切な手当てが検討されるべきことが指摘されている。

（注）具体的には、発行済株式総数を100株とし、1株に対して1株相当の新株予約権を割り当てる場合、当初30株を保有していた株主（株券等所有割合30％）は、新株予約権無償割当ての直後には、$(30+30)÷(100+30)≒46％$となる。その後、他の株主の権利行使により、段階的に分母が増加して株券等所有割合は段階的に低下し、最終的に全ての新株予約権が行使されると、$(30+30)÷(100+100)=30％$に戻る。

参考 「金融庁・開示制度ワーキング・グループ報告～新株予約権無償割当てによる増資（いわゆる「ライツ・オファリング」）に係る制度整備について～」（平成23年1月19日）

> 2．ライツ・オファリングに係る制度整備
> (4) その他の課題
> ① 公開買付規制・大量保有報告規制
>   コミットメント型ライツ・オファリングの場面における公開買付規制・大量保有報告規制の適用に関し、新株予約権の割当てを受ける株主やコミットメントを行う証券会社につき以下のような指摘がなされている。
>   現行制度上、各株主は、新株予約権の割当てを受けた時点において、当該新株予約権に係る議決権数を加算して株券等所有割合・株券等保有割合を計算し、両規制に基づく義務が課されるか否かを確認することとなる。その際、各株主は、原則として、自己所有・保有の新株予約権に係る議決権数を分母・分子に加算する（一方で、他者所有・保有分は分

母に加算されない）ことから、各株主の株券等所有割合・株券等保有割合は増加することとなる。

　現行制度上、新株予約権無償割当てが実施され、全株主に対して新株予約権が割り当てられると、割当て時点において、各株主の株券等所有割合・株券等保有割合が増加する。また、各株主の最終的な株券等所有割合・株券等保有割合は、新株予約権の行使状況に応じて変化することになる。

　他方、例えば、コミットメント型ライツ・オファリングの場合には、一定期間経過後、発行されたすべての新株予約権が行使されることが確保されている。このため、一定期間経過後は、各株主の株券等所有割合・株券等保有割合の計算上、他者所有・保有分も含めすべての新株予約権に係る議決権数が分母に加算され、当該割合は最終的には減少することが想定される。この場合、割り当てられた新株予約権を行使し、その他に株式の取得・処分を行わなかった株主の株券等所有割合・株券等保有割合は、新株予約権無償割当てがなされる前の割合に戻ることとなる。

　上記のような株券等所有割合・株券等保有割合の変動の特性があるにもかかわらず、現行制度に基づき、割当て時点における株券等所有割合・株券等保有割合に基づいて両規制に基づく義務が課されると、投資者への情報提供等の観点から適当ではない場合も考えられる。従って、上記のような株券等所有割合・株券等保有割合の変動の特性を捉えた適切な手当てが必要であるとの指摘がなされている。

　次に、現行制度上、証券会社が引受け業務により所有・保有する株券等については、払込期日の翌日まで株券等所有割合・株券等保有割合の対象から除外する特例が定められている。コミットメント型ライツ・オファリングにおいて証券会社がコミットメントを行う行為を「有価証券の引受け」と位置付けて上記の特例を適用する場合には、証券会社が新株予約権を行使して株式を取得するために要する期間等を考慮し、より長い猶予期間を設けることが必要であるとの指摘がなされている。

　以上のような指摘を踏まえ、公開買付規制・大量保有報告規制について、適切な手当てが検討されるべきである。

第2章の4　開示用電子情報処理組織による手続の特例等

第27条の30の2（開示用電子情報処理組織の定義）

改　正　後	改　正　前
第27条の30の2　この章において「開示用電子情報処理組織」とは、内閣府の使用に係る電子計算機（入出力装置を含む。以下この章において同じ。）と、第5条第1項（同条第5項（第27条において準用する場合を含む。）及び第27条において準用する場合を含む。）、第7条第1項（第24条の2第1項、第24条の4の3第1項（第24条の4の8第2項及び第24条の5の2第2項において準用する場合を含む。）、第24条の4の5第1項、第24条の4の7第4項、第24条の5第5項及び第24条の7第3項（これらの規定を第27条において準用する場合を含む。）、第24条の6第2項並びに第27条において準用する場合を含む。）、第9条第1項（同項後段を除き、第24条の2第1項、第24条の4の3第1項（第24条の4の8第2項及び第24条の5の2第2項において準用する場合を含む。）、第24条の4の5第1項、第24条の4の7第4項、第24条の5第5項及び第24条の7第3項（これらの規定を第27条において準用する場合を含む。）、第24条の6第2項並びに第27条において準用する場合を含む。）、第10条第1項（同項後段を除き、第24条の2第1項、第24条の4の3第1項（第24条の4の8第2項及び第24条の5の2第2項において準用	第27条の30の2　この章において「開示用電子情報処理組織」とは、内閣府の使用に係る電子計算機（入出力装置を含む。以下この章において同じ。）と、第5条第1項（第27条において準用する場合を含む。）、第7条（第24条の2第1項、第24条の4の3第1項（第24条の4の8第2項及び第24条の5の2第2項において準用する場合を含む。）、第24条の4の5第1項、第24条の4の7第4項、第24条の5第5項及び第24条の7第3項（これらの規定を第27条において準用する場合を含む。）、第24条の6第2項並びに第27条において準用する場合を含む。）、第9条第1項（同項後段を除き、第24条の2第1項、第24条の4の3第1項（第24条の4の8第2項及び第24条の5の2第2項において準用する場合を含む。）、第24条の4の5第1項、第24条の4の7第4項、第24条の5第5項及び第24条の7第3項（これらの規定を第27条において準用する場合を含む。）、第24条の6第2項並びに第27条において準用する場合を含む。）、第10条第1項（同項後段を除き、第24条の2第1項、第24条の4の3第1項（第24条の4の8第2項及び第24条の5の2第2項において準用する場合を含む。）、第24条の4の5第1項、第24条の4の

する場合を含む。)、第24条の4の5第1項、第24条の4の7第4項、第24条の5第5項及び第24条の7第3項（これらの規定を第27条において準用する場合を含む。)、第24条の6第2項並びに第27条において準用する場合を含む。)、第23条の3第1項若しくは第4項（これらの規定を第27条において準用する場合を含む。)、第23条の4（第27条において準用する場合を含む。)、第23条の7第1項（第27条において準用する場合を含む。)、第23条の8第1項（第27条において準用する場合を含む。)、第23条の9第1項（同項後段を除き、第27条において準用する場合を含む。)、第23条の10第1項（同項後段を除き、同条第5項（第27条において準用する場合を含む。) 及び第27条において準用する場合を含む。)、第24条第1項若しくは第3項（これらの規定を同条第5項（第27条において準用する場合を含む。) 及び第27条において準用する場合を含む。)、第24条の4の2第1項若しくは第2項（これらの規定を同条第3項（同条第4項において準用する場合を含む。) 及び第4項（これらの規定を第24条の4の8第1項及び第24条の5の2第1項において準用し、並びにこれらの規定を第27条において準用する場合を含む。) 並びに第27条において準用する場合を含む。)、第24条の4の4第1項若しくは第2項（これらの規定を同条第3項（第27条において準用する場合を含む。) 及び第27条において準用する場合を含む。)、第24条の4の7第1項若しくは第2項（これらの規定を同条第3項（第27条において準用する場合を含む。) 及び第27条において準用する場合を含む。)、第24条の4の7第4項、第24条の5第5項及び第24条の7第3項（これらの規定を第27条において準用する場合を含む。)、第24条の6第2項並びに第27条において準用する場合を含む。)、第23条の3第1項若しくは第4項（これらの規定を第27条において準用する場合を含む。)、第23条の4（第27条において準用する場合を含む。)、第23条の7第1項（第27条において準用する場合を含む。)、第23条の8第1項（第27条において準用する場合を含む。)、第23条の9第1項（同項後段を除き、第27条において準用する場合を含む。)、第23条の10第1項（同項後段を除き、同条第5項（第27条において準用する場合を含む。) 及び第27条において準用する場合を含む。)、第24条第1項若しくは第3項（これらの規定を同条第5項（第27条において準用する場合を含む。) 及び第27条において準用する場合を含む。)、第24条の4の2第1項若しくは第2項（これらの規定を同条第3項（同条第4項において準用する場合を含む。) 及び第4項（これらの規定を第24条の4の8第1項及び第24条の5の2第1項において準用し、並びにこれらの規定を第27条において準用する場合を含む。) 並びに第27条において準用する場合を含む。)、第24条の4の4第1項若しくは第2項（これらの規定を同条第3項（第27条において準用する場合を含む。) 及び第27条において準用する場合を含む。)、第24条の4の7第1項若しくは第2項（これらの規定を同条第3項（第27条において準用する場合を含む。) 及び第27条において準

条第3項（第27条において準用する場合を含む。）及び第27条において準用する場合を含む。）、第24条の5第1項（同条第3項（第27条において準用する場合を含む。）において準用する場合を含む。）若しくは第4項（これらの規定を第27条において準用する場合を含む。）、第24条の6第1項、第24条の7第1項若しくは第2項（これらの規定を同条第6項（第27条において準用する場合を含む。）及び第27条において準用する場合を含む。）、第25条第4項（第27条において準用する場合を含む。）、第27条の3第2項（第27条の22の2第2項において準用する場合を含む。）、第27条の8第1項から第4項まで（同項後段を除き、これらの規定を第27条の10第8項及び第12項、第27条の13第3項並びに第27条の22の2第2項及び第7項において準用する場合を含む。）、第27条の10第1項若しくは第11項、第27条の11第3項（第27条の22の2第2項において準用する場合を含む。）、<u>第27条の13第2項</u>（第27条の22の2第2項において準用する場合を含む。）、第27条の23第1項、第27条の25第1項、第3項若しくは第4項、第27条の26各項若しくは第27条の29第1項において準用する第9条第1項（同項後段を除く。）若しくは第10条第1項（同項後段を除く。）の規定による手続（これらの手続により書類を提出する場合に添付しなければならないものの提出を含む。以下この章において「電子開示手続」という。）又は第4条第6項（第23条の8第4項（第27条において準用する場合を

用する場合を含む。）、第24条の5第1項（同条第3項（第27条において準用する場合を含む。）において準用する場合を含む。）若しくは第4項（これらの規定を第27条において準用する場合を含む。）、第24条の6第1項、第24条の7第1項若しくは第2項（これらの規定を同条第6項（第27条において準用する場合を含む。）及び第27条において準用する場合を含む。）、第25条第4項（第27条において準用する場合を含む。）、第27条の3第2項（第27条の22の2第2項において準用する場合を含む。）、第27条の8第1項から第4項まで（同項後段を除き、これらの規定を第27条の10第8項及び第12項、第27条の13第3項並びに第27条の22の2第2項及び第7項において準用する場合を含む。）、第27条の10第1項若しくは第11項、第27条の11第3項（第27条の22の2第2項において準用する場合を含む。）<u>若しくは第27条の13第2項</u>（第27条の22の2第2項において準用する場合を含む。）、第27条の23第1項、第27条の25第1項、第3項若しくは第4項、第27条の26各項若しくは第27条の29第1項において準用する第9条第1項（同項後段を除く。）若しくは第10条第1項（同項後段を除く。）の規定による手続（これらの手続により書類を提出する場合に添付しなければならないものの提出を含む。以下この章において「電子開示手続」という。）又は第4条第6項（第23条の8第4項（第27条において準用する場合を含む。）において準用する場合を含む。）若しくは第27条の5第2号の規定に

含む。）において準用する場合を含む。）若しくは第27条の5第2号の規定による手続その他政令で定める手続（これらの手続により書類を提出する場合に添付しなければならないものの提出を含む。以下この章において「任意電子開示手続」という。）を行う者の使用に係る入出力装置並びに金融商品取引所及び政令で定める認可金融商品取引業協会の使用に係る入出力装置とを電気通信回線で接続した電子情報処理組織をいう。	よる手続その他政令で定める手続（これらの手続により書類を提出する場合に添付しなければならないものの提出を含む。以下この章において「任意電子開示手続」という。）を行う者の使用に係る入出力装置並びに金融商品取引所及び政令で定める認可金融商品取引業協会の使用に係る入出力装置とを電気通信回線で接続した電子情報処理組織をいう。

7条2項を新設すること等に伴う形式的修正を行っている。

第2章の5　特定証券情報等の提供又は公表

第27条の33（虚偽の特定証券等情報に係る賠償責任）

改　正　後	改　正　前
第27条の33　第18条第1項、第19条、第20条及び第21条（第1項第3号、第2項第2号及び第3号並びに第3項を除く。）の規定は、特定証券等情報（特定証券情報、第27条の31第3項の規定の適用を受ける特定証券情報に係る参照情報又は訂正特定証券情報（当該訂正特定証券情報に係る参照情報を含む。）をいう。以下同じ。）について準用する。この場合において、第18条第1項中「有価証券届出書のうちに」とあるのは「特定証券等情報（第27条の33に規定する特定証券等情報をいう。以下同じ。）のうちに」と、「虚偽の記載」とあるのは「虚偽の情報」と、「記載すべき」とあるのは「提供し、若しくは公表すべき」と、「事実の記載」とあるのは「事実に関する情報」と、「有価証券届出書の届出者」とあるのは「特定証券等情報を提供し、又は公表した発行者」と、「募集又は売出しに応じて取得した者」とあるのは「特定証券等情報に係る特定勧誘等（第27条の31第1項に規定する特定勧誘等をいう。以下同じ。）に応じて取得した者(当該特定証券等情報が公表されていない場合にあつては、当該特定証券等情報の提供を受けた者に限る。以下この項及び第27条の33において読み替えて準用する第21条において同じ。）」と、「記載が虚偽」とあるのは「情報が虚偽」と、第19条第2項中「有価証券届出	第27条の33　第18条第1項、第19条、第20条及び第21条（第1項第3号、第2項第2号及び第3号並びに第3項を除く。）の規定は、特定証券等情報（特定証券情報、第27条の31第3項の規定の適用を受ける特定証券情報に係る参照情報又は訂正特定証券情報（当該訂正特定証券情報に係る参照情報を含む。）をいう。以下同じ。）について準用する。この場合において、第18条第1項中「有価証券届出書のうちに」とあるのは「特定証券等情報（第27条の33に規定する特定証券等情報をいう。以下同じ。）のうちに」と、「虚偽の記載」とあるのは「虚偽の情報」と、「記載すべき」とあるのは「提供し、若しくは公表すべき」と、「事実の記載」とあるのは「事実に関する情報」と、「有価証券届出書の届出者」とあるのは「特定証券等情報を提供し、又は公表した発行者」と、「募集又は売出しに応じて取得した者」とあるのは「特定証券等情報に係る特定勧誘等（第27条の31第1項に規定する特定勧誘等をいう。以下同じ。）に応じて取得した者(当該特定証券等情報が公表されていない場合にあつては、当該特定証券等情報の提供を受けた者に限る。以下この項及び第27条の33において読み替えて準用する第21条において同じ。）」と、「記載が虚偽」とあるのは「情報が虚偽」と、第19条第2項中「有価証券届出

書又は目論見書」とあるのは「特定証券等情報」と、「虚偽の記載」とあるのは「虚偽の情報」と、「記載すべき」とあるのは「提供し、若しくは公表すべき」と、「事実の記載」とあるのは「事実に関する情報」と、第20条中「第18条」とあるのは「第27条の33において読み替えて準用する第18条」と、「有価証券届出書若しくは目論見書」とあるのは「特定証券等情報」と、「虚偽の記載」とあるのは「虚偽の情報」と、「記載すべき」とあるのは「提供し、若しくは公表すべき」と、「事実の記載」とあるのは「事実に関する情報」と、「有価証券の募集若しくは売出しに係る第4条第1項から第3項までの規定による届出がその効力を生じた時又は当該目論見書の交付があつた時から7年間（第10条第1項又は第11条第1項の規定による停止命令があつた場合には、当該停止命令があつた日からその解除があつた日までの期間は、算入しない。）」とあるのは「特定証券等情報の提供又は公表があつた時から7年間」と、第21条第1項各号列記以外の部分中「有価証券届出書」とあるのは「特定証券等情報」と、「虚偽の記載」とあるのは「虚偽の情報」と、「記載すべき」とあるのは「提供し、若しくは公表すべき」と、「事実の記載」とあるのは「事実に関する情報」と、「募集又は売出し」とあるのは「特定勧誘等」と、「記載が虚偽」とあるのは「情報が虚偽」と、同項第1号中「有価証券届出書を提出した会社」とあるのは「特定証券等情報を提供し、若しくは公表した発行者」と、「提出の時」とあるのは「提供若しくは公表の時」と、「当

該会社の発起人」とあるのは「当該発行者の発起人その他これに準ずる者」と、「提出が会社の成立」とあるのは「提供又は公表が発行者の成立又は発足」と、同項第2号中「当該売出し」とあるのは「当該特定勧誘等（特定売付け勧誘等（第27条の31第1項に規定する特定売付け勧誘等をいう。以下この号において同じ。）であるものに限る。）」と、「その売出し」とあるのは「その特定売付け勧誘等」と、同項第4号中「募集」とあるのは「特定勧誘等（特定取得勧誘（第27条の31第1項に規定する特定取得勧誘をいう。）であるものに限る。）」と、同条第2項第1号中「又は第2号」とあるのは「、第2号又は第4号」と、「記載が虚偽」とあるのは「情報が虚偽」と、同条第4項中「有価証券の募集又は売出し」とあるのは「特定勧誘等」と、同項第1号中「有価証券を」とあるのは「特定勧誘等に係る有価証券を」と、同項第2号中「有価証券」とあるのは「特定勧誘等に係る有価証券」と、<u>同項第3号中「有価証券が」とあるのは「特定勧誘等に係る有価証券が」</u>と読み替えるものとするほか、必要な技術的読替えは、政令で定める。	該会社の発起人」とあるのは「当該発行者の発起人その他これに準ずる者」と、「提出が会社の成立」とあるのは「提供又は公表が発行者の成立又は発足」と、同項第2号中「当該売出し」とあるのは「当該特定勧誘等（特定売付け勧誘等（第27条の31第1項に規定する特定売付け勧誘等をいう。以下この号において同じ。）であるものに限る。）」と、「その売出し」とあるのは「その特定売付け勧誘等」と、同項第4号中「募集」とあるのは「特定勧誘等（特定取得勧誘（第27条の31第1項に規定する特定取得勧誘をいう。）であるものに限る。）」と、同条第2項第1号中「又は第2号」とあるのは「、第2号又は第4号」と、「記載が虚偽」とあるのは「情報が虚偽」と、同条第4項中「有価証券の募集又は売出し」とあるのは「特定勧誘等」と、同項第1号中「有価証券を」とあるのは「特定勧誘等に係る有価証券を」と、同項第2号中「有価証券」とあるのは「特定勧誘等に係る有価証券」と読み替えるものとするほか、必要な技術的読替えは、政令で定める。

21条の虚偽記載のある届出書の提出会社の役員等の賠償責任に係る規定の読替えにおいて、同条4項各号の「元引受契約」を読み替えているが、今回の改正により、同項3号に新たな元引受契約の定義が追加されたことから、必要な読替え規定を置くものである。

第3章　金融商品取引業者等

第28条
第7項

改　正　後	改　正　前
7　この章において「有価証券の元引受け」とは、第2条第8項第6号に規定する有価証券の引受けであつて、次の各号のいずれかに該当するものをいう。 一　当該有価証券を取得させることを目的として当該有価証券の全部又は一部を発行者又は所有者（金融商品取引業者及び登録金融機関を除く。次号及び第3号において同じ。）から取得すること。 二　（略） 三　当該有価証券が新株予約権証券（これに準ずるものとして内閣府令で定める有価証券を含む。以下この号において同じ。）である場合において、当該新株予約権証券を取得した者が当該新株予約権証券の全部又は一部につき新株予約権（これに準ずるものとして内閣府令で定める権利を含む。以下この号において同じ。）を行使しないときに当該行使しない新株予約権に係る新株予約権証券を発行者又は所有者から取得して自己又は第三者が当該新株予約権を行使することを内容とする契約をすること。	7　この章において「有価証券の元引受け」とは、第2条第8項第6号に規定する有価証券の引受けであつて、次の各号のいずれかに該当するものをいう。 一　当該有価証券を取得させることを目的として当該有価証券の全部又は一部を発行者又は所有者（金融商品取引業者及び登録金融機関を除く。次号において同じ。）から取得すること。 二　（略） （新設）

　第1種金融商品取引業者については最低資本金規制が適用されており（法29条の4第1項4号）、登録申請時に資本金の額が5,000万円に満たない場合には登録が拒否され（同号、令15条の7第1項3号）、登録後に資本

金の額が5,000万円に満たないこととなった場合には、登録取消事由等に該当することとされている（法52条1項2号）。一方、第1種金融商品取引業者が、「有価証券の元引受け」に係る業務を行おうとする場合にはこの最低資本金の額が上乗せされており、「有価証券の元引受け」のうち有価証券の発行者等と元引受契約の内容を確定するための協議を行おうとする場合には、最低資本金の額は30億円以上（令15条の7第1項1号）とされ、それ以外の「有価証券の元引受け」に係る業務を行おうとする場合には5億円以上（同項2号）とされている。また、金融商品取引業者等が「有価証券の元引受け」を行う場合には、発行者の財務状況、経営成績その他引受けの適否の判断に資する事項の適切な審査を行うことが義務付けられている（法40条2号、業府令123条1項4号）。

　コミットメント型ライツ・オファリングのスキームにおいて発行者等から未行使分の新株予約権を取得し、権利行使することを約束する証券会社の行為は、残額引受け型の「有価証券の元引受け」と、その行為態様やリスク負担の点で類似性を有するものと考えられる。そのため、投資者保護および資本市場の健全性確保等の観点からすれば、コミットメント型ライツ・オファリングのスキームにおいて発行者等から未行使分の新株予約権を取得し、権利行使することを約束する証券会社についても、最低資本金規制を上乗せし、また、引受けの適否の判断に資する事項の適切な審査を行うことを義務付けることが適当と考えられる。

　そこで、改正法では、コミットメント型ライツ・オファリングのスキームに係る「有価証券の引受け」のうち、新株予約権を発行者等から取得して行使することを内容とする契約を締結する行為を「有価証券の元引受け」と位置付けることとしている。

第29条の4（登録の拒否）
第1項

改　正　後	改　正　前
第29条の4　内閣総理大臣は、登録申請者が次の各号のいずれかに該当するとき、又は登録申請書若しくはこれに添付すべき書類若しくは電磁的記録のうちに虚偽の記載若しくは記録があり、若しくは重要な事実の記載若しくは記録が欠けているときは、その登録を拒否しなければならない。 一　次のいずれかに該当する者 　イ〜ハ　（略） 　ニ　金融商品取引業を適確に遂行するに足りる人的構成を有しない者 二　法人である場合においては、役員（相談役、顧問その他いかなる名称を有する者であるかを問わず、当該法人に対し取締役、執行役又はこれらに準ずる者と同等以上の支配力を有するものと認められる者を含む。以下この号、第52条第2項、第52条の2第2項並びに第57条の20第1項第1号及び第3項において同じ。）又は政令で定める使用人のうちに次のいずれかに該当する者のある者 　イ・ロ　（略） 　ハ　禁錮以上の刑（これに相当する外国の法令による刑を含む。）に処せられ、その刑の執行を終わり、又はその刑の執行を受けることがなくなつた日から5年を経過しない者 　ニ〜ト　（略） 三〜六　（略）	第29条の4　内閣総理大臣は、登録申請者が次の各号のいずれかに該当するとき、又は登録申請書若しくはこれに添付すべき書類若しくは電磁的記録のうちに虚偽の記載若しくは記録があり、若しくは重要な事実の記載若しくは記録が欠けているときは、その登録を拒否しなければならない。 一　次のいずれかに該当する者 　イ〜ハ　（略） 　ニ　金融商品取引業<u>（投資助言・代理業を除く。）</u>を適確に遂行するに足りる人的構成を有しない者 二　法人である場合においては、役員（相談役、顧問その他いかなる名称を有する者であるかを問わず、当該法人に対し取締役、執行役又はこれらに準ずる者と同等以上の支配力を有するものと認められる者を含む。以下この号、第52条第2項、第52条の2第2項並びに第57条の20第1項第1号及び第3項において同じ。）又は政令で定める使用人のうちに次のいずれかに該当する者のある者 　イ・ロ　（略） 　ハ　禁錮以上の刑（これに相当する外国の法令による刑を含む。）に処せられ、その刑の執行を終わり、又はその刑の執行を受けることがなくなつた日から5年を経過しない者 　ニ〜ト　（略） 三〜六　（略）

(1) 投資助言・代理業の登録拒否事由の拡充（1号）

投資助言・代理業の登録拒否事由として、登録申請者が投資助言・代理業を適確に遂行するに足りる人的構成を有しない者に該当する場合（人的構成要件）を加えるものである。

登録申請者の人的構成に係る具体的な審査基準は、業府令13条に規定されており、その行う業務に関する十分な知識および経験を有する役職員の確保の状況ならびに組織体制に照らし当該業務を適正に遂行することができると認められるかどうかや、役職員のうちに暴力団との関係等、業務の運営に不適切な資質を有する者があることにより金融商品取引業の信用を失墜させるおそれがないと認められるかどうか等について審査することとされている。

近年、投資助言・代理業者については、その業務に関連する経験や保有資格もなく、法令遵守意識が欠如しているなどの著しく不適切な者による参入が増加してきており、法令遵守意識の欠如等を原因とする悪質な法令違反により投資者被害が発生する事案も複数発生している。また、第16回犯罪対策閣僚会議（平成22年12月開催）において、「暴力団取締り等総合対策に関するワーキングチーム」から報告された「企業活動からの暴力団排除の取組について」では、各府省は業の主体から暴力団等を排除する対策の充実に努めることとされている。

これらを踏まえ、著しく不適切な業者によって投資者の利益が侵害されることを未然に防止する観点から、投資助言・代理業の登録拒否事由についても、他の金融商品取引業と同様に人的構成要件を追加することとしている。

(2) 第2号の改正

「常用漢字表」（平成22年内閣告示2号）において「錮」が常用漢字表に追加されたことに伴う形式的修正を行っている。

第29条の5（適格投資家に関する業務についての登録等の特例）
第1項 新設

改　　正　　後
第29条の5　第29条の登録を受けようとする者が投資運用業のうち次に掲げる全ての要件を満たすもの（以下この条において「適格投資家向け投資運用業」という。）を行おうとする場合における当該適格投資家向け投資運用業についての第29条の2第1項第5号及び前条第1項第5号イの規定の適用については、第29条の2第1項第5号中「投資運用業の種別」とあるのは「投資運用業の種別（第29条の5第1項に規定する適格投資家向け投資運用業にあつては、これに該当する旨を含む。）」と、前条第1項第5号イ中「取締役会及び監査役」とあるのは「監査役」と、「取締役会設置会社」とあるのは「監査役設置会社若しくは委員会設置会社」とする。 一　全ての運用財産（第35条第1項第15号に規定する運用財産をいう。次号において同じ。）に係る権利者（第42条第1項に規定する権利者をいい、第2条第8項第12号イに掲げる契約の相手方である登録投資法人（投資信託及び投資法人に関する法律第2条第13項に規定する登録投資法人をいう。）の投資主（同法第2条第16項に規定する投資主をいう。）その他これに準ずる者として政令で定める者を含む。）が適格投資家のみであること。 二　全ての運用財産の総額が投資運用業の実態及び我が国の資本市場に与える影響その他の事情を勘案して政令で定める金額を超えないものであること。

　適格投資家向け投資運用業（投資運用業のうち、全ての運用財産に係る権利者が適格投資家のみであり、かつ全ての運用財産の総額が投資運用業の実態およびわが国の資本市場に与える影響その他の事情を勘案して政令で定める金額を超えないもの）を行おうとする登録申請者（第29条の登録を受けようとする者）について、登録に関して必要な読替えを規定しているものである。

(1) 適格投資家向け投資運用業の新設

　28条4項に規定する投資運用業のうち、以下に掲げる全ての要件を満たすものを適格投資家向け投資運用業と規定している。

　①　全ての運用財産に係る権利者が適格投資家のみであること（投資家要件）

　適格投資家向け投資運用業に該当するためには、適格投資家向け投資運用業を行う者が運用を行う全ての運用財産（35条1項15号に規定する運用

財産）に係る権利者が、適格投資家のみでなければならない。

　投資運用業は、投資家の財産に直接関与する特殊な業務であることから、高度な財産規制等の厳格な登録拒否要件が課されているところである。しかしながら、投資家の範囲がその知識・経験・財産の状況から一定の投資判断を行うことができる能力等を有すると考えられるプロ投資家に限定されていれば、財産的基礎等を確保して投資家保護を図るべき必要性の程度が一般の投資運用業とは異なるため、業規制に関して異なる取扱いが許容されるものと考えられる。そこで、適格投資家向け投資運用業においては、投資家の範囲を限定することとしている。

　なお、適格投資家向け投資運用業における投資家（適格投資家であるべき者の範囲）を表すものとして、権利者という概念を用いているが、本規定における権利者には、42条1項に規定する権利者（2条8項12号イに掲げる行為を行う業務における登録投資法人、同号ロに掲げる行為を行う業務における投資一任契約の相手方、同項14号に掲げる行為を行う業務における投資信託または外国投資信託の受益権を有する者、同項15号に掲げる行為を行う業務における集団投資スキーム持分等を有する者）に加えて、登録投資法人の投資主その他これに準ずる者として政令で定める者が含まれる。本規定に限って権利者の範囲を拡大しているのは、適格投資家向け投資運用業における投資家の範囲を実質的に捉えるためである。

　② 全ての運用財産の総額が投資運用業の実態およびわが国の資本市場に与える影響その他の事情を勘案して政令で定める金額を超えないものであること（総額要件）

　適格投資家向け投資運用業に該当するためには、適格投資家向け投資運用業を行う者が運用を行う全ての運用財産の総額が、投資運用業の実態およびわが国の資本市場に与える影響その他の事情を勘案して政令で定める金額を超えないものでなければならない。

　適格投資家向け投資運用業においては、一般の投資運用業に適用される厳格な登録拒否要件のうち資本金・純財産要件が緩和されることから、投資家保護のために確保される資力・信用に限度があるとして、運用を行うことができる運用財産の総額に限定を設けることとしている。運用財産の

総額の具体的な金額については、投資運用業の促進という制度趣旨を踏まえ、適格投資家向け投資運用業を行う者が安定的な財産的基礎を維持することの妨げにならないよう投資運用業の実態を勘案しつつ、経営破綻等によりわが国の資本市場に与える影響等も勘案して、政令で規定することとしている。

(2) 登録申請書の記載事項の読み替え

現行法は、登録申請書の記載事項として、業務の種別（28条1項1号・2号・3号イからハまでおよび4号に掲げる行為に係る業務ならびに有価証券等管理業務、第2種金融商品取引業、投資助言・代理業ならびに投資運用業の種別をいう）を掲げている。

これは、当局が、登録申請者が行おうとする金融商品取引業の内容を把握し、それに応じた適切な業規制を課すために規定されたものであることから、緩和された登録拒否要件が適用される適格投資家向け投資運用業を行おうとする場合についても、その旨を登録申請書に明記させることが必要であると考えられる。

そこで、適格投資家向け投資運用業を行おうとする登録申請者については、登録申請書に記載する業務の種別について読替えを行い、適格投資家向け投資運用業に該当する旨を記載させることとしている。

(3) 登録拒否要件の読替え

現行法は、投資運用業を行おうとする登録申請者について、取締役会および監査役または委員会を置く株式会社（外国法人の場合は取締役会設置会社と同種類の法人）でない者を登録拒否要件の1つとしている（株式会社要件）。これは、投資運用業が他人の財産に直接関与する特殊な業務であることから、他の金融商品取引業よりも投資家保護を図るべき必要性が高いとして規定されたものと考えられる。

適格投資家向け投資運用業は、他人の財産に直接関与する特殊な業務である点において、一般の投資運用業と変わりないが、対象となる投資家の範囲が適格投資家に限定されている点において、一般の投資運用業とは投

資家保護を図るべき必要性の程度が異なるものと考えられる。

　そこで、適格投資家向け投資運用業を行おうとする登録申請者については、株式会社要件について読替えを行い、監査役または委員会を置く株式会社（外国法人の場合は監査役設置会社または委員会設置会社と同種類の法人）でない者を登録拒否要件としている。

　なお、監査役は常勤である必要はないが、当該監査役の監査の範囲が会計に関するものに限定されていないことが必要であると考えられる。

　また、外国法人については、外国の法令に準拠して設立された監査役設置会社または委員会設置会社と同種類の法人であることが求められるが、これは監査役制度または委員会制度が存在しない国の法令に準拠して設立された法人を排除する趣旨ではなく、監査役制度または委員会制度と同程度のガバナンスが働く機関が設置された法人であることを求めるものである。したがって、例えば、監査役に相当する機関が存在せず、取締役会に相当する機関により業務執行の監査が行われる法制をとる国の法令に準拠して設立された法人である場合は、監査役制度と同程度のガバナンスが働くことが認められる限り、取締役会に相当する機関が設置されていれば株式会社要件を満たすものと考えられる。

　以上の株式会社要件のほか、適格投資家向け投資運用業を行おうとする登録申請者については、資本金・純財産要件、人的構成要件についても緩和することとしている。これらは政府令等で整備する予定である。

第2項　新設

改　正　後
<u>2　適格投資家向け投資運用業を行うことにつき第29条の登録を受けた金融商品取引業者が第2条第8項第12号ロに掲げる契約に基づき次に掲げる有価証券に表示される権利を有する者から出資又は拠出を受けた金銭その他の財産の運用を行う権限の全部の委託を受けた者である場合におけるこの法律その他の法令の規定の適用については、当該金融商品取引業者が適格投資家を相手方として行う当該有価証券の私募の取扱い（当該有価証券がその取得者から適格投資家以外の者に譲渡されるおそれが少ないものとして政令で定めるものに限る。）を行う業務は、第二種金融商品取引業とみなす。</u>

> 一　第 2 条第 1 項第 10 号に掲げる有価証券
> 二　第 2 条第 1 項第 11 号に掲げる有価証券
> 三　第 2 条第 1 項第 14 号に掲げる有価証券又は同項第 17 号に掲げる有価証券（同項第 14 号に掲げる有価証券の性質を有するものに限る。）
> 四　第 2 条第 1 項 21 号に掲げる有価証券のうち、同条第 8 項第 14 号又は第 15 号に規定する政令で定める権利を表示するもの
> 五　前各号に掲げる有価証券に表示されるべき権利であつて、第 2 条第 2 項の規定により有価証券とみなされるもの

　適格投資家向け投資運用業を行う金融商品取引業者が、投資一任契約に基づき、次に掲げる有価証券に表示される権利を有する者から出資または拠出を受けた金銭その他の財産の運用を行う権限の全部の委託を受けた者である場合に、適格投資家を相手方として行う当該有価証券の私募の取扱い（当該有価証券がその取得者から適格投資家以外の者に譲渡されるおそれが少ないものとして政令で定めるものに限る）を、第 2 種金融商品取引業とみなすことを定めている。

① 　自ら運用を行う（運用を行う権限の全部の委託を受けた場合に限る。以下同じ）投資信託または外国投資信託の受益証券
② 　自ら運用を行う登録投資法人の投資証券もしくは投資法人債券または外国投資法人の外国投資証券
③ 　自ら運用を行う受益証券発行信託または外国受益証券発行信託の受益証券
④ 　2 条 1 項 21 号に掲げる有価証券のうち、同条 8 項 14 号または 15 号に規定する政令で定める権利を表示するもの
⑤ 　上記の各有価証券に表示されるべき権利であって、2 条 2 項の規定により有価証券とみなされるもの

(1) 第 1 号

　適格投資家向け投資運用業を行う金融商品取引業者が、投資運用業のうち投資一任契約に係る業務（2 条 8 項 12 号ロ）に基づき自らが運用を行う（運用を行う権限の全部の委託を受けている場合に限る）投資信託または外国

投資信託の受益証券について、適格投資家を相手方として私募の取扱いを行う場合を、第2種金融商品取引業とみなすことを規定している。

(2) 第2号

適格投資家向け投資運用業を行う金融商品取引業者が、投資運用業のうち投資一任契約に係る業務により自らが運用を行う（運用を行う権限の全部の委託を受けている場合に限る）登録投資法人の投資証券もしくは投資法人債券または外国投資法人の外国投資証券について、適格投資家を相手方として私募の取扱いを行う場合を、第2種金融商品取引業とみなすことを規定している。

なお、投資運用業のうち投資法人資産運用業（2条8項12号イ）として自らが運用を行う当該投資法人の投資証券または投資法人債券について取得勧誘を行う場合は、募集または私募の取扱いとして第1種金融商品取引業と整理される。しかしながら、投資信託委託業（2条8項14号）により投資信託の財産の運用を行う者が、当該投資信託の受益証券の取得勧誘を行う場合における当該取得勧誘が、自己募集または自己私募（第2種金融商品取引業）と整理されることと比較して、業規制の程度が不均衡であることから、投信法により、投資法人資産運用業を行う者が行う当該投資法人の投資証券または投資法人債券の募集又は私募の取扱いは、第2種金融商品取引業とみなされる（同法196条2項）。そのため、本号において、上記の私募の取扱いを第2種金融商品取引業とみなすことはしていない。

また、投信法により、登録投資法人から資産の運用に係る業務の委託を受けた資産運用会社は、当該登録投資法人から委託された資産の運用に係る権限の全部を第三者に再委託することが禁止されている（同法202条1項）。そのため、例えば、適格投資家向け投資運用業を行う金融商品取引業者が、登録投資法人の資産運用会社から、投資一任契約により当該登録投資法人の資産の運用に係る権限の再委託を受けたとしても、本項により第2種金融商品取引業として当該登録投資法人の投資証券および投資法人債券の私募の取扱いを行うことはできないと考えられる。

(3) 第3号

適格投資家向け投資運用業を行う金融商品取引業者が、投資運用業のうち投資一任契約に係る業務により自らが運用を行う（運用を行う権限の全部の委託を受けている場合に限る）受益証券発行信託または外国受益証券発行信託の受益証券について、適格投資家を相手方として私募の取扱いを行う場合を、第2種金融商品取引業とみなすことを規定している。

(4) 第4号

2条1項21号に掲げる有価証券のうち、同条8項14号または15号に規定する政令で定める権利を表示するものについて、適格投資家を相手方として私募の取扱いを行う場合を、第2種金融商品取引業とみなすことを規定している。

これは、第1項有価証券に関する政令委任規定（2条1項21号）により、新たに第1項有価証券が追加され、当該有価証券を有する者から出資または拠出を受けた金銭その他の財産の運用が、新たに投資運用業（2条8項14号「その他の政令で定める権利」または同項15号「その他政令で定める権利」）に該当するものとして追加された場合に、併せて私募の取扱いの対象となる有価証券を追加するためものである。

(5) 第5号

前各号に掲げる有価証券に表示されるべき権利について、当該権利を表示する有価証券が発行されていない場合においても、当該有価証券が発行されている場合と同じく、これらの有価証券の私募の取扱いを第2種金融商品取引業とみなすことを規定している。

第3項 新設

改　正　後
3　第1項第1号及び前項の「適格投資家」とは、特定投資家その他その知識、経験及び財産の状況に照らして特定投資家に準ずる者として内閣府令で定める者又は金融商品取引業者（第29条の登録を受けようとする者を含む。）と密接な関係

> を有する者として政令で定める者をいう。

　本条１項および２項の適格投資家の範囲を規定している。適格投資家には、①適格機関投資家、②特定投資家、③その知識、経験および財産の状況に照らして特定投資家に準ずる者として内閣府令で定める者、④金融商品取引業者（29条の登録を受けようとする者を含む。）と密接な関係を有する者として政令で定める者が該当する。上記①の適格機関投資家から上記③の特定投資家に準ずる者は、一定の投資判断能力等を有すると考えられることから規定されたものであり、上記④の密接な関係を有する者は、投資運用業を行う場合、当該投資運用業を行う金融商品取引業者と関係の深い者が投資家から出資を求められることが多いとの実態を踏まえて規定されたものである。

　上記③の特定投資家に準ずる者、上記④の密接な関係を有する者の具体的な内容については、今後の政府令策定作業の中で検討することとなるが、例えば、上記③の特定投資家としては、その保有する有価証券やデリバティブ取引に係る権利等の合計額が一定額以上であると見込まれる個人が、上記④の密接な関係を有する者としては、金融商品取引業者の役員等が考えられる。

　なお、後述するように、申出により一般投資家に移行した特定投資家（34条の２第５項・８項）は上記②の特定投資家に該当するが、申出により特定投資家に移行した一般投資家（34条の３第４項・６項）は上記②の特定投資家には該当しないこととなる。

第４項 新設

改　　正　　後
4　第１項及び第２項の規定の適用については、次に掲げる者は、前項に規定する適格投資家に該当しないものとみなす。 　一　その発行する資産対応証券（資産の流動化に関する法律第２条第11項に規定する資産対応証券をいう。）を適格投資家（前項に規定する適格投資家をいう。次号において同じ。）以外の者が取得している特定目的会社（同条第３項に規定

> する特定目的会社をいう。）
> 二　有価証券に対する投資事業に係る契約その他の法律行為（当該契約その他の法律行為に基づく権利が第2条第2項第5号又は第6号に掲げる権利に該当するものに限る。）で適格投資家以外の者を相手方とするものに基づき当該相手方から出資又は拠出を受けた金銭その他の財産を充てて当該投資事業を行い、又は行おうとする者（当該投資事業に係る財産の運用が第34条に規定する金融商品取引業者等（投資運用業を行う者に限る。）その他の政令で定める者により行われる場合を除く。）
> 三　前2号に掲げる者に準ずる者として内閣府令で定める者

　適格投資家に該当する者のうち、適格投資家以外の者が出資するファンド（特定目的会社、集団投資スキーム等）に対する①本条1項の規定（適格投資家向け投資運用業における投資家要件）および②本条2項の規定（適格投資家向け投資運用業を行う金融商品取引業者が行う適格投資家を相手方とする私募の取扱い）の適用について、当該ファンドを、当該各規定における適格投資家に該当しないものとみなすことを規定している。

(1) **第1号**

　適格投資家以外の者が出資する特定目的会社を、適格投資家に該当しないものとみなすことを規定している。

(2) **第2号**

　適格投資家以外の者が出資または拠出する集団投資スキーム（組合、匿名組合、投資事業有限責任組合、有限責任事業組合等）または外国集団投資スキームの事業者を、適格投資家に該当しないものとみなすことを規定している。
　ただし、適格投資家以外の者が出資または拠出する集団投資スキームであっても、その財産の運用が、投資運用業を行う金融商品取引業者等、十分な投資判断能力を有する者により行われている場合には、適格投資家向け投資運用業への投資を認めても投資家保護上問題はないと考えられる。そこで、本号では、適格投資家以外の者が出資する集団投資スキームの業

務執行組合員等について、当該集団投資スキームの財産の運用が投資運用業を行う金融商品取引業者等その他の政令で定める者により行われる場合には、適格投資家に含まれることとしている。

(3) 第3号

適格投資家以外の者が出資または拠出するファンドで、本項1号または2号に準ずる者として内閣府令で定める者を、適格投資家に該当しないものとみなすことを規定している。

第5項 新設

改　　正　　後
5　適格投資家向け投資運用業を行うことにつき第29条の登録を受けた金融商品取引業者が当該適格投資家向け投資運用業を行う場合における第2条第11項、第66条の2第1項第4号及び第66条の14第1号ハの規定の適用については、第2条第11項中「第一種金融商品取引業又は同条第4項に規定する投資運用業」とあるのは「第一種金融商品取引業」と、「同項」とあるのは「第28条第4項」と、第66条の2第1項第4号中「第一種金融商品取引業又は投資運用業（第28条第4項に規定する投資運用業をいう。第66条の14第1号ハにおいて同じ。）」とあるのは「第一種金融商品取引業」と、第66条の14第1号ハ中「又は投資運用業」とあるのは「又は投資運用業（同条第4項に規定する投資運用業をいう。ハにおいて同じ。）」とする。

　適格投資家向け投資運用業を行う金融商品取引業者が当該適格投資家向け投資運用業を行う場合に必要な読替えを規定している。

(1) 金融商品仲介業の委託者（2条11項、66条の2第1項4号）の読替え

現行法は、金融商品仲介業者へ委託を行うことができる金融商品取引業者（所属金融商品取引業者）の範囲を、第1種金融商品取引業者と投資運用業者に限定している（2条11項）。

これは、投資家保護の観点から、所属金融商品取引業者について、委託

を行う金融商品仲介業者が顧客に加えた損害を賠償する責任を負わせることから（66条の24）、損害賠償の責任を果たせるだけの高度な財産的基礎を備えた金融商品取引業者についてのみ、金融商品仲介業者への委託を認めることが適当であると考えられたためである。

適格投資家向け投資運用業を行う者については、財産要件を含む業規制が緩和され、金融商品仲介業者が顧客に加えた損害を賠償する責任を負担できるだけの高度な財産的基礎を必ずしも備えているとは言えないことから、金融商品仲介業者へ委託を行うことができる所属金融商品取引業者の範囲から、当該適格投資家向け投資運用業を行う者を除外することとしている。

(2) 金融商品仲介業者の禁止行為（66条の14第1号ハ）の技術的な読替え

上記(1)により、66条の2第1項4号にある「第1種金融商品取引業又は投資運用業（第28条第4項に規定する投資運用業をいう。第66条の14第1号ハにおいて同じ。）」という規定を「第1種金融商品取引業」と読み替えることに伴い、66条の14第1号ハにある「又は投資運用業」という規定を「又は投資運用業（同条第4項に規定する投資運用業をいう。）」と読み替えている。

第31条の3の2（金融商品取引業を行う旨の表示等の禁止）　新設

改　正　後
第31条の3の2　金融商品取引業者等（第34条に規定する金融商品取引業者等をいう。）、金融商品仲介業者その他の法令の規定により金融商品取引業（第33条の5第1項第3号に規定する登録金融機関業務を含む。以下この条において同じ。）を行うことができる者以外の者は、次に掲げる行為をしてはならない。
一　第36条の2第1項に規定する標識又はこれに類似する標識の掲示その他の金融商品取引業を行う旨の表示をすること。
二　金融商品取引業を行うことを目的として、金融商品取引契約（第34条に規定する金融商品取引契約をいう。）の締結について勧誘をすること（第2条第8項各号に掲げる行為に該当するものを除く。）。

法令の規定により金融商品取引業を行うことができる者以外の者について、金融商品取引業を行う旨の表示をすること、および金融商品取引業を行うことを目的として金融商品取引契約の締結の勧誘をすることを禁止するものである。

(1) 柱書

金融商品取引業者以外の者であっても、登録金融機関（法2条11項）、金融商品仲介業者（法2条12項）、外国証券業者（法58条）、適格機関投資家等特例業務に係る特例業務届出者（法63条3項）、特例投資運用業務に係る特例業務届出者（証券取引法等の一部を改正する法律（平成18年法律65号）附則48条2項）、日本政策投資銀行（株式会社日本政策投資銀行法1条）等については、法令により許容される範囲内で金融商品取引業（登録金融機関にあっては登録金融機関業務）を行うことが可能である。

このため、本条による規制の対象者は、法令の規定により金融商品取引業（登録金融機関業務を含む）を行うことができる者以外の者としている。

(2) 第1号

金融商品取引業（登録金融機関業務を含む）を行う旨の表示行為を禁止するものである。「表示」とは、言動、動作、文字その他の表現手段によってある事柄を他人に分かるように表す行為が広く含まれると解される（吉国一郎他『法令用語辞典〔第9次改訂版〕』644頁（学陽書房、2009年）参照）。

なお、この「表示」には、改正前の金商法36条の2に規定する標識の掲示行為が含まれると解されることから、同条2項の金融商品取引業者等以外の者に対する標識掲示の禁止規制のうち、法令の規定により金融商品取引業を行うことができる者以外の者を対象とするものについて、本規定に取り込むこととしている。

(3) 第2号

金融商品取引契約の締結について勧誘することを禁止するものである。ただし、一般の投資者同士においても金融商品取引業に該当しない範囲で

有価証券の売買を行うことは違法ではなく、そのための金融商品取引契約の締結の勧誘を禁止することは適当でない。そのため、金融商品取引業（登録金融機関業務を含む）を行うことを目的として行うもののみを禁止の対象としている。

なお、金商法は、業として一定の勧誘行為を行うことを金融商品取引業に含めているため、規制の重複を避ける観点から、2条8項各号に掲げる行為に該当するものを除くこととしている(注)。

(注) 金融商品取引業の中には、有価証券の売買の媒介（法2条8項1号）、有価証券の募集・私募（7号）、有価証券の売出し（8号）、有価証券の募集・売出しの取扱い（9号）など、勧誘行為が金融商品取引業に該当し得るものがある。

第33条の5（金融機関の登録の拒否等）
第1項

改　正　後	改　正　前
第33条の5　内閣総理大臣は、登録申請者が次の各号のいずれかに該当するとき、又は登録申請書若しくはこれに添付すべき書類若しくは電磁的記録のうちに虚偽の記載若しくは記録があり、若しくは重要な事実の記載若しくは記録が欠けているときは、その登録を拒否しなければならない。 一～三　（略）	第33条の5　内閣総理大臣は、登録申請者が次の各号のいずれかに該当するとき（第3号にあつてはその行おうとする業務が投資助言・代理業のみであるときを除く。）、又は登録申請書若しくはこれに添付すべき書類若しくは電磁的記録のうちに虚偽の記載若しくは記録があり、若しくは重要な事実の記載若しくは記録が欠けているときは、その登録を拒否しなければならない。 一～三　（略）

投資助言・代理業の登録拒否事由の拡充（法29条の4第1項1号ニの改正）に伴い、金融機関の登録拒否事由について整備を行うものである。

登録金融機関に係る改正前の登録拒否事由については、その行おうとする業務が投資助言・代理業のみである場合は、改正前の投資助言・代理業の登録拒否事由と同様に、人的構成要件が設けられていなかった。

今般の改正により、投資助言・代理業の登録拒否事由に人的構成要件が追加されることから、それと同様に、金融機関が投資助言・代理業のみを行おうとする場合の登録拒否事由についても、人的構成要件を追加するものである。

第34条の2（特定投資家が特定投資家以外の顧客とみなされる場合）

第5項・第8項

改　正　後	改　正　前
5　金融商品取引業者等が第2項の規定による承諾及び第3項の規定による書面の交付をした場合であつて、申出者が次に掲げる者である場合におけるこの法律（<u>第29条の5第3項及びこの款を除く。</u>）の規定の適用については、当該申出者は、特定投資家以外の顧客とみなす。 一・二　（略） 8　特定対象契約を締結した金融商品取引業者等が第6項の規定による告知をした場合には、当該金融商品取引業者等が当該特定対象契約に基づき申出者を代理して相手方金融商品取引業者等との間で締結する金融商品取引契約については、当該申出者を特定投資家以外の顧客とみなして、この法律（<u>第29条の5第3項及びこの款を除く。</u>）の規定を適用する。	5　金融商品取引業者等が第2項の規定による承諾及び第3項の規定による書面の交付をした場合であつて、申出者が次に掲げる者である場合におけるこの法律（この款を除く。）の規定の適用については、当該申出者は、特定投資家以外の顧客とみなす。 一・二　（略） 8　特定対象契約を締結した金融商品取引業者等が第6項の規定による告知をした場合には、当該金融商品取引業者等が当該特定対象契約に基づき申出者を代理して相手方金融商品取引業者等との間で締結する金融商品取引契約については、当該申出者を特定投資家以外の顧客とみなして、この法律（この款を除く。）の規定を適用する。

　特定投資家を特定投資家以外の顧客とみなして適用するこの法律の規定の中から、「適格投資家」について定める29条の5第3項を除外するための改正を行うものである。

　金商法は、特定投資家について、契約の相手方である金融商品取引業者

等に対して契約の種類ごとに自己を特定投資家以外の顧客として取り扱うよう申し出ることができるとし（本条1項）、この場合におけるこの法律の規定の適用について、当該特定投資家を、特定投資家以外の顧客とみなすこととしている。

しかしながら、適格投資家に該当するかどうかを判断するに当たって、契約の種類ごとに投資家の属性が変更されてしまうと、投資運用業について緩和された登録拒否要件が適用されるか否かを判断するための基準が不安定となるおそれがある。

そこで、適格投資家の該当性を判断する場面においては、特定投資家を特定投資家以外の顧客とみなす旨の規定は適用しないこととしている。

したがって、適格投資家に該当するかどうかを判断する場面においては、特定投資家がその申出により一般投資家に移行しても、特定投資家に該当するものとして取り扱われる。ただし、行為規制の適用については一般投資家として取り扱われる。

第34条の3（特定投資家以外の顧客である法人が特定投資家とみなされる場合）
第4項

改　正　後	改　正　前
4　金融商品取引業者等が第2項の規定による承諾をし、かつ、申出者が同項の規定による書面による同意をした場合であつて、当該申出者が次に掲げる者である場合におけるこの法律（第29条の5第3項及びこの款を除く。）の規定の適用については、当該申出者は、特定投資家とみなす。	4　金融商品取引業者等が第2項の規定による承諾をし、かつ、申出者が同項の規定による書面による同意をした場合であつて、当該申出者が次に掲げる者である場合におけるこの法律（この款を除く。）の規定の適用については、当該申出者は、特定投資家とみなす。
一・二　（略）	一・二　（略）
6　特定対象契約を締結した金融商品取引業者等が前項の規定による告知をした場合には、当該金融商品取引業者等が当該特定対象契約に基づき申出者を	6　特定対象契約を締結した金融商品取引業者等が前項の規定による告知をした場合には、当該金融商品取引業者等が当該特定対象契約に基づき申出者を

代理して相手方金融商品取引業者等との間で締結する金融商品取引契約（期限日以前に締結するものに限る。）については、当該申出者を特定投資家とみなして、この法律（第29条の5第3項及びこの款を除く。）の規定を適用する。	代理して相手方金融商品取引業者等との間で締結する金融商品取引契約（期限日以前に締結するものに限る。）については、当該申出者を特定投資家とみなして、この法律（この款を除く。）の規定を適用する。

　特定投資家以外の顧客である法人を特定投資家とみなして適用するこの法律の規定の中から、「適格投資家」について定める第29条の5第3項を除外するための改正を行うものである。

　金商法は、特定投資家以外の顧客である法人について、契約の相手方である金融商品取引業者等に対して契約の種類ごとに自己を特定投資家として取り扱うよう申し出ることができるとし（本条1項）、この場合におけるこの法律の規定の適用について、当該特定投資家以外の顧客である法人を、特定投資家とみなすこととしている。

　しかしながら、適格投資家に該当するかどうかを判断するに当たって、契約の種類ごとに投資家の属性が変更されてしまうと、投資運用業について緩和された登録拒否要件が適用されるか否かを判断するための基準が不安定となるおそれがある。

　そこで、適格投資家の該当性を判断する場面においては、特定投資家以外の顧客である法人を特定投資家とみなす旨の規定は適用しないこととしている。

　したがって、適格投資家に該当するかどうかを判断する場面においては、一般投資家である法人がその申出により特定投資家に移行しても、特定投資家に該当しないものとして取り扱われる。ただし、行為規制の適用については特定投資家として取り扱われる。

第36条の2（標識の掲示）
第2項

改　正　後	改　正　前
2　金融商品取引業者等以外の者（金融商品仲介業者その他の法令の規定により金融商品取引業を行うことができる者に限る。）は、前項の標識又はこれに類似する標識を掲示してはならない。	2　金融商品取引業者等以外の者は、前項の標識又はこれに類似する標識を掲示してはならない。

　改正法により新設される金商法31条の3の2の規定により、改正前の本条2項に規定する「金融商品取引業者等以外の者」のうち、「法令の規定により金融商品取引業を行うことができる者以外の者」については、新設の金商法31条の3の2第1号において標識掲示が禁止されることとなる。
　このため、本条2項では、金融商品取引業者等以外の者のうち、法令の規定により金融商品取引業を行うことができる者のみが規制の対象となるよう改正している。

第44条の4（引受人の信用供与の制限）

改　正　後	改　正　前
第44条の4　有価証券の引受人となつた金融商品取引業者は、当該有価証券（第2条第6項第3号に掲げるものを行う金融商品取引業者にあつては、同号に規定する新株予約権を行使することにより取得する有価証券）を売却する場合において、引受人となつた日から6月を経過する日までは、その買主に対し買入代金につき貸付けその他信用の供与をしてはならない。	第44条の4　有価証券の引受人となつた金融商品取引業者は、当該有価証券を売却する場合において、引受人となつた日から6月を経過する日までは、その買主に対し買入代金につき貸付けその他信用の供与をしてはならない。

　有価証券の引受人となった証券会社は、当該有価証券を売却する場合に

おいて、引受人となった日から6月を経過する日までは、その買主に対し買入代金につき貸付けその他の信用の供与をすることが禁止されている。

　コミットメント型ライツ・オファリングのスキームにおいては、引受人となった証券会社が売却を行うのは、引受けの対象となる新株予約権ではなく、その権利行使によって取得した株式となるため、改正法では、当該株式を売却する場合における信用供与を規制することとしている。

第61条
第2項

改　正　後	改　正　前
2　外国の法令に準拠して設立された法人で外国において投資運用業（第2条第8項第12号に掲げる行為を投資一任契約に基づき行う業務に限る。以下この項において同じ。）を行う者（<u>第29条の2第1項第5号に規定する業務の種別のうち、投資助言・代理業以外のものについて第29条の登録を受けた者を除く。</u>）は、同条の規定にかかわらず、金融商品取引業者のうち投資運用業を行う者その他政令で定める者のみを相手方として投資運用業を行うことができる。	2　外国の法令に準拠して設立された法人で外国において投資運用業（第2条第8項第12号に掲げる行為を投資一任契約に基づき行う業務に限る。以下この項において同じ。）を行う者（第29条の登録を受けた者を除く。）は、同条の規定にかかわらず、金融商品取引業者のうち投資運用業を行う者その他政令で定める者のみを相手方として投資運用業を行うことができる。

　外国の法令に準拠して設立された法人で、外国において投資運用業を行う者（以下「外国投資運用業者」という）のうち、投資一任契約に係る投資運用業（2条8項12号に掲げる行為を投資一任契約に基づき行う業務）を行う者について、当該外国投資運用業者が金融商品取引業のうち投資助言・代理業の登録を受けた場合であっても、本項の特例の適用を認めるための改正を行うものである。

第3項

改　正　後	改　正　前
3　外国の法令に準拠して設立された法人で外国において投資運用業（第2条第8項第15号に掲げる行為を行う業務に限る。）を行う者（<u>第29条の2第1項第5号に規定する業務の種別のうち、投資助言・代理業以外のものについて</u>第29条の登録を受けた者を除く。）は、同条の規定にかかわらず、金融商品取引業者のうち投資運用業を行う者その他政令で定める者のみを相手方として投資運用業（<u>第2条第8項第15号に掲げる行為を行う業務に限る。</u>）を行うことができる。この場合において、第63条第2項<u>並びに第63条の3第1項及び第3項</u>の規定は、適用しない。	3　外国の法令に準拠して設立された法人で外国において投資運用業（第2条第8項第15号に掲げる行為を行う業務に限る。）を行う者（第29条の登録を受けた者を除く。）は、同条の規定にかかわらず、金融商品取引業者のうち投資運用業を行う者その他政令で定める者のみを相手方として投資運用業（同号に掲げる行為を行う業務に限る。）を行うことができる。この場合において、第63条第2項の規定は、適用しない。

　自己運用に係る投資運用業（2条8項15号に掲げる行為を行う業務）を行う外国投資運用業者について、当該外国投資運用業者が金融商品取引業のうち投資助言・代理業の登録を受けた場合であっても、本項の特例の適用を認めるための改正を行うものである。

　なお、投資助言・代理業の登録を受けた外国投資運用業者が、自己運用に係る投資運用業を行う場合、当該投資運用業が適格機関投資家等特例業務（63条2項）に該当することがあり得る。そこで、規制の重複を避けるため、金融商品取引業者等が適格機関投資家等特例業務を行う場合に関する規定（63条の3第1項・3項）を適用しないこととしている。

第4項　新設

改　正　後
<u>4　前2項の規定の適用を受ける者であつて第29条の2第1項第5号に規定する業務の種別のうち投資助言・代理業のみについて第29条の登録を受けた者が前2項</u>

の規定により行うことができるとされる業務を行う場合においては、この章第2節第1款及び第3款の規定は、適用しない。

　金融商品取引業の登録を受けていない外国投資運用業者が本条2項または3項に基づいて投資運用業を行う場合、当該投資運用業に係る行為規制が適用されないことから、金融商品取引業のうち投資助言・代理業のみについて29条の登録を受けた外国投資運用業者が本条2項または3項に基づいて投資運用業を行う場合についても、当該投資運用業に係る行為規制を適用しないことを規定するものである。

第63条の3（金融商品取引業者等が適格機関投資家等特例業務を行う場合）

第1項

改　正　後	改　正　前
第63条の3　適格機関投資家等特例業務を行う金融商品取引業者等（第63条第1項各号の行為を業として行うことについて第29条又は第33条の2の登録を受けている者を除く。）は、あらかじめ、内閣府令で定めるところにより、内閣総理大臣にその旨及び第63条第2項第5号に規定する業務の種別その他内閣府令で定める事項を届け出なければならない。	第63条の3　適格機関投資家等特例業務を行う金融商品取引業者等（第63条第1項各号の行為を業として行うことについて第29条又は第33条の2の登録を受けている者を除く。）は、あらかじめ、内閣府令で定めるところにより、内閣総理大臣にその旨及び第63条第2項第5号に規定する業務の種別を届け出なければならない。

　金融商品取引業者等が適格機関投資家等特例業務(63条1項各号。以下「特例業務」という）を行う場合の届出事項につき内閣府令への委任規定を新たに設けるものである。

　特例業務については、あらかじめ届出をすれば、第2種金融商品取引業（63条1項1号における自己私募の場合）または投資運用業（同項2号における自己運用の場合）に関する登録を受けることなく、行うことができる（63

条2項、63条の3第1項)。

　これに関して、現行法では、金融商品取引業者等ではない者が特例業務を行う場合については、届出事項を内閣府令で規定することができるが(63条2項8号)、金融商品取引業者等が特例業務を行う場合に関しては、届出事項が内閣府令に委任されていないため、機動的な届出事項の改正ができなくなっている（63条の3第1項)。

　最近の特例業務を巡る投資家被害の事案において、特例業務の要件を満たしていないファンドが見られたため、要件充足の確保を図る観点から、届出事項の拡充を可能とするべく、金融商品取引業者等が特例業務を行う場合の届出事項につき内閣府令への委任規定を新たに設けるものである。

第2項

改　正　後	改　正　前
2　第63条第3項、第5項及び第6項並びに前条第3項の規定は、前項の規定による届出を行つた金融商品取引業者等について準用する。この場合において、これらの規定中「特例業務届出者」とあるのは「金融商品取引業者等」と、第63条第3項中「前項」とあるのは「第63条の3第1項」と、「同項各号に掲げる事項」とあるのは「同項に規定する業務の種別その他内閣府令で定める事項」と読み替えるものとするほか、必要な技術的読替えは、政令で定める。	2　第63条第5項及び第6項並びに前条第3項の規定は、前項の規定による届出を行つた金融商品取引業者等について準用する。この場合において、これらの規定中「特例業務届出者」とあるのは、「金融商品取引業者等」と読み替えるものとするほか、必要な技術的読替えは、政令で定める。

　金融商品取引業者等が特例業務を行う場合の届出事項に変更があった場合の変更届出制度を新たに設けるものである。

　現行法上、本条1項に基づき金融商品取引業者等が特例業務届出を行う場合、かかる届出を行った金融商品取引業者等に対して、①内閣総理大臣の必要措置命令(63条5項)、②特例業務に該当しなくなった場合の届出(同

条6項)、③特例業務の休止、再開または廃止に関する届出(63条の2第3項)に関する規定が準用されているが、届出事項の変更に関する届出の規定(63条3項)は準用されていない。

　そのため、金融商品取引業者等が特例業務を行う場合の届出事項に変更があった場合には、変更届出を行うことができるように、本項において63条3項を準用することにより、変更届出制度を新設する改正を行うものである。

第6章　有価証券の取引等に関する規制

第166条（会社関係者の禁止行為）
第2項

改正後	改正前
2　前項に規定する業務等に関する重要事実とは、次に掲げる事実（第1号、第2号、第5号及び第6号に掲げる事実にあつては、投資者の投資判断に及ぼす影響が軽微なものとして内閣府令で定める基準に該当するものを除く。）をいう。 一　当該上場会社等の業務執行を決定する機関が次に掲げる事項を行うことについての決定をしたこと又は当該機関が当該決定（公表がされたものに限る。）に係る事項を行わないことを決定したこと。 　イ〜ニ　（略） 　ホ　株式無償割当て又は新株予約権無償割当て 　ヘ〜ヨ　（略） 二〜八　（略）	2　前項に規定する業務等に関する重要事実とは、次に掲げる事実（第1号、第2号、第5号及び第6号に掲げる事実にあつては、投資者の投資判断に及ぼす影響が軽微なものとして内閣府令で定める基準に該当するものを除く。）をいう。 一　当該上場会社等の業務執行を決定する機関が次に掲げる事項を行うことについての決定をしたこと又は当該機関が当該決定（公表がされたものに限る。）に係る事項を行わないことを決定したこと。 　イ〜ニ　（略） 　ホ　株式無償割当て 　ヘ〜ヨ　（略） 二〜八　（略）

　改正前の金商法上、新株予約権無償割当てに関する決定は、インサイダー取引規制における重要事実として列挙されておらず、その決定が投資者の投資判断に著しい影響を及ぼすものである場合には、重要事実に関する一般条項（法166条2項4号）に該当するものと考えられていた。

　しかし、改正法において、ライツ・オファリングの円滑化を図るための制度整備が行われることにより、今後、新株予約権無償割当てを利用した増資が行われるケースが増加することが見込まれる。そのような中で、重要事実に関する一般条項に基づきインサイダー取引規制の適用範囲を画することとすれば、新株予約権無償割当てに関する決定が投資者の投資判断

に著しい影響を及ぼすものであるか否かを個別具体的に判断する必要が生じ、有価証券の取引に関する予見可能性が低いものとなるおそれがある。

　株式および新株予約権の募集ならびに株式無償割当てに関する決定はインサイダー取引規制の重要事実として列挙されているが、新株予約権無償割当てについても、ライツ・オファリングに利用される場合には、株式や新株予約権の募集と同様に会社の資金調達の手法の1つであり、また、株式無償割当てと同様に株式の流通性に影響を与えるものでもある。

　こうした新株予約権無償割当てに関する決定は、一般に、投資者の投資判断に重大な影響を及ぼす可能性が高い事項であると考えられることから、改正法では、新株予約権無償割当てに関する決定を重要事実として列挙することとしている（法166条2項1号ホ）。

第171条の2（無登録業者による未公開有価証券の売付け等の効果）　新設

第1項

改　正　後
第171条の2　無登録業者（第29条の規定に違反して内閣総理大臣の登録を受けないで第28条第1項に規定する第一種金融商品取引業又は同条第2項に規定する第二種金融商品取引業を行う者をいう。以下この項において同じ。）が、未公開有価証券につき売付け等（売付け又はその媒介若しくは代理、募集又は売出しの取扱いその他これらに準ずる行為として政令で定める行為をいう。以下この項において同じ。）を行つた場合には、対象契約（当該売付け等に係る契約又は当該売付け等により締結された契約であつて、顧客による当該未公開有価証券の取得を内容とするものをいう。以下この項において同じ。）は、無効とする。ただし、当該無登録業者又は当該対象契約に係る当該未公開有価証券の売主若しくは発行者（当該対象契約の当事者に限る。）が、当該売付け等が当該顧客の知識、経験、財産の状況及び当該対象契約を締結する目的に照らして顧客の保護に欠けるものでないこと又は当該売付け等が不当な利得行為に該当しないことを証明したときは、この限りでない。

　無登録業者が、未公開有価証券につき売付け等を行った場合には、その売買契約等を原則として無効とする民事効規定を定めるものである。

(1) **原則無効となる場合**

売買契約等が原則として無効となるのは、①無登録業者が、②未公開有価証券について、③売付け等を行った場合としている。

① 無登録業者

無登録業者とは、未公開有価証券の種類に応じて、その売付け等を業として行うことにつき内閣総理大臣の登録を受ける必要があるにもかかわらず、これを受けていない者をいうこととしている。金商法は、有価証券の種類に応じ、その売買等を業として行うことについて登録の種類を分けており、金融商品取引業としていずれかの登録を受けていたとしても、未公開有価証券の売付け等に必要な登録を受けていない場合には、金商法に違反する無登録業に該当するため[注1]、民事効規定[注2]の対象となることとしている。

(注1) 登録金融機関（金商法2条11項）、金融商品仲介業者（金商法2条12項）、外国証券業者（金商法58条）、日本政策投資銀行（株式会社日本政策投資銀行法1条）等については、法令の規定の範囲内の業務を行う限り、金融商品取引の登録を受ける必要はないため、無登録業者には当たらない。

(注2) 民事効規定を設ける趣旨は、未公開有価証券の売付け等に関して必要な登録を受けず、当該行為に関する規制・監督を受けていない業者は、当該売付け等に関して不当な利得を得る行為を行う蓋然性が高いことによるものであるため、無登録業者に該当するか否かは、本規定の対象行為である未公開有価証券の売付け等を業として行うことについての登録の有無で判断されるものと解される。したがって、第1種金融商品取引業の登録を受けた者が、無登録で第2種金融商品取引業を行っていたとしても、第1種金融商品取引業の登録が必要な未公開有価証券の売付け等については本規定は適用されない。逆に、第2種金融商品取引業の登録を受けた者が、無登録で第1種金融商品取引業の登録が必要な未公開有価証券の売付け等を行っていた場合には、本規定の適用を受けることになる。

② 未公開有価証券

2項に定義を設けている（2項の解説を参照）。

③ 売付け等

民事効規定の対象となる無登録業者の行為については、金融商品取引業の対象として金商法2条8項各号に列挙される行為であって未公開有価証

券を投資者に取得させることとなるものを規定している。具体的には、売付け、売付けの媒介・代理、募集・売出しの取扱い、その他これらに準ずる行為として政令で定める行為が対象となる[注1]。

これらの行為は、その行為を行う者が無登録業者に該当することを根拠として暴利行為であると推定するものであるため、業として[注2]行うもののみが対象になると考えられる。なお、政令においては、私募の取扱い等を規定することが想定される。

(注1) いわゆる劇場型の投資勧誘においては、未公開株の販売勧誘を行う業者とは別の業者が登場し、投資者に対して当該未公開株を高値で買い取る旨の勧誘を行う。未公開株の販売勧誘が自己募集の場合には金融商品取引業に該当しないため、当該販売勧誘を行う業者は無登録業者に当たらないことになる。

しかしながら、当該別の業者の行為は、外形的には未公開株の買付けの勧誘であるが、当初より未公開株を買い取る意思はなく、販売勧誘業者と共謀の上、高値で転売できるものと投資者を誤認させることによって、販売勧誘に応じさせようとするものである。当該行為は、販売勧誘業者のために投資者の関心を高め、販売勧誘に応じることを促進するものであり、募集の取扱い等に該当し得ると考えられる。このため、当該別の業者は無登録業者に該当し、当該別の業者の行為に基づいて販売勧誘業者と出資契約を締結した場合には、民事効規定の対象になり得るものと考えられる(ただし、募集の取扱い等であることを投資者が立証するためには、販売勧誘業者と当該別の業者との委託関係等のつながりを裏付ける必要があるものと考えられる)。

(注2) 「業として」行うかどうかについては、「対公衆性」のある行為を「反復継続性」を持って行うかどうかにより判断されるものと考えられる(池田唯一＝三井秀範監修、松尾直彦編著『一問一答 金融商品取引法〔改訂版〕』217頁(商事法務、2008年))。

(2) 原則無効となる契約

投資者がその権利救済を行い易くするために原則として無効とすべき契約は、投資者が未公開有価証券を取得することを内容とする契約であり、既に発行された未公開有価証券の売買契約や、新たに未公開有価証券を発行する場合の出資契約等を対象とすることが適当である。

なお、無登録業者が売付けの媒介や募集の取扱い等を行う場合には、無

登録業者と投資者とは直接の契約関係に立たない。これらの場合には、無登録業者の不当な行為に基づいて締結された売買契約等によって、投資者が未公開有価証券の対価を支払うこととなるため、原則として無効とすべき契約は無登録業者が当事者とならない売買契約等となる(注)。

このため、原則として無効となる契約（対象契約）は、「当該売付け等に係る契約又は当該売付け等により締結された契約であって、顧客による当該未公開有価証券の取得を内容とするもの」としている。

なお、上記(1)③のとおり、「売付け等」には「売付け」以外にも「売付けの媒介」等が含まれるため、例えば、無登録業者と売主との間の売付けの媒介契約も「当該売付け等に係る契約」に該当することとなるが、「顧客による当該未公開有価証券の取得を内容とするもの」の要件に該当しないため、対象契約には含まれないこととなる。

(注) 売主や発行者には、無登録業者に媒介等を委託したことについての帰責性が認められる。投資者保護の観点からは、売主や発行者との関係でも売買契約等を原則無効とすることが適当と考えられる（売主や発行者と無登録業者との利害調整は、内部関係の問題として処理すべきものと考えられる）。

(3) 反証の内容

民事効規定の意図は、無登録業者による未公開有価証券の売付け等は暴利行為に該当することを推定し、その売買契約等を原則として無効とするとともに、暴利行為に該当しないことを無登録業者側が立証した場合に限り、本規定による無効とはならないこととするものである。

暴利行為に関する代表的な判例(大判昭和9年5月1日民集13巻875頁)は、暴利行為に当たるか否かの判断に当たり、客観的な給付の不均衡という契約内容の問題（客観的要素）だけでなく、契約締結過程における一方当事者の意図や相手方との関係（主観的要素）を考慮するものとしており、暴利行為として契約が無効となるための要件としては、これら両要素を充足することが必要と解されている。

このため、民事効規定では、無登録業者側において暴利行為と評価するための主観的要素がないこと、または、客観的要素がないことのいずれか

の立証に成功すれば本規定による無効とはならないこととしている。

具体的には、①無登録業者等が、②未公開有価証券の売付け等が相手方（顧客）の知識、経験、財産の状況および当該対象契約を締結する目的に照らして顧客の保護に欠けるものでないこと（主観的要素）、または、③当該売付け等が不当な利得行為に該当しないこと（客観的要素）を証明したときは、本規定による無効とはならないこととしている。

① 反証を行うことができる者

反証を行うことができる者は、売付け等を行った無登録業者または当該行為に基づいて売買契約や出資契約等を締結した売主・未公開有価証券の発行者としている(注)。売主・発行者を加えているのは、民事効規定が援用される場面では、投資者は、売買契約等の効力を否定した上で売買契約等の当事者に対し不当利得の返還を請求することが想定されるため、売買契約等の当事者が自己の締結した契約の有効性を主張できるようにしておく必要があるためである。

（注） 反証を行うことができる者を無登録業者や売主・発行者に限定し、投資者による反証を予定していないこと、および、民事効規定が投資者保護を目的とする趣旨であることを踏まえれば、本規定に基づいて無登録業者や売主・発行者から無効主張することはできないものと考えられる（いわゆる相対的無効）。

② 主観的要素に関する反証の内容

「売付け等が当該顧客の知識、経験、財産の状況及び当該対象契約を締結する目的に照らして顧客の保護に欠けるものでないこと」とは、暴利行為が成立するための主観的要素を金融商品の取引に即して具体化した上で、その反対事実の立証を求めるものであり、契約締結に至るプロセスに着目するものである。

金商法は、金融商品取引業者等に対し、顧客の知識、経験、財産の状況および金融商品取引契約を締結する目的に照らしてその販売勧誘を行う金融商品の適性を確認することを前提に、それに適合しない場合には販売勧誘を行うことを禁止している（いわゆる狭義の適合性原則（40条1号））。さらに、その適合性が確認された場合でも相手方の属性に応じて、当該相手方に理解されるために必要な方法および程度による説明を行わなければ

ならないとしている（いわゆる広義の適合性原則（業府令117条1項1号））。この趣旨は、無登録業者が販売する場合であっても同じであり、金融商品の販売勧誘を業として行う場合にその取引を正当化するためには、取引対象となる金融商品について、その相手方の属性に照らした適合性があることを確認し、相手方に理解されるために必要な説明をすることが求められるものと考えられる[注1]。

　特に販売業者とその相手方との情報の非対称性が顕著な未公開有価証券の取引に関しては、取引の相手方に未公開有価証券の取引に関するリスクの理解や金融取引に関する経験等が一層必要になるものと考えられるため、販売業者において取引の相手先の属性に照らした適合性を確認した上で、適切な説明を行いながら販売勧誘を行うことが求められるものと考えられる[注2]。

　このため、未公開有価証券の販売業者が適切な販売プロセスを経る場合には、相手方の属性に照らした未公開有価証券の適合性を確認し、適切な説明を行うものと考えられ、逆に、これらを行わずに未公開有価証券を売り付けている場合には暴利行為が成立するための主観的要素を満たすものと考えられる。こうした考え方に基づき、無登録業者の行った売付け等が、相手方の属性に照らした適合性の観点から顧客の保護に欠けるものでないことを立証できた場合には無効とはならないこととしている。

(注1)　無登録業者にも適用のある金融商品の販売等に関する法律3条は、金融商品販売業者等が金融商品の販売等を業として行おうとするときは、その顧客に対し、金融商品のリスク等に関する説明を行わなければならないこととし、当該説明は、当該顧客の知識、経験、財産の状況および金融商品販売契約を締結する目的に照らして、当該相手方に理解されるために必要な方法・程度によるものであることを求めている。

(注2)　日本証券業協会は、その自主規制において、適格機関投資家に対し投資勧誘を行う場合および会社内容について一定のディスクロージャーがなされている場合を除き、非上場の株券等を投資勧誘することを禁止している（店頭有価証券に関する規則3条）。

③　客観的要素に関する反証の内容

「売付け等が不当な利得行為に該当しないこと」とは、売買契約等に客

観的な給付の不均衡がない場合には、本規定によって無効とはならないこととするものである。

　無登録業者が契約の当事者とならない売付けの媒介・代理、募集の取扱い等を行う場合については、当該媒介等が「不当な利得行為」に当たるか否かは、無登録業者による媒介行為等によって締結された売主・発行者と顧客との売買契約等に着目して対価の均衡が保たれているか否かを判断することになるものと考えられる(注1)。

　契約に客観的な給付の不均衡があるか否かは、未公開有価証券の価値とその支払い対価との均衡が図られているか否かを判断することとなる。未公開有価証券の評価方法については、例えば、配当等を現在価値に引き直す方法や、類似業種の上場会社等を参考としつつ、流動性プレミアムを調整する方法など、様々な方法があり得るが、それらの評価手法等を用いて給付の不均衡が不当とまで言えないことを証明できた場合には契約が無効とはならないこととしている(注2)。

(注1)　無登録業者が媒介等を行う場合は、売主・発行者との委託契約等に基づき、売主・発行者のために相手方に対して媒介行為等を行っている。取引の相手方からすれば、売主・発行者と媒介等の行為者とは一体であり、実際にいずれに利得が帰属するかは売主等側の単なる内部関係の問題に過ぎない。このため、相手方から売主・発行者に未公開有価証券の対価が支払われれば、それが結果的に無登録業者に帰属するか否かを問わず、無登録業者の行為を利得行為と解することが適当である。

(注2)　上記判例の示す暴利行為の伝統的な要件のうち客観的要素に関するものは、「著しく過当の利益を獲得する行為」というものであるが、本項では「不当な利得行為でないこと」を証明した場合には無効とならないこととしている。

　金融商品は、個々の投資者の様々な思惑や期待に基づき、将来の不確実なキャッシュフロー等を予想して投資判断するものであり、特に未公開有価証券のような取引情報や発行者情報の僅少な金融商品については、その価値の評価が個々の投資者によって相当の幅が生じ得るものと考えられる。そのような性質を有する金融商品の取引について「著しく」過当な利益が獲得されたかどうかを要件とすると、その価値評価に相当の幅があり得るのに加え、さらにその幅を「著しく」超えているか否かをもって要件該当性が判断されることとなるため、容易に反証することが可能となり得る。このため、民事効規定の適用が不適切に狭まるおそれがあることを考慮し、本項では「著しく」の文言を規定しないこととしている。

第2項 [新設]

改　正　後
2　前項の「未公開有価証券」とは、社債券、株券、新株予約権証券その他の適正な取引を確保することが特に必要な有価証券として政令で定める有価証券であつて、次に掲げる有価証券のいずれにも該当しないものをいう。 一　金融商品取引所に上場されている有価証券 二　店頭売買有価証券又は取扱有価証券 三　前2号に掲げるもののほか、その売買価格又は発行者に関する情報を容易に取得することができる有価証券として政令で定める有価証券

　本項は、民事効規定の対象となる未公開有価証券について定義するものである。

　未公開有価証券については、被害の発生状況等を踏まえて特に対象とすることが必要な有価証券を政令で指定することとしている。その上で、当該指定された有価証券であっても、上場有価証券など、投資者が売買価格や発行者情報を容易に取得し得る類型のものであれば、情報の非対称性が緩和され、有価証券の適正な価値を判断し得るものと考えられることから、民事効規定の対象から除外することとしている。

　民事効規定の対象として政令で指定する有価証券については、被害の発生状況や民事効規定の対象とすることによる影響等を踏まえながら政令の策定段階において検討することとなるが、法律上例示している社債券、株券、新株予約権証券等を指定することが想定される。

　一方、民事効規定の対象として指定された有価証券から除外するものとしては、本項において上場有価証券（1号）、店頭売買有価証券・取扱有価証券（グリーンシート銘柄等）（2号）が規定されているが、これら以外の有価証券についても、投資者が売買価格や発行者情報を容易に取得し得る類型のものであれば、政令で定めることにより民事効規定の対象から除外できることとしている（3号）。

第6章の2　課徴金

第172条の2（虚偽記載のある発行開示書類を提出した発行者等に対する課徴金納付命令）
第3項

改　正　後	改　正　前
3　前2項の「発行開示書類」とは、第5条（第27条において準用する場合を含む。）の規定による届出書類（第5条第4項の規定の適用を受ける届出書の場合には、当該届出書に係る参照書類を含む。）、<u>第7条第1項、第9条第1項若しくは第10条第1項（これらの規定を第27条において準用する場合を含む。）</u>の規定による訂正届出書（当該訂正届出書に係る参照書類を含む。）、第23条の3第1項及び第2項（これらの規定を第27条において準用する場合を含む。）の規定による発行登録書（当該発行登録書に係る参照書類を含む。）及びその添付書類、第23条の4若しくは第23条の9第1項（これらの規定を第27条において準用する場合を含む。）若しくは第23条の10第1項（同条第5項（第27条において準用する場合を含む。）及び第27条において準用する場合を含む。）の規定による訂正発行登録書（当該訂正発行登録書に係る参照書類を含む。）又は第23条の8第1項及び第5項（これらの規定を第27条において準用する場合を含む。）の規定による発行登録追補書類（当該発行登録追補書類に係る参照書類を含む。）及びその添付書類をいう。	3　前2項の「発行開示書類」とは、第5条（第27条において準用する場合を含む。）の規定による届出書類（第5条第4項の規定の適用を受ける届出書の場合には、当該届出書に係る参照書類を含む。）、<u>第7条</u>、第9条第1項若しくは第10条第1項（これらの規定を第27条において準用する場合を含む。）の規定による訂正届出書（当該訂正届出書に係る参照書類を含む。）、第23条の3第1項及び第2項（これらの規定を第27条において準用する場合を含む。）の規定による発行登録書（当該発行登録書に係る参照書類を含む。）及びその添付書類、第23条の4若しくは第23条の9第1項（これらの規定を第27条において準用する場合を含む。）若しくは第23条の10第1項（同条第5項（第27条において準用する場合を含む。）及び第27条において準用する場合を含む。）の規定による訂正発行登録書（当該訂正発行登録書に係る参照書類を含む。）又は第23条の8第1項及び第5項（これらの規定を第27条において準用する場合を含む。）の規定による発行登録追補書類（当該発行登録追補書類に係る参照書類を含む。）及びその添付書類をいう。

7条2項を新設することに伴う形式的修正を行っている。

第6項

改　正　後	改　正　前
6　発行開示訂正書類（<u>第7条第1項前段</u>（第27条において準用する場合を含む。）の規定による訂正届出書又は第23条の4前段（第27条において準用する場合を含む。）の規定による訂正発行登録書をいう。以下この章において同じ。）を提出すべき発行者が、当該発行開示訂正書類を提出しないで募集又は売出し（当該発行者が所有する有価証券の売出しに限る。）により有価証券を取得させ、又は売り付けたときは、内閣総理大臣は、次節に定める手続に従い、当該発行者に対し、次の各号に掲げる場合の区分に応じ、当該各号に定める額（次の各号のいずれにも該当する場合は、当該各号に定める額の合計額）に相当する額の課徴金を国庫に納付することを命じなければならない。 一・二　（略）	6　発行開示訂正書類（第7条前段（第27条において準用する場合を含む。）の規定による訂正届出書又は第23条の4前段（第27条において準用する場合を含む。）の規定による訂正発行登録書をいう。以下この章において同じ。）を提出すべき発行者が、当該発行開示訂正書類を提出しないで募集又は売出し（当該発行者が所有する有価証券の売出しに限る。）により有価証券を取得させ、又は売り付けたときは、内閣総理大臣は、次節に定める手続に従い、当該発行者に対し、次の各号に掲げる場合の区分に応じ、当該各号に定める額（次の各号のいずれにも該当する場合は、当該各号に定める額の合計額）に相当する額の課徴金を国庫に納付することを命じなければならない。 一・二　（略）

7条2項を新設することに伴う形式的修正を行っている。

第172条の4（虚偽記載のある有価証券報告書等を提出した発行者等に対する課徴金納付命令）

第1項

改　正　後	改　正　前
第172条の4　発行者が、重要な事項につき虚偽の記載があり、又は記載すべき重要な事項の記載が欠けている有価	第172条の4　発行者が、重要な事項につき虚偽の記載があり、又は記載すべき重要な事項の記載が欠けている有価

改 正 後	改 正 前
証券報告書等（第24条第1項若しくは第3項（これらの規定を同条第5項において準用し、及びこれらの規定を第27条において準用する場合を含む。）及び第24条第6項（第27条において準用する場合を含む。）の規定による有価証券報告書及びその添付書類又は第24条の2第1項（第27条において準用する場合を含む。）において準用する<u>第7条第1項</u>、第9条第1項若しくは第10条第1項の規定による訂正報告書をいう。以下この章において同じ。）を提出したときは、内閣総理大臣は、次節に定める手続に従い、当該発行者に対し、第1号に掲げる額（第2号に掲げる額が第1号に掲げる額を超えるときは、第2号に掲げる額）に相当する額の課徴金を国庫に納付することを命じなければならない。ただし、発行者の事業年度が1年である場合以外の場合においては、当該額に当該事業年度の月数を12で除して得た数を乗じて得た額に相当する額の課徴金を国庫に納付することを命じなければならない。 一・二　（略）	証券報告書等（第24条第1項若しくは第3項（これらの規定を同条第5項において準用し、及びこれらの規定を第27条において準用する場合を含む。）及び第24条第6項（第27条において準用する場合を含む。）の規定による有価証券報告書及びその添付書類又は第24条の2第1項（第27条において準用する場合を含む。）において準用する<u>第7条</u>、第9条第1項若しくは第10条第1項の規定による訂正報告書をいう。以下この章において同じ。）を提出したときは、内閣総理大臣は、次節に定める手続に従い、当該発行者に対し、第1号に掲げる額（第2号に掲げる額が第1号に掲げる額を超えるときは、第2号に掲げる額）に相当する額の課徴金を国庫に納付することを命じなければならない。ただし、発行者の事業年度が1年である場合以外の場合においては、当該額に当該事業年度の月数を12で除して得た数を乗じて得た額に相当する額の課徴金を国庫に納付することを命じなければならない。 一・二　（略）

7条2項を新設することに伴う形式的修正を行っている。

第2項

改 正 後	改 正 前
2　発行者が、重要な事項につき虚偽の記載があり、又は記載すべき重要な事項の記載が欠けている四半期・半期・臨時報告書等（第24条の4の7第1項若しくは第2項（これらの規定を同	2　発行者が、重要な事項につき虚偽の記載があり、又は記載すべき重要な事項の記載が欠けている四半期・半期・臨時報告書等（第24条の4の7第1項若しくは第2項（これらの規定を同

改正後	改正前
条第3項において準用し、及びこれらの規定を第27条において準用する場合を含む。）の規定による四半期報告書若しくは第24条の5第1項（同条第3項において準用する場合を含む。）若しくは第4項（これらの規定を第27条において準用する場合を含む。）の規定による半期報告書若しくは臨時報告書又は第24条の4の7第4項（第27条において準用する場合を含む。）及び第24条の5第5項（第27条において準用する場合を含む。）において準用する<u>第7条第1項</u>、第9条第1項若しくは第10条第1項の規定による訂正報告書をいう。以下この章において同じ。）を提出したときは、内閣総理大臣は、次節に定める手続に従い、当該発行者に対し、前項第1号に掲げる額（同項第2号に掲げる額が同項第1号に掲げる額を超えるときは、同項第2号に掲げる額）の2分の1に相当する額の課徴金を国庫に納付することを命じなければならない。この場合においては、同項ただし書の規定を準用する。	条第3項において準用し、及びこれらの規定を第27条において準用する場合を含む。）の規定による四半期報告書若しくは第24条の5第1項（同条第3項において準用する場合を含む。）若しくは第4項（これらの規定を第27条において準用する場合を含む。）の規定による半期報告書若しくは臨時報告書又は第24条の4の7第4項（第27条において準用する場合を含む。）及び第24条の5第5項（第27条において準用する場合を含む。）において準用する<u>第7条</u>、第9条第1項若しくは第10条第1項の規定による訂正報告書をいう。以下この章において同じ。）を提出したときは、内閣総理大臣は、次節に定める手続に従い、当該発行者に対し、前項第1号に掲げる額（同項第2号に掲げる額が同項第1号に掲げる額を超えるときは、同項第2号に掲げる額）の2分の1に相当する額の課徴金を国庫に納付することを命じなければならない。この場合においては、同項ただし書の規定を準用する。

7条2項を新設することに伴う形式的修正を行っている。

第181条（被審人の代理人等）
第2項

改正後	改正前
2　内閣総理大臣は、当該職員でその指定するもの（<u>以下この条において</u>「指定職員」という。）を審判手続に参加させることができる。	2　内閣総理大臣は、当該職員でその指定するもの（<u>次項において</u>「指定職員」という。）を審判手続に参加させることができる。

「指定職員」の略語を、181条3項だけでなく、新設する同条4項でも用いることに伴って修正を行うものである。

第4項 新設

改　正　後
<u>4　指定職員は、第178条第1項各号に掲げる事実、法令の適用並びに納付すべき課徴金の額及びその計算の基礎について変更（内閣府令で定める範囲のものに限る。）の必要があると認めるときは、これを主張することができる。ただし、被審人の利益を害することとなる場合は、この限りでない。</u>

(1)　主張変更手続の趣旨・概要

　課徴金制度は、市場の公正性・透明性を支える規定に違反した者に対し金銭的負担を課す制度である。わが国金融資本市場の信頼性を確保するためには、このような課徴金制度が、迅速かつ公平・中立な審判手続に基づき運用されることが重要である。

　ところで、審判官が証拠を検討する過程で審判対象たる事実と異なった心証を抱いた場合、審判対象と最終的な判断内容に齟齬が生じ得ることとなるが、改正前においては審判対象の変更の可否および手続についての規定がなかったため、その齟齬を審判手続中で解消する方法が明確でなかった。

　課徴金審判手続においては、訴追者に相当する内閣総理大臣（金融庁長官）が審判手続開始決定（178条、179条）において設定した審判対象をめぐって、指定職員と被審人との間で攻撃防御が尽くされることとなる。したがって、審判対象の設定は、被審人が防御を行うべき対象を画するものであり、被審人に手続保障を図る上で重要な手続である。

　仮に、前記のような齟齬を放置したまま審判を続行した場合、指定職員および被審人が審判官の心証とは異なった審判対象について攻撃防御を繰り返し、特に被審人にとってはその心証に沿った防御を行う機会が希薄化しかねないため、審判手続中の状況に応じた的確な審判対象の設定を可能とすることによって一層公平・中立な審判手続を実現することが適当であ

ると考えられる。

判例[注1]によると、改正前の金商法の下においても、審判手続開始決定に記載された事実との同一性を害せず、かつ被審人に防御の機会を閉ざさない限り、審判対象を変更する手続を経ることなく、審判官がこれと異なった認定をすることは可能であると考えられる。しかしながら、被審人に適正な手続を保障する見地からは、審判対象等を変更する手続を経ることで審判官の心証を基礎とする攻撃防御の対象を明示した上、双方に攻撃防御を尽くさせることが望ましいと考えられる[注2]。

このような観点から、金商法においても、審判対象である事実、法令適用および課徴金額等の主張を、審判手続中に一定の範囲で変更することを認める制度を導入することとされた。

(注1)　「公正取引委員会の審判手続は、刑事若しくは民事の訴訟手続ではないから、所論のように厳格な意味の『訴因』若しくは『本案』の問題を生ずることなく、その審判の範囲は審判開始決定記載事実の同一性を害せず且つ被審人に防禦の機会をとざさない限り右記載事実と多少異なつた事実に亘つたとしても適法と解すべきである」（最三小判昭和29年5月25日民集8巻5号950頁）。

(注2)　私的独占の禁止及び公正取引の確保に関する法律58条、民事訴訟法143条、刑事訴訟法312条には、それぞれ一定の範囲で審判対象等の変更を可能とする制度が規定されている。

(2)　主張変更の要件等

① 　主張変更の主体

主張の変更を行う主体は、指定職員とされている。

指定職員は証拠の申出「その他必要な行為」（181条3項）をすることができると規定されており、主張変更を行うことはその一環として位置付けられる。

② 　主張変更の対象

主張変更の対象は、「第178条第1項各号に掲げる事実」、「法令の適用」および「納付すべき課徴金の額及びその計算の基礎」とされている。

これらは、いずれも審判手続開始決定書の記載事項（179条2項、金融商品取引法第6章の2の規定による課徴金に関する内閣府令14条1項）である。

主張変更の対象のうちいずれかの主張のみを変更することもできるし、複数を同時に変更することも可能である。たとえば、事実の主張のみを変更することもできるし、事実の主張変更に伴い法令の適用等を併せて変更することも可能である。

「第178条第1項各号に掲げる事実」とは、インサイダー取引、虚偽記載のある開示書類を提出する行為または無届募集行為などの、審判手続開始決定の基礎となる具体的な違反事実である。その変更の具体例としては、虚偽記載のある開示書類を提出したとして審判手続開始決定がされた事案において、虚偽の金額等に関する事実の主張を変更することが考えられる。

「法令の適用」とは、違反事実に対して適用されるべき法令および課徴金額の計算に当たり適用されるべき法令として、審判手続開始決定書に記載される法令の適用である。

「課徴金の額及びその計算の基礎」は、被審人に課されるべき課徴金額の結論的な表示およびその額を計算する際に必要な基礎のことである。その変更の具体例としては、インサイダー取引の事案において、その課徴金額を計算する際の基礎となる当該売付け等の数量等についての主張を変更し、併せて課徴金額の主張も変更することなどが考えられる（金商法175条1項1号参照）。

③　被審人の利益への配慮

主張変更が無制限に行われると、従前の審判対象に沿って防御活動を行ってきた被審人の利益を害することになりかねない。

このような事態を防止するため、法律上、被審人の利益を害することとなる場合には主張を変更できない旨規定されている。具体的には、審判手続開始決定に記載された違反事実との同一性を欠く事実への変更や、著しく審判手続を遅滞させることとなる変更は、被審人の利益を害することとなる場合として、許されないものと考えられる(注)。

> (注)　私的独占の禁止及び公正取引の確保に関する法律に基づく審判手続を規定した公正取引委員会の審判に関する規則には、次のとおり、主張変更が許されない場合が規定されている。
> 　　第28条　審査官は、事件の同一性を失わせることとならない範囲内において、法

第58条第2項の規定に基づき、原処分の原因となる事実及び法令の適用についての主張を変更することができる。

2　審査官は、前項の変更により著しく審判手続を遅滞させることとなるときは、前項の規定にかかわらず、当該変更をすることができない。

3・4　(略)

④　主張変更の時期

　法律上は、主張変更を行える時期についての規定は設けられておらず、審判開始手続開始決定から審判手続が終結するまでの間、主張変更を行うことが可能と考えられる。

　もっとも、変更により被審人の利益を害することが許されないこととの関係で、審判手続終結間近の時期における変更等は認められない場合もあると考えられる。

第185条の7（課徴金の納付命令の決定等）
第6項

改　正　後	改　正　前
6　内閣総理大臣は、同一の記載対象事業年度に係る2以上の継続開示書類等（有価証券報告書等又は四半期・半期・臨時報告書等をいい、これらの書類に係る虚偽の記載を訂正し、又は記載すべき重要な事項の不備を補正する第24条の2第1項、第24条の4の7第4項及び第24条の5第5項（これらの規定を第27条において準用する場合を含む。）において準用する<u>第7条第1項</u>、第9条第1項又は第10条第1項の規定による訂正報告書を除く。次項において同じ。）について第1項の決定（第178条第1項第4号に係るものに限る。）をしなければならない場合において、それぞれの決定に係る事実について第172条の4第1項又は第2	6　内閣総理大臣は、同一の記載対象事業年度に係る2以上の継続開示書類等（有価証券報告書等又は四半期・半期・臨時報告書等をいい、これらの書類に係る虚偽の記載を訂正し、又は記載すべき重要な事項の不備を補正する第24条の2第1項、第24条の4の7第4項及び第24条の5第5項（これらの規定を第27条において準用する場合を含む。）において準用する<u>第7条</u>、第9条第1項又は第10条第1項の規定による訂正報告書を除く。次項において同じ。）について第1項の決定（第178条第1項第4号に係るものに限る。）をしなければならない場合において、それぞれの決定に係る事実について第172条の4第1項又は第2項（同条第

改　正　後	改　正　前
項（同条第3項において準用する場合を含む。）の規定により算出した額（以下この項、次項及び第14項（同号に掲げる事実があると認める場合に限る。）において「個別決定ごとの算出額」という。）を合計した額が次の各号に掲げる額のいずれか高い額を超えるときは、第172条の4第1項又は第2項（同条第3項において準用する場合を含む。）の規定による額に代えて、当該高い額を内閣府令で定めるところにより当該個別決定ごとの算出額に応じて按分して得た額に相当する額の課徴金を国庫に納付することを命ずる旨の決定をしなければならない。 　一・二　（略）	3項において準用する場合を含む。）の規定により算出した額（以下この項、次項及び第14項（同号に掲げる事実があると認める場合に限る。）において「個別決定ごとの算出額」という。）を合計した額が次の各号に掲げる額のいずれか高い額を超えるときは、第172条の4第1項又は第2項（同条第3項において準用する場合を含む。）の規定による額に代えて、当該高い額を内閣府令で定めるところにより当該個別決定ごとの算出額に応じて按分して得た額に相当する額の課徴金を国庫に納付することを命ずる旨の決定をしなければならない。 　一・二　（略）

　7条2項を新設することに伴う形式的修正を行っている。

第29項

改　正　後	改　正　前
29　第4項から第7項まで、第10項及び第11項の「記載対象事業年度」とは、次の各号に掲げる書類又は情報の区分に応じ、当該各号に定める事業年度をいう。 　一　第24条第1項又は第3項（これらの規定を同条第5項において準用し、及びこれらの規定を第27条において準用する場合を含む。）及び第24条第6項（第27条において準用する場合を含む。）並びに第24条の2第1項（第27条において準用する場合を含む。）において準用する第7条第1項、第9条第1項又は第10条第1項の規定による有価証	29　第4項から第7項まで、第10項及び第11項の「記載対象事業年度」とは、次の各号に掲げる書類又は情報の区分に応じ、当該各号に定める事業年度をいう。 　一　第24条第1項又は第3項（これらの規定を同条第5項において準用し、及びこれらの規定を第27条において準用する場合を含む。）及び第24条第6項（第27条において準用する場合を含む。）並びに第24条の2第1項（第27条において準用する場合を含む。）において準用する第7条、第9条第1項又は第10条第1項の規定による有価証券報告

券報告書及びその添付書類並びにこれらの訂正報告書　当該有価証券報告書及びその添付書類に係る事業年度 二　第24条の4の7第1項又は第2項（これらの規定を同条第3項において準用し、及びこれらの規定を第27条において準用する場合を含む。）及び第24条の4の7第4項（第27条において準用する場合を含む。）において準用する<u>第7条第1項</u>、第9条第1項又は第10条第1項の規定による四半期報告書及びその訂正報告書　当該四半期報告書に係る期間の属する事業年度 三　第24条の5第1項（同条第3項において準用し、及びこれらの規定を第27条において準用する場合を含む。）及び第24条の5第5項（第27条において準用する場合を含む。）において準用する<u>第7条第1項</u>、第9条第1項又は第10条第1項の規定による半期報告書及びその訂正報告書　当該半期報告書に係る期間の属する事業年度 四　第24条の5第4項（第27条において準用する場合を含む。）及び第24条の5第5項（第27条において準用する場合を含む。）において準用<u>する第7条第1項</u>、第9条第1項又は第10条第1項の規定による臨時報告書及びその訂正報告書　当該臨時報告書を提出した日の属する事業年度 五　（略）	書及びその添付書類並びにこれらの訂正報告書　当該有価証券報告書及びその添付書類に係る事業年度 二　第24条の4の7第1項又は第2項（これらの規定を同条第3項において準用し、及びこれらの規定を第27条において準用する場合を含む。）及び第24条の4の7第4項（第27条において準用する場合を含む。）において準用する<u>第7条</u>、第9条第1項又は第10条第1項の規定による四半期報告書及びその訂正報告書　当該四半期報告書に係る期間の属する事業年度 三　第24条の5第1項（同条第3項において準用し、及びこれらの規定を第27条において準用する場合を含む。）及び第24条の5第5項（第27条において準用する場合を含む。）において準用する<u>第7条</u>、第9条第1項又は第10条第1項の規定による半期報告書及びその訂正報告書　当該半期報告書に係る期間の属する事業年度 四　第24条の5第4項（第27条において準用する場合を含む。）及び第24条の5第5項（第27条において準用する場合を含む。）において準用する<u>第7条</u>、第9条第1項又は第10条第1項の規定による臨時報告書及びその訂正報告書　当該臨時報告書を提出した日の属する事業年度 五　（略）

7条2項を新設することに伴う形式的修正を行っている。

第7章　雑則

第192条（裁判所の禁止又は停止命令）
第3項

改　正　後	改　正　前
3　前2項の事件は、被申立人の住所地又は第1項に規定する行為が行われ、若しくは行われようとする地の地方裁判所の管轄とする。	3　前2項の事件は、被申立人の住所地の地方裁判所の管轄とする。

　裁判所の禁止または停止命令申立てについて、「被申立人の住所地」に加え、被申立人の「行為が行われ、若しくは行われようとする地」の地方裁判所にも管轄を認めるものである。

　被申立人の「行為が行われ、若しくは行われようとする地」とは、①現に行われている行為の禁止等を求める場合には、被申立人が金商法違反行為を行っている地を意味し、②将来行おうとする行為の禁止等を求める場合には、被申立人が将来金商法違反行為を行おうとしている地、すなわち、準備行為を行っている地等を意味する。

　これにより、例えば、金商法違反行為が住所地（法人であれば本店所在地）とは異なる事務所で行われていた場合には、当該違反行為が行われていた事務所所在地の地方裁判所にも申立てを行うことが可能となり、また、法人に加えその役職員を被申立人とする場合には、当該違反行為が行われていた地の地方裁判所に、法人とその役職員を併せて申し立てることが可能となる。

　なお、多数人に対する一連の金商法違反行為のうちの一部が行われた地や、文書の発送による金商法違反行為がなされた場合の到達地も、被申立人の「行為が行われ」る地となり得ると考えられるが、その地を管轄する裁判所が管轄裁判所に該当するか否かは、当該金商法違反行為の性質や具体的事実関係に照らして判断されるものと解される。

第8章　罰則

第197条
第1項

改　正　後	改　正　前
第197条　次の各号のいずれかに該当する者は、10年以下の懲役若しくは1,000万円以下の罰金に処し、又はこれを併科する。 一　第5条（第27条において準用する場合を含む。）の規定による届出書類（第5条第4項の規定の適用を受ける届出書の場合には、当該届出書に係る参照書類を含む。）、<u>第7条第1項、第9条第1項若しくは第10条第1項</u>（これらの規定を第27条において準用する場合を含む。）の規定による訂正届出書（当該訂正届出書に係る参照書類を含む。）、第23条の3第1項及び第2項（これらの規定を第27条において準用する場合を含む。）の規定による発行登録書（当該発行登録書に係る参照書類を含む。）及びその添付書類、第23条の4、第23条の9第1項若しくは第23条の10第1項の規定若しくは同条第5項において準用する同条第1項（これらの規定を第27条において準用する場合を含む。）の規定による訂正発行登録書（当該訂正発行登録書に係る参照書類を含む。）、第23条の8第1項及び第5項（これらの規定を第27条において準用する場合を含む。）の規定による発行登録追補書類（当該発行登録追補書類に係る参照書類を含む。）及びその	第197条　次の各号のいずれかに該当する者は、10年以下の懲役若しくは1,000万円以下の罰金に処し、又はこれを併科する。 一　第5条（第27条において準用する場合を含む。）の規定による届出書類（第5条第4項の規定の適用を受ける届出書の場合には、当該届出書に係る参照書類を含む。）、<u>第7条、第9条第1項若しくは第10条第1項</u>（これらの規定を第27条において準用する場合を含む。）の規定による訂正届出書（当該訂正届出書に係る参照書類を含む。）、第23条の3第1項及び第2項（これらの規定を第27条において準用する場合を含む。）の規定による発行登録書（当該発行登録書に係る参照書類を含む。）及びその添付書類、第23条の4、第23条の9第1項若しくは第23条の10第1項の規定若しくは同条第5項において準用する同条第1項（これらの規定を第27条において準用する場合を含む。）の規定による訂正発行登録書（当該訂正発行登録書に係る参照書類を含む。）、第23条の8第1項及び第5項（これらの規定を第27条において準用する場合を含む。）の規定による発行登録追補書類（当該発行登録追補書類に係る参照書類を含む。）及びその添付

改正後	改正前
添付書類又は第24条第1項若しくは第3項（これらの規定を同条第5項（第27条において準用する場合を含む。）及び第27条において準用する場合を含む。）若しくは第24条の2第1項（第27条において準用する場合を含む。）の規定による有価証券報告書若しくはその訂正報告書であつて、重要な事項につき虚偽の記載のあるものを提出した者 二〜五（略）	書類又は第24条第1項若しくは第3項（これらの規定を同条第5項（第27条において準用する場合を含む。）及び第27条において準用する場合を含む。）若しくは第24条の2第1項（第27条において準用する場合を含む。）の規定による有価証券報告書若しくはその訂正報告書であつて、重要な事項につき虚偽の記載のあるものを提出した者 二〜五（略）

7条2項を新設することに伴う形式的修正を行っている。

第197条の2

改正後	改正前
第197条の2　次の各号のいずれかに該当する者は、5年以下の懲役若しくは500万円以下の罰金に処し、又はこれを併科する。 一〜五（略） 六　第24条第6項若しくは第24条の2第1項（これらの規定を第27条において準用する場合を含む。）、第24条の4の4第1項（同条第3項（第27条において準用する場合を含む。）及び第27条において準用する場合を含む。）若しくは第4項（第27条において準用する場合を含む。）、第24条の4の5第1項（第27条において準用する場合を含む。）、第24条の4の7第1項若しくは第2項（同条第3項（第27条において準用する場合を含む。）及び第27条において準用する場合を含む。）、第24条	第197条の2　次の各号のいずれかに該当する者は、5年以下の懲役若しくは500万円以下の罰金に処し、又はこれを併科する。 一〜五（略） 六　第24条第6項若しくは第24条の2第1項（これらの規定を第27条において準用する場合を含む。）、第24条の4の4第1項（同条第3項（第27条において準用する場合を含む。）及び第27条において準用する場合を含む。）若しくは第4項（第27条において準用する場合を含む。）、第24条の4の5第1項（第27条において準用する場合を含む。）、第24条の4の7第1項若しくは第2項（同条第3項（第27条において準用する場合を含む。）及び第27条において準用する場合を含む。）、第24条

の4の7第4項（第27条において準用する場合を含む。）、第24条の5第1項（同条第3項（第27条において準用する場合を含む。）及び第27条において準用する場合を含む。）若しくは第24条の5第4項若しくは第5項（これらの規定を第27条において準用する場合を含む。）の規定による添付書類、内部統制報告書若しくはその添付書類、四半期報告書、半期報告書、臨時報告書若しくはこれらの訂正報告書、第24条の6第1項若しくは第2項の規定による自己株券買付状況報告書若しくはその訂正報告書、第24条の7第1項若しくは第2項（これらの規定を同条第6項（第27条において準用する場合を含む。）及び第27条において準用する場合を含む。）若しくは第24条の7第3項(同条第6項(第27条において準用する場合を含む。）及び第27条において準用する場合を含む。）において準用する第7条第1項、第9条第1項若しくは第10条第1項の規定による親会社等状況報告書若しくはその訂正報告書、第27条の10第1項の規定による意見表明報告書、同条第8項において準用する第27条の8第1項から第4項までの規定による訂正報告書、第27条の10第11項の規定による対質問回答報告書、同条第12項において準用する第27条の8第1項から第4項までの規定による訂正報告書、第27条の23第1項若しくは第27条の26第1項の規定による大量保有報告書、第27条の25第1項若しくは第27条の26第2項の規定によ

の4の7第4項（第27条において準用する場合を含む。）、第24条の5第1項（同条第3項（第27条において準用する場合を含む。）及び第27条において準用する場合を含む。）若しくは第24条の5第4項若しくは第5項（これらの規定を第27条において準用する場合を含む。）の規定による添付書類、内部統制報告書若しくはその添付書類、四半期報告書、半期報告書、臨時報告書若しくはこれらの訂正報告書、第24条の6第1項若しくは第2項の規定による自己株券買付状況報告書若しくはその訂正報告書、第24条の7第1項若しくは第2項（これらの規定を同条第6項（第27条において準用する場合を含む。）及び第27条において準用する場合を含む。）若しくは第24条の7第3項(同条第6項(第27条において準用する場合を含む。）及び第27条において準用する場合を含む。）において準用する第7条、第9条第1項若しくは第10条第1項の規定による親会社等状況報告書若しくはその訂正報告書、第27条の10第1項の規定による意見表明報告書、同条第8項において準用する第27条の8第1項から第4項までの規定による訂正報告書、第27条の10第11項の規定による対質問回答報告書、同条第12項において準用する第27条の8第1項から第4項までの規定による訂正報告書、第27条の23第1項若しくは第27条の26第1項の規定による大量保有報告書、第27条の25第1項若しくは第27条の26第2項の規定による変更

る変更報告書又は第27条の25第4項（第27条の26第6項において準用する場合を含む。）若しくは第27条の29第1項において準用する第9条第1項若しくは第10条第1項の規定による訂正報告書であつて、重要な事項につき虚偽の記載のあるものを提出した者	報告書又は第27条の25第4項（第27条の26第6項において準用する場合を含む。）若しくは第27条の29第1項において準用する第9条第1項若しくは第10条第1項の規定による訂正報告書であつて、重要な事項につき虚偽の記載のあるものを提出した者
七～十の三　（略）	七～十の三　（略）
<u>十の四　第29条の規定に違反して内閣総理大臣の登録を受けないで金融商品取引業を行つた者</u>	（新設）
<u>十の五　不正の手段により第29条の登録を受けた者</u>	（新設）
<u>十の六　第36条の3の規定に違反して他人に金融商品取引業を行わせた者</u>	（新設）
十の七　（略）	十の四　（略）
十一～十三　（略）	十一～十三　（略）

(1) **第6号**

7条2項を新設することに伴う形式的修正を行っている。

(2) **第10号の4**

無登録業者による未公開株等の販売トラブルが多数発生していることを踏まえ、無登録業罪（改正前の金商法198条1号）の罰則について5年以下の懲役もしくは500万円以下の罰金またはその併科に引き上げるものである。

なお、金商法上、5年以下の懲役もしくは500万円以下の罰金またはその併科とする犯罪類型については、法人両罰に関し5億円以下の罰金に重課されているため（法207条1項2号）、本条の改正により無登録業罪についても法人重課の対象となり、5億円以下の罰金が科されることとなる（以下、10号の5、10号の6においても同様）。

(3) 第10号の5

罪刑の均衡を図る観点から、無登録業罪の罰則の引上げに伴い、不正の手段により金融商品取引業の登録を受ける罪（改正前の金商法198条2号）についても、5年以下の懲役もしくは500万円以下の罰金またはその併科に引き上げるものである。

(4) 第10号の6

罪刑の均衡を図る観点から、無登録業罪の罰則の引上げに伴い、金融商品取引業に係る名義貸しの罪（改正前の金商法198条3号）についても、5年以下の懲役もしくは500万円以下の罰金またはその併科に引き上げるものである。

(5) 第10号の7

第10号の4から第10号の6までの新設に伴い、号ズレの手当てを行うものである。

第198条

改　正　後	改　正　前
第198条　次の各号のいずれかに該当する者は、3年以下の懲役若しくは300万円以下の罰金に処し、又はこれを併科する。 （削る）	第198条　次の各号のいずれかに該当する者は、3年以下の懲役若しくは300万円以下の罰金に処し、又はこれを併科する。 一　<u>第29条の規定に違反して内閣総理大臣の登録を受けないで金融商品取引業を行つた者</u>
一　不正の手段により第66条若しくは第66条の27の登録、第31条第4項の変更登録又は第59条第1項若しくは第60条第1項の許可を受けた者	二　不正の手段により<u>第29条、</u>第66条若しくは第66条の27の登録、第31条第4項の変更登録又は第59条第1項若しくは第60条第1項の許可を受けた者
二　第36条の3、第66条の9又は第66条の34の規定に違反して他人に	三　第36条の3、第66条の9又は第66条の34の規定に違反して他人に

改　　正　　後	改　　正　　前
登録金融機関業務、金融商品仲介業又は信用格付業を行わせた者	金融商品取引業、登録金融機関業務、金融商品仲介業又は信用格付業を行わせた者
三・三の二　（略）	三の二・三の三　（略）
四〜八　（略）	四〜八　（略）

　無登録業罪（改正前の1号）、不正手段による金融商品取引業登録の罪（改正前の2号）、金融商品取引業に係る名義貸しの罪（改正前の3号）の罰則引上げ（197条の2）に伴い、必要な規定の整備を行うものである。

第200条　新設

改　　正　　後	改　　正　　前
第200条　次の各号のいずれかに該当する者は、1年以下の懲役若しくは100万円以下の罰金に処し、又はこれを併科する。 一　（略） 二　第7条第1項前段、第9条第1項又は第10条第1項（これらの規定を第27条において準用する場合を含む。）の規定による訂正届出書を提出しない者 三〜十二の二　（略） 十二の三　第31条の3の2の規定に違反した者 十三〜二十一（略）	第200条　次の各号のいずれかに該当する者は、1年以下の懲役若しくは100万円以下の罰金に処し、又はこれを併科する。 一　（略） 二　第7条前段、第9条第1項又は第10条第1項（これらの規定を第27条において準用する場合を含む。）の規定による訂正届出書を提出しない者 三〜十二の二　（略） （新設） 十三〜二十一　（略）

(1)　**第2号**

　7条2項を新設することに伴う形式的修正を行っている。

(2)　**第12号の3**

　31条の3の2において新設する広告・勧誘規制の実効性を確保するため、同規制に違反した者に対する罰則を設けるものである。

第205条の2の3

改　正　後	改　正　前
第205条の2の3　次の各号のいずれかに該当する者は、30万円以下の罰金に処する。 一　第31条第1項若しくは第3項、第32条の3第1項（第32条の4及び第57条の26第1項において準用する場合を含む。）若しくは第2項、第33条の6第1項若しくは第3項、第35条第3項若しくは第6項、第50条第1項、第57条の2第4項若しくは第6項、第57条の14、第57条の18第1項、第60条の5、第63条第3項<u>（第63条の3第2項において準用する場合を含む。）</u>、第63条の2第2項、第3項（第63条の3第2項において準用する場合を含む。）若しくは第4項、第64条の4（第66条の25において準用する場合を含む。）、第66条の5第1項若しくは第3項、第66条の19第1項、第66条の31第1項若しくは第3項、第79条の27第4項、第106条の3第5項（第106条の10第4項及び第106条の17第4項において準用する場合を含む。）、第156条の5の5第5項、第156条の55第1項、第156条の56若しくは第156条の60第2項の規定による届出をせず、又は虚偽の届出をした者 二～十四　（略）	第205条の2の3　次の各号のいずれかに該当する者は、30万円以下の罰金に処する。 一　第31条第1項若しくは第3項、第32条の3第1項（第32条の4及び第57条の26第1項において準用する場合を含む。）若しくは第2項、第33条の6第1項若しくは第3項、第35条第3項若しくは第6項、第50条第1項、第57条の2第4項若しくは第6項、第57条の14、第57条の18第1項、第60条の5、第63条第3項、第63条の2第2項、第3項（第63条の3第2項において準用する場合を含む。）若しくは第4項、第64条の4（第66条の25において準用する場合を含む。）、第66条の5第1項若しくは第3項、第66条の19第1項、第66条の31第1項若しくは第3項、第79条の27第4項、第106条の3第5項（第106条の10第4項及び第106条の17第4項において準用する場合を含む。）、第156条の5の5第5項、第156条の55第1項、第156条の56若しくは第156条の60第2項の規定による届出をせず、又は虚偽の届出をした者 二～十四　（略）

　金融商品取引業者等が特例業務を行う場合にあらかじめ行う届出の届出事項に変更が生じた場合に、63条の3第2項が準用する63条3項の規定

に基づく変更届出をせず、または虚偽の届出をした場合の罰則を30万円以下の罰金とするものである。

第207条
第1項

改　正　後	改　正　前
第207条　法人（法人でない団体で代表者又は管理人の定めのあるものを含む。以下この項及び次項において同じ。）の代表者又は法人若しくは人の代理人、使用人その他の従業者が、その法人又は人の業務又は財産に関し、次の各号に掲げる規定の違反行為をしたときは、その行為者を罰するほか、その法人に対して当該各号に定める罰金刑を、その人に対して各本条の罰金刑を科する。 一・二　（略） 三　<u>第198条（第4号の2及び第5号を除く。）</u>又は第198条の3から第198条の5まで　3億円以下の罰金刑 四　（略） 五　第200条（<u>第12号の3、</u>第17号、第18号の2及び第19号を除く。）又は第201条第1号、第2号、第4号、第6号若しくは第9号から第11号まで　1億円以下の罰金刑 六　<u>第198条第4号の2、</u>第198条の6第8号、第9号、第12号、第13号若しくは第15号、<u>第200条第12号の3、第17号</u>、第18号の2若しくは第19号、第201条（第1号、第2号、第4号、第6号及び第9号から第11号までを除く。）、第205条から第205条の2の2まで、第	第207条　法人（法人でない団体で代表者又は管理人の定めのあるものを含む。以下この項及び次項において同じ。）の代表者又は法人若しくは人の代理人、使用人その他の従業者が、その法人又は人の業務又は財産に関し、次の各号に掲げる規定の違反行為をしたときは、その行為者を罰するほか、その法人に対して当該各号に定める罰金刑を、その人に対して各本条の罰金刑を科する。 一・二　（略） 三　<u>第198条第8号</u>又は第198条の3から第198条の5まで　3億円以下の罰金刑 四　（略） 五　第200条（第17号、第18号の2及び第19号を除く。）又は第201条第1号、第2号、第4号、第6号若しくは第9号から第11号まで　1億円以下の罰金刑 六　<u>第198条（第5号及び第8号を除く。）</u>、第198条の6第8号、第9号、第12号、第13号若しくは第15号、<u>第200条第17号</u>、第18号の2若しくは第19号、第201条（第1号、第2号、第4号、第6号及び第9号から第11号までを除く。）、第205条から第205条の2の2まで、第

205条の2の3（第13号及び第14号を除く。）又は前条（第5号を除く。）各本条の罰金刑	205条の2の3（第13号及び第14号を除く。）又は前条（第5号を除く。）各本条の罰金刑

(1) 第3号

　改正前の金商法上、業務を行うことにつき免許・登録を要する行為を無免許・無登録で行う罪については一部を除いて、また、不正登録の罪および名義貸しの罪についてはその全てが法人重課（両罰規定において、法人に対して自然人より重い罰金刑を科すること）の対象とされていない。

　しかしながら、無免許・無登録で金融商品取引業等が行われれば、投資者が広く害されるおそれがあり、また、不正の手段によって登録等をして業務を行うことは、実質的には無免許・無登録で業務を行うことと等しい。さらに名義貸しの罪については、金融商品取引業等の登録を受けた法人が他人に名義を貸して無登録営業を行わせ、ファンド持分等を販売させて多額の利益を得る事例が存在する。

　このため、改正前において法人重課の対象とされていない無免許・無登録で業務を行う罪、不正登録の罪および名義貸しの罪を法人重課の対象とするものである。

　なお、198条4号の2は、内閣総理大臣の認可（102条の14）を受けないで自主規制業務（84条2項）を行った者を処罰する規定であるが、現時点では、本条に関し法人に対して重い罰金刑を科する必要性が認められないことから、法人重課の対象としていない。

(2) 第5号

　31条の3の2において新設する広告・勧誘規制については、無登録業罪の成立に至る前段階の誘引行為が法人たる無登録業者の業務活動の一環として行われることが多いことを踏まえ、法人両罰規定を設けることが適当である（6号の改正）。ただし、法人たる無登録業者は、広告・勧誘行為自体により利益を上げるものではないことを踏まえ、法人重課の対象から除外している。

(3) **第6号**

 3号の改正により、改正前において法人重課の対象とされていない罰則について法人重課の対象とすることから、所要の整備を行っている。

 また、31条の3の2において新設する広告・勧誘規制について、法人両罰規定を設けるものの、法人重課は行わないことについては5号の解説のとおりである。

Ⅳ 投資信託及び投資法人に関する法律の一部改正に係る逐条解説

第6条　投資信託及び投資法人に関する法律の一部改正

第2編　投資信託制度

第4条（投資信託契約の締結）
第2項

改　正　後	改　正　前
2　投資信託約款においては、次に掲げる事項を記載しなければならない。 一　委託者及び受託者の商号又は名称（当該委託者が適格投資家向け投資運用業（金融商品取引法第29条の5第1項に規定する適格投資家向け投資運用業をいう。以下同じ。）を行うことにつき同法第29条の登録を受けた金融商品取引業者であるときは、その旨を含む。）	2　投資信託約款においては、次に掲げる事項を記載しなければならない。 一　委託者及び受託者の商号又は名称
二～十三　（略）	二～十三　（略）
十四　委託者が運用の指図に係る権限を委託する場合においては、当該委託者がその運用の指図に係る権限を委託する者の商号又は名称（当該者が適格投資家向け投資運用業を行うことにつき金融商品取引法第29条の登録を受けた金融商品取引業者であるときは、その旨を含む。）及び所在の場所	十四　委託者が運用の指図に係る権限を委託する場合においては、当該委託者がその運用の指図に係る権限を委託する者の商号又は名称及び所在の場所

| 十五～十八 （略） | 十五～十八 （略） |

　投資信託約款の記載事項のうち、投資信託の委託者または運用の委託先が適格投資家向け投資運用業を行うことについて金商法29条の登録を受けた金融商品取引業者である場合には、その旨を記載させるものである。
　改正法によって、投資運用業を行おうとする者のうち、プロの投資家（適格投資家（金商法29条の5第3項））を相手に限定された運用行為（適格投資家向け投資運用業）を行おうとする者について、投資運用業の登録要件を緩和する特例が設けられたことから（同法29条の5第1項）、これに伴って改正を行うものである。

第6条（受益証券）
第6項

改　正　後	改　正　前
6　委託者指図型投資信託の受益証券には、次に掲げる事項及び当該受益証券の番号を記載し、委託者の代表者がこれに署名し、又は記名押印しなければならない。 一　委託者及び受託者の商号又は名称<u>（当該委託者が適格投資家向け投資運用業を行うことにつき金融商品取引法第29条の登録を受けた金融商品取引業者であるときは、その旨を含む。）</u>	6　委託者指図型投資信託の受益証券には、次に掲げる事項及び当該受益証券の番号を記載し、委託者の代表者がこれに署名し、又は記名押印しなければならない。 一　委託者及び受託者の商号又は名称
二～八　（略）	二～八　（略）
九　委託者が運用の指図に係る権限を委託する場合においては、当該委託者がその運用の指図に係る権限を委託する者の商号又は名称<u>（当該者が適格投資家向け投資運用業を行うことにつき金融商品取引法第29条の登録を受けた金融商品取引業者であ</u>	九　委託者が運用の指図に係る権限を委託する場合においては、当該委託者がその運用の指図に係る権限を委託する者の商号又は名称及び所在の場所

改正後	改正前
るときは、その旨を含む。）及び所在の場所 十・十一　（略）	十・十一　（略）

　受益証券の記載事項のうち、投資信託の委託者または運用の委託先が適格投資家向け投資運用業を行うことについて金商法29条の登録を受けた金融商品取引業者である場合には、その旨を記載させるものである。

　4条（投資信託契約の締結）と同様の趣旨の改正である。

第11条（特定資産の価格等の調査）
第1項

改　正　後	改　正　前
第11条　投資信託委託会社は、運用の指図を行う投資信託財産について特定資産（土地若しくは建物又はこれらに関する権利若しくは資産であって政令で定めるものに限る。）の取得又は譲渡が行われたときは、内閣府令で定めるところにより、当該特定資産に係る不動産の鑑定評価を、不動産鑑定士であって利害関係人等（当該投資信託委託会社の総株主の議決権の過半数を保有していることその他の当該投資信託委託会社と密接な関係を有する者として政令で定める者をいう。次項並びに第13条第1項第2号及び第3号において同じ。）でないものに行わせなければならない。ただし、当該取得又は譲渡に先立つて当該鑑定評価を行わせている場合は、この限りでない。	第11条　投資信託委託会社は、運用の指図を行う投資信託財産について特定資産（金融商品取引法第2条第16項に規定する金融商品取引所に上場されている有価証券その他の内閣府令で定める資産（以下「指定資産」という。）を除く。）の取得又は譲渡その他の内閣府令で定める行為が行われたときは、当該投資信託委託会社、その利害関係人等（当該投資信託委託会社の総株主の議決権の過半数を保有していることその他の当該投資信託委託会社と密接な関係を有する者として政令で定める者をいう。第13条第1項第2号及び第3号において同じ。）及び受託会社以外の者であつて政令で定めるものに当該特定資産の価格その他内閣府令で定める事項を調査させなければならない。

　投資信託委託会社の運用指図に基づき信託会社等が投資信託財産として

取得した特定資産が不動産である場合には、不動産鑑定士による鑑定評価を踏まえた第三者による価格調査が必要とされていたが、不動産鑑定士による鑑定評価のみを行えば足りるとするものである。

また、土地もしくは建物またはこれらに関する権利もしくは資産である特定資産の取得または譲渡が行われた際、当該取得または譲渡に先立って鑑定評価を行わせている場合については、取得または譲渡行為後の鑑定評価義務を免除することとしている。

(1) 特定資産が土地、建物等である場合の第三者による価格調査義務

投資信託委託会社は、運用の指図を行う投資信託財産について特定資産の取得等が行われる場合には、第三者である弁護士、公認会計士、不動産鑑定士等が特定資産の価格について調査した結果を、優先出資の引受けの申込みをしようとする者に対して通知しなければならないこととされていた。しかしながら、特定資産が不動産である場合には、不動産鑑定士による鑑定評価を踏まえて上記調査を行うことが義務付けられており、不動産鑑定士による鑑定評価と第三者による価格調査が二重に義務付けられる状況にあった。

第三者による価格調査を義務付けた趣旨は、投資者保護の観点から、特定資産の取得または譲渡において、当該資産の価格が適正なものであることを確保することが重要であることにある。しかしながら、不動産の鑑定評価は、国が定める不動産鑑定基準によって経済価値の算定過程に一定の客観性が担保されており、その公正性・適正性が確保されていることに鑑みれば、重ねて第三者による価格調査を義務付ける実益は乏しいと考えられる。

そこで、特定資産が土地もしくは建物またはこれらに関する権利もしくは資産である場合には、現行の不動産鑑定士による鑑定評価を踏まえた第三者価格調査の結果に代えて不動産鑑定士による鑑定評価の評価額のみを通知すれば足りることとするものである。

(2) 土地、建物等の鑑定評価の時期

　投資信託委託会社は、運用の指図を行う投資信託財産について特定資産の取得または譲渡が行われたときは、第三者に当該特定資産の価格調査を行わせなければならないとされていたが、これは客観的な市場価格がない資産について、第三者に当該特定資産の適正な価値がいくらであるかを調査させることにより、価格の適正評価を確保する趣旨である。

　この点について、価格調査を特定資産の取得または譲渡前に行っても、特定資産の客観的な価格の評価は可能であり、その評価時点・調査時点を特定資産の取得後に限定する必要はないと考えられるため、改正を行うものである。

第2項

改　正　後	改　正　前
<u>2　投資信託委託会社は、運用の指図を行う投資信託財産について前項に規定する特定資産以外の特定資産（金融商品取引法第2条第16項に規定する金融商品取引所に上場されている有価証券その他の内閣府令で定める資産（以下「指定資産」という。）を除く。）の取得又は譲渡その他の内閣府令で定める行為が行われたときは、当該投資信託委託会社、その利害関係人等及び受託会社以外の者であって政令で定めるものに当該特定資産の価格その他内閣府令で定める事項の調査を行わせなければならない。ただし、当該行為に先立って当該調査を行わせている場合は、この限りでない。</u>	2　前項の場合において、その調査する<u>資産が不動産（土地若しくは建物又はこれらに関する所有権以外の権利をいう。）であるときは、不動産鑑定士による鑑定評価を踏まえて調査しなければならない。</u>

　不動産等以外の特定資産の取得または譲渡その他の内閣府令で定める行為が行われた際、当該取得または譲渡に先立って第三者に価格調査を行わ

せている場合については、取得または譲渡行為後の価格調査義務を免除するものである。

第26条（受益証券の募集の取扱い等の禁止又は停止命令）
第3項

改 正 後	改 正 前
3　前2項の事件は、当該行為者の主たる事務所の所在地又は第1項に規定する行為が行われ、若しくは行われようとする地を管轄する地方裁判所の管轄とする。	3　前2項の事件は、当該行為者の主たる事務所の所在地を管轄する地方裁判所の管轄とする。

　本条に基づく禁止または停止命令申立てに関し、現行の「行為者の主たる事務所の所在地」に加え、「行為者（被申立人）の行為が行われ、若しくは行われようとする地」にも裁判管轄を認めるものである。

　具体的には、

① 　現に行われている行為の禁止等を求める場合には、行為者(被申立人)が現に当該行為（募集の取扱い等）を行っている地、

② 　将来行おうとする行為の禁止等を求める場合には、行為者が将来その行為を行おうとしている地、すなわち、準備行為を行っている地等

が裁判管轄を有することとなる。

> 参考
>
> 　本条1項2号は、運用の指図が著しく適正を欠く場合に募集の取扱い等の行為を差止めることができる旨規定しているが、この場合に管轄を判断する基準となる「行為」は、「運用の指図」ではなく「募集の取扱い等」である（60条1項についても同様。54条1項、60条1項、219条1項2号および223条1項の「運用」についても管轄を判断する基準とならない。）。

　改正法により、金商法192条1項の裁判所の禁止または停止命令申立て

に関し、「被申立人の住所地」に加え、「(被申立人の)行為が行われ、若しくは行われようとする地」にも裁判管轄が認められることとなった。

　本条に基づく申立ては、金商法192条と同様に、緊急の必要がある場合になされるものであり、被申立人が当局の摘発等から逃れるために主たる事務所を移転する場合にも迅速に対応できるように措置しておく必要性があることなどの点も同条と共通している。

　そのため、金商法192条1項の申立てと同様に「行為が行われ、若しくは行われようとする地」にも裁判管轄を認めることが適当と考えられる。

　なお、投信法においては、金商法192条1項の禁止または停止命令と同種の制度として、本条に規定する委託者指図型投資信託の受益証券の募集の取扱い等の禁止または停止命令のほか、

① 　委託者非指図型投資信託の受益証券の募集の取扱い等の禁止または停止命令（54条）
② 　外国投資信託の受益証券の募集の取扱い等の禁止または停止命令（60条）
③ 　投資証券等の募集の取扱い等の禁止または停止命令（219条）
④ 　外国投資証券の募集の取扱い等の禁止または停止命令（223条）

を規定しているが、裁判管轄に関する規定はいずれも本項を準用していることから、上記と同様の改正が行われている。

第49条（投資信託契約の締結）
第2項

改正後	改正前
2　投資信託約款においては、次に掲げる事項を記載しなければならない。 一～十四　（略） 十五　受託者が運用に係る権限を委託する場合においては、当該受託者がその運用に係る権限を委託する者の商号又は名称（当該者が適格投資家向け投資運用業を行うことにつき金	2　投資信託約款においては、次に掲げる事項を記載しなければならない。 一～十四　（略） 十五　受託者が運用に係る権限を委託する場合においては、当該受託者がその運用に係る権限を委託する者の商号又は名称及び所在の場所

改正後	改正前
融商品取引法第29条の登録を受けた金融商品取引業者であるときは、その旨を含む。）及び所在の場所 十六～十九　（略）	十六～十九　（略）

　投資信託約款の記載事項のうち、投資信託の運用の委託先が適格投資家向け投資運用業を行うことについて金商法29条の登録を受けた金融商品取引業者である場合には、その旨を記載させるものである。
　4条（投資信託契約の締結）と同様の趣旨の改正である。

第50条（受益証券）

第2項

改正後	改正前
2　委託者非指図型投資信託の受益証券には、次に掲げる事項及び当該受益証券の番号を記載し、受託者の代表者がこれに署名し、又は記名押印しなければならない。 一～八　（略） 九　受託者が運用に係る権限を委託する場合においては、当該受託者がその運用に係る権限を委託する者の商号又は名称（当該者が適格投資家向け投資運用業を行うことにつき金融商品取引法第29条の登録を受けた金融商品取引業者であるときは、その旨を含む。）及び所在の場所 十・十一　（略）	2　委託者非指図型投資信託の受益証券には、次に掲げる事項及び当該受益証券の番号を記載し、受託者の代表者がこれに署名し、又は記名押印しなければならない。 一～八　（略） 九　受託者が運用に係る権限を委託する場合においては、当該受託者がその運用に係る権限を委託する者の商号又は名称及び所在の場所 十・十一　（略）

　受益証券の記載事項のうち、投資信託の運用の委託先が適格投資家向け投資運用業を行うことについて金商法29条の登録を受けた金融商品取引業者である場合には、その旨を記載させるものである。
　4条（投資信託契約の締結）と同様の趣旨の改正である。

第3編　投資法人制度

第201条（特定資産の価格等の調査）
第1項

改　正　後	改　正　前
第201条　資産運用会社は、資産の運用を行う投資法人について特定資産（土地若しくは建物又はこれらに関する権利若しくは資産であつて政令で定めるものに限る。）の取得又は譲渡が行われたときは、内閣府令で定めるところにより、当該特定資産に係る不動産の鑑定評価を、不動産鑑定士であつて利害関係人等（当該資産運用会社の総株主の議決権の過半数を保有していることその他の当該資産運用会社と密接な関係を有する者として政令で定める者をいう。次項及び第203条第2項において同じ。）でないものに行わせなければならない。ただし、当該取得又は譲渡に先立つて当該鑑定評価を行わせている場合は、この限りでない。	第201条　資産運用会社は、資産の運用を行う投資法人について特定資産（指定資産を除く。）の取得又は譲渡その他の内閣府令で定める行為が行われたときは、当該投資法人、その資産運用会社（その利害関係人等（当該資産運用会社の総株主の議決権の過半数を保有していることその他の当該資産運用会社と密接な関係を有する者として政令で定める者をいう。第203条第2項において同じ。）を含む。）及びその資産保管会社以外の者であつて政令で定めるものに当該特定資産の価格その他内閣府令で定める事項を調査させなければならない。

　資産運用会社は、資産の運用を行う投資法人について、不動産である特定資産の取得等が行われる場合には、現在、不動産鑑定士による鑑定評価を踏まえた第三者による価格調査を行うことが必要とされていたが、不動産鑑定士による鑑定評価のみを行えば足りるものとする。

　また、土地もしくは建物またはこれらに関する権利もしくは資産である特定資産の取得または譲渡が行われた際、当該取得または譲渡に先立って鑑定評価を行わせている場合については、取得または譲渡行為後の鑑定評価義務を免除するものとする。

　11条（特定資産の価格等の調査）と同様の趣旨の改正である。

第2項

改 正 後	改 正 前
<u>2　資産運用会社は、資産の運用を行う投資法人について前項に規定する特定資産以外の特定資産（指定資産を除く。）の取得又は譲渡その他の内閣府令で定める行為が行われたときは、当該投資法人、その資産運用会社（その利害関係人等を含む。）及びその資産保管会社以外の者であつて政令で定めるものに当該特定資産の価格その他内閣府令で定める事項の調査を行わせなければならない。ただし、当該行為に先立つて当該調査を行わせている場合は、この限りでない。</u>	2　<u>前項の場合において、その調査する資産が不動産（土地若しくは建物又はこれらに関する所有権以外の権利をいう。）であるときは、不動産鑑定士による鑑定評価を踏まえて調査しなければならない。</u>

　不動産等以外の特定資産の取得または譲渡その他の内閣府令で定める行為が行われた際、当該取得または譲渡に先立って第三者に価格調査を行わせている場合については、取得または譲渡行為後の価格調査義務を免除するものとする。

　11条（特定資産の価格等の調査）と同様の趣旨の改正である。

第202条（投資法人から委託された権限の再委託等）

第2項

改 正 後	改 正 前
2　資産運用会社が投資法人から委託された資産の運用に係る権限の一部を再委託した場合における前条の規定の適用については、<u>同条中「資産運用会社」</u>とあるのは、「資産運用会社（当該資産運用会社から資産の運用に係る権限の一部の再委託を受けた者を含む。)」とする。	2　資産運用会社が投資法人から委託された資産の運用に係る権限の一部を再委託した場合における前条の規定の適用については、<u>同条第1項中「資産運用会社」</u>とあるのは、「資産運用会社（当該資産運用会社から資産の運用に係る権限の一部の再委託を受けた者を含む。)」とする。

201条の改正に伴う形式的修正を行っている。

第4編　雑則

第223条の3（金融商品取引法等の適用に関する特例）
第1項

改　正　後	改　正　前
第223条の3　金融商品取引業者又は金融商品取引業者となろうとする者が、業として不動産等（金融商品取引法第35条第1項第15号イに規定する不動産その他の政令で定める資産をいう。）に対する投資として委託者指図型投資信託の信託財産の運用の指図を行おうとし、又は登録投資法人の資産の運用を行おうとする場合における同法の規定の適用については、次の表の上欄に掲げる同法の規定中同表の中欄に掲げる字句は、それぞれ同表の下欄に掲げる字句とする。	第223条の3　金融商品取引業者又は金融商品取引業者となろうとする者が、業として不動産等（金融商品取引法第35条第1項第15号イに規定する不動産その他の政令で定める資産をいう。）に対する投資として委託者指図型投資信託の信託財産の運用の指図を行おうとし、又は登録投資法人の資産の運用を行おうとする場合における同法の規定の適用については、次の表の上欄に掲げる同法の規定中同表の中欄に掲げる字句は、それぞれ同表の下欄に掲げる字句とする。

（略）	（略）	（略）	（略）	（略）	（略）
第29条の4第1項第1号ニ	金融商品取引業	金融商品取引業（業として特定投資運用行為を行おうとする場合にあつては、当該特定投資運用行為を行う業務を含む。）	第29条の4第1項第1号ニ	投資助言・代理業	業として特定投資運用行為を行おうとする場合にあつては当該特定投資運用行為を行う業務を含み、投資助言・代理業
（略）	（略）	（略）	（略）	（略）	（略）

　金商法29条の4第1項1号の読替えを定める欄において、同法上の投資運用業の登録拒否事由として、金融商品取引業についてだけでなく、特

定投資運用行為を行う業務についても人的構成要件が求められることを規定しているが、改正法において、金融商品取引業のうち投資助言・代理業（金商法28条3項）の登録拒否事由に人的構成要件(注)を追加すべく、同法29条の4第1項1号ニの「（投資助言・代理業を除く。）」の文言を削除することに伴って改正を行うものである。

　（注）　人的構成要件とは、業務に関する十分な知識・経験を有する役職員の確保や組織体制、不適切な資質の役職員の排除等を求める登録拒否事由である（業府令13条参照）。

第225条（権限の委任等）
第4項　新設

改　　正　　後
<u>4　金融庁長官は、第1項の規定により委任された権限（前2項の規定により委員会に委任されたものを除く。）のうち、次に掲げるものを委員会に委任する。ただし、金融庁長官が自らその権限を行うことを妨げない。</u> <u>一　第26条第1項(第54条第1項において準用する場合を含む。)、第60条第1項、第219条第1項及び第223条第1項の規定による権限</u> <u>二　第26条第7項(第54条第1項において準用する場合を含む。)、第60条第3項、第219条第3項及び第223条第3項において準用する金融商品取引法第187条の規定による権限</u>

　裁判所に対する違反行為等の禁止または停止命令の申立てに係る金融庁長官の権限、当該申立てのための調査権限を、証券取引等監視委員会に委任する規定である。なお、金融庁長官自らが当該権限を行使することは妨げられない。

　金商法は、裁判所に対する違反行為の禁止または停止命令の申立て（同法192条1項）に係る金融庁長官の権限、そのための調査（同法187条）に係る権限について、違反行為等に対して迅速に対応する必要性があることから、証券取引等監視委員会に委任し（平成20年改正）、さらにこれらの権限を証券取引等監視委員会から各財務局長等に委任できることとした（平成22年改正）。

本法に基づく裁判所に対する違反行為等の禁止または停止命令の申立て（委託者指図型投資信託の受益証券について26条1項、委託者非指図型投資信託の受益証券について54条1項、外国投資信託の受益証券について60条1項、投資証券等について219条1項、外国投資証券について223条1項）に係る制度も、投資者被害の拡大防止のための緊急的な措置として、金商法192条等を参考にして導入されたものである。よって、これらの制度についても、金商法同様に迅速に申立てを行うことを可能にするため、申立て、調査に関する金融庁長官の権限を証券取引等監視委員会に委任する規定等を整備することとしている。

第5項

改　正　後	改　正　前
5　委員会は、<u>前2項</u>の規定により委任された権限を行使したときは、速やかに、その結果について金融庁長官に報告するものとする。	4　委員会は、<u>前項</u>の規定により委任された権限を行使したときは、速やかに、その結果について金融庁長官に報告するものとする。

4項を新設することに伴う形式的修正を行っている。

第6項

改　正　後	改　正　前
6　金融庁長官は、政令で定めるところにより、第1項の規定により委任された権限（<u>第2項から第4項までの規定により委員会に委任されたものを除く。</u>）の一部を財務局長又は財務支局長に委任することができる。	5　金融庁長官は、政令で定めるところにより、第1項の規定により委任された権限（第2項<u>及び第3項</u>の規定により委員会に委任されたものを除く。）の一部を財務局長又は財務支局長に委任することができる。

4項を新設することに伴う形式的修正を行っている。

第7項

改正後	改正前
<u>7</u> 委員会は、政令で定めるところにより、第2項<u>から第4項まで</u>の規定により委任された権限の一部を財務局長又は財務支局長に委任することができる。	<u>6</u> 委員会は、政令で定めるところにより、第2項<u>及び第3項</u>の規定により委任された権限の一部を財務局長又は財務支局長に委任することができる。

　4項で証券取引等監視委員会に委任された権限を、さらに各財務局長等に委任できることとするものである。

第225条の2（委員会の命令に対する不服申立て）

改正後	改正前
第225条の2　委員会が前条第2項又は第3項の規定により行う報告又は資料の提出の命令（<u>同条第7項の規定により</u>財務局長又は財務支局長が行う場合を含む。）についての行政不服審査法（昭和37年法律第160号）による不服申立ては、委員会に対してのみ行うことができる。	第225条の2　委員会が前条第2項又は第3項の規定により行う報告又は資料の提出の命令（<u>同条第6項の規定により</u>財務局長又は財務支局長が行う場合を含む。）についての行政不服審査法（昭和37年法律第160号）による不服申立ては、委員会に対してのみ行うことができる。

　投信法225条4項を新設することに伴う形式的修正を行っている。

第248条

改正後	改正前
第248条　法人（投資法人を除く。以下この条において同じ。）の代表者又は法人若しくは人の代理人、使用人その他の従業者が、その法人又は人の業務に関し、次の各号に掲げる規定の違反行為をしたときは、行為者を罰するほか、その法人に対して当該各号に定め	第248条　法人（投資法人を除く。以下この条において同じ。）の代表者又は法人若しくは人の代理人、使用人その他の従業者が、その法人又は人の業務に関し、次の各号に掲げる規定の違反行為をしたときは、行為者を罰するほか、その法人に対して当該各号に定め

る罰金刑を、その人に対して各本条の罰金刑を科する。 一　第239条第2号、第240条又は第241条　3億円以下の罰金刑 二・三　(略) 四　第239条(第2号を除く。)、第243条第1号、第245条第1号から第3号まで又は前2条　各本条の罰金刑	る罰金刑を、その人に対して各本条の罰金刑を科する。 一　第240条又は第241条　3億円以下の罰金刑 二・三　(略) 四　第239条、第243条第1号、第245条第1号から第3号まで又は前2条　各本条の罰金刑

　本法に基づく裁判所の禁止または停止命令の違反についても、金商法同様に法人重課の対象とし、法人に対する罰則を3億円以下の罰金とすることとしている。

　裁判所の禁止または停止命令の違反については、投信法239条2号の定めに基づく罰則（3年以下の懲役もしくは300万円以下の罰金またはこれらの併科）が規定されているところ、法人に対しては両罰規定により300万円以下の罰金（法人重課なし）となっていた。

　本法に基づく裁判所の禁止または停止命令の制度は、金商法192条の禁止または停止命令等を参考に導入されたものである。同条の規定に基づく裁判所の禁止または停止命令の違反については、平成22年金商法改正により、新たに法人重課の対象となり、法人に対する罰則が3億円以下の罰金と規定された（自然人に対する罰則は3年以下の懲役もしくは300万円以下の罰金またはこれらの併科）ところであり、その構造や法人重課の必要性について共通する面があることから、本法における罰則規定においても同様の改正を行うこととしている。

V 資産の流動化に関する法律の一部改正に係る逐条解説

第12条　資産の流動化に関する法律の一部改正

第1編　総則
第2条（定義）
第2項

改　正　後	改　正　前
2　この法律において「資産の流動化」とは、一連の行為として、特定目的会社が資産対応証券の発行若しくは<u>特定借入れ</u>により得られる金銭をもって資産を取得し、又は信託会社（信託業法（平成16年法律第154号）第2条第2項に規定する信託会社をいう。以下同じ。）若しくは信託業務を営む銀行（銀行法（昭和56年法律第59号）第2条第1項に規定する銀行をいう。以下同じ。）その他の金融機関が資産の信託を受けて受益証券を発行し、これらの資産の管理及び処分により得られる金銭をもって、次の各号に掲げる資産対応証券、特定借入れ及び受益証券に係る債務又は出資について当該各号に定める行為を行うことをいう。 一　特定社債、特定約束手形若しくは<u>特定借入れ又は受益証券　その債務の履行</u> 二　（略）	2　この法律において「資産の流動化」とは、一連の行為として、特定目的会社が資産対応証券の発行若しくは<u>特定目的借入れ</u>により得られる金銭をもって資産を取得し、又は信託会社（信託業法（平成16年法律第154号）第2条第2項に規定する信託会社をいう。以下同じ。）若しくは信託業務を営む銀行（銀行法（昭和56年法律第59号）第2条第1項に規定する銀行をいう。以下同じ。）その他の金融機関が資産の信託を受けて受益証券を発行し、これらの資産の管理及び処分により得られる金銭をもって、次の各号に掲げる資産対応証券、<u>特定目的借入れ</u>及び受益証券に係る債務又は出資について当該各号に定める行為を行うことをいう。 一　特定社債、特定約束手形若しくは<u>特定目的借入れ又は受益証券　その債務の履行</u> 二　（略）

「特定目的借入れ」の使途制限を撤廃し、その名称を「特定借入れ」と改正する（SPC法2条12項）ことに伴って修正を行うものである。

第12項

改　　正　　後	改　　正　　前
12　この法律において「特定借入れ」とは、特定目的会社が第210条の規定により行う資金の借入れをいう。	12　この法律において「特定目的借入れ」とは、特定目的会社が第210条の規定により行う資金の借入れをいう。

「特定目的借入れ」に関して、「特定資産を取得するため」という使途制限を撤廃することにより（SPC法210条）、特定の目的のための借入れではなくなることから、その名称を「特定借入れ」に改正するものである。

第2編　特定目的会社制度

第4条（届出）
第3項

改　正　後	改　正　前
3　前項の届出書には、次に掲げる書類を添付しなければならない。 一・二　（略） 三　特定資産(不動産その他の特定資産に付随して用いられる特定資産であって、価値及び使用の方法に照らし投資者の投資判断に及ぼす影響が軽微なものとして内閣府令で定めるもの(以下「従たる特定資産」という。)を除く。次号において同じ。)の譲受けに係る予約その他の内閣府令で定める契約の契約書の副本又は謄本 四～六　（略）	3　前項の届出書には、次に掲げる書類を添付しなければならない。 一・二　（略） 三　特定資産の譲受けに係る予約その他の内閣府令で定める契約の契約書の副本又は謄本 四～六　（略）

(1)　従たる特定資産

　不動産その他の特定資産の存在を前提とした特定資産の概念として、「不動産その他の特定資産に付随して用いられる特定資産であって、価値及び使用の方法に照らし投資者の投資判断に及ぼす影響が軽微なものとして内閣府令で定めるもの」を「従たる特定資産」と定義するものである。

　SPC法において、「特定資産」は、「資産の流動化に係る業務として、特定目的会社が取得した資産又は受託信託会社等が取得した資産」と定義されており（SPC法2条1項）、特定資産の信託設定義務（同法200条1項）等の各種規制が設けられている。

　しかしながら、ホテルや家具付きアパートの家具等、流動化対象の不動産等の特定資産がキャッシュフローを生み出すに当たり、当該特定資産に付随して様々な軽微な資産が必要になる場合がある。これらの軽微な資産の一つ一つについて特定資産に係る各種規制を遵守しようとすると、例え

ば、流動化対象の不動産等と切り離してこれらに付随する軽微な資産のみを信託設定する必要があることになるが、このような取扱いは煩雑であり現実的ではない。

その結果、特定目的会社がホテル等の特定資産を取得しようとする場合には、それに付随する軽微な資産については、特定目的会社とは別の会社に保有させるスキームを組まなければならないなど、資産流動化スキームの利用に当たりコスト増の要因となっている旨の指摘がなされていた。

また、信託設定義務以外でも、特定資産に係る譲受け契約書等の当局への提出、資産対応証券の募集時の特定資産の価格調査の結果の通知等の義務付けにより、膨大な手間・コスト等が生じるといった問題があった。

こうした背景を踏まえ、特定資産に係る各種規制の趣旨に鑑みて投資者保護上問題がないと考えられる範囲で一定の規制の特例を設けることとし、その対象となる特定資産の範囲として、本項で「従たる特定資産」の定義を行うものである（第2部Ⅱ「2　資産流動化スキームに係る規制の弾力化」、図表2-Ⅱ-4「従たる特定資産に係る改正の具体的内容」参照）。

(2)　特定資産の譲受け契約書等の当局への提出義務

従たる特定資産（SPC法4条3項3号）について、業務開始届出（同法4条2項）を当局に提出する際の特定資産の譲受け契約書等[注]の添付を免除するものである。

特定資産の譲受け契約書等の当局への提出を義務付けている趣旨は、詐欺的証券発行を防止することで特定資産の取得の確実性を確保することにある。しかしながら、従たる特定資産については、流動化業務に与える影響は極めて軽微であることに加えて、人的・財産的基盤を有する者への外部委託義務が別途課されていることから（SPC法200条2項）、それ単体についての譲受け契約書等を当局に提出することによって詐欺的証券発行を防止する意義には乏しいと考えられる。

(注)　本号において「次号において同じ」と規定しているため条文自体の改正は生じていないが、適切な管理・処分の業務委託を担保するために設けられている管理・処分業務委託契約書の提出義務（本項4号）についても、上記と同様の理由により

免除することとしている。

第5条（資産流動化計画）
第1項

改正後	改正前
第5条　資産流動化計画には、次に掲げる事項を記載し、又は記録しなければならない。 一　（略） 二　資産対応証券及び<u>特定借入れ</u>に関する次に掲げる事項 　イ〜ヘ　（略） 　ト　<u>特定借入れ</u>においては、限度額その他の借入れ及び弁済に関する事項として内閣府令で定める事項 三・四　（略） 五　資金の借入れ（<u>特定借入れ</u>を除く。）に関する事項として内閣府令で定める事項 六　（略）	第5条　資産流動化計画には、次に掲げる事項を記載し、又は記録しなければならない。 一　（略） 二　資産対応証券及び<u>特定目的借入れ</u>に関する次に掲げる事項 　イ〜ヘ　（略） 　ト　<u>特定目的借入れ</u>においては、限度額その他の借入れ及び弁済に関する事項として内閣府令で定める事項 三・四　（略） 五　資金の借入れ（<u>特定目的借入れ</u>を除く。）に関する事項として内閣府令で定める事項 六　（略）

「特定目的借入れ」の使途制限を撤廃し、その名称を「特定借入れ」と改正する（SPC法2条12項）ことに伴って修正を行うものである。

第9条（届出事項の変更）
第1項

改正後	改正前
第9条　特定目的会社は、第4条第2項各号（第5号を除き、第11条第5項において準用する場合を含む。）に掲げる事項又は資産流動化計画に変更があったときは、内閣府令で定める期間内に、内閣総理大臣に届け出なければ	第9条　特定目的会社は、第4条第2項各号（第5号を除き、第11条第5項において準用する場合を含む。）に掲げる事項又は資産流動化計画に変更があったときは、内閣府令で定める期間内に、内閣総理大臣に届け出なければ

ならない。ただし、資産流動化計画に記載又は記録された事項の変更であって、特定資産の取得の時期の確定に伴う変更その他の軽微な変更として内閣府令で定めるものについては、この限りでない。	ならない。

　資産流動化計画に記載または記録された事項の変更であって、特定資産の取得の時期の確定に伴う変更その他の軽微な変更として内閣府令で定めるものについては、変更届出を免除するものである。

　特定目的会社は、資産の流動化に係る業務を開始する際の届出書に資産流動化計画を添付することが義務付けられており（SPC法4条3項2号）、また、資産流動化計画を変更した際には原則として2週間以内に当該変更を届け出なければならない（同法9条1項）。しかしながら、軽微な事項に係る変更を含め、全ての資産流動化計画の変更について届出が義務付けられていたため、特に多数回にわたる変更が不可避となる開発型のスキームでは変更届出の手間・コストが大きく、全体として資産流動化スキームの利用の妨げになっているとの指摘がなされていた。

　平成12年の法改正によって特定目的会社は登録制から届出制に変更されたが、その趣旨は、当局が法令違反の有無を事後的にチェックすることにより投資者保護を図ることにあるとされている。しかしながら、資産流動化計画の記載事項のうち、例えば、特定資産の取得時期といった資産流動化スキームの根幹に関わらない一定の事項について確定手続により確定したことに伴う変更（SPC法151条3項3号、SPC法施行規則79条2項2号）など、投資者保護の観点から重要性の低いものについては、変更届出により当局が随時把握する必要性も低いと考えられる。

　そこで、資産流動化法の制定から十数年を経て資産流動化スキームが実務に定着していることも踏まえ、後見的な行政の関与を極力縮小し、資産流動化法に基づく資産の流動化を一層促進する観点から、軽微な変更の場合には資産流動化計画変更時の届出義務を免除することとしている。

第10条（資産流動化計画に係る業務の終了の届出）
第1項

改　正　後	改　正　前
第10条　特定目的会社は、資産流動化計画に従って、優先出資の消却、残余財産の分配並びに特定社債、特定約束手形及び特定借入れに係る債務の履行を完了したときは、その日から30日以内に、その旨を内閣総理大臣に届け出なければならない。	第10条　特定目的会社は、資産流動化計画に従って、優先出資の消却、残余財産の分配並びに特定社債、特定約束手形及び特定目的借入れに係る債務の履行を完了したときは、その日から30日以内に、その旨を内閣総理大臣に届け出なければならない。

　「特定目的借入れ」の使途制限を撤廃し、その名称を「特定借入れ」と改正する（SPC法2条12項）ことに伴って修正を行うものである。

第40条（募集優先出資の申込み）
第1項

改　正　後	改　正　前
第40条　特定目的会社は、前条第1項の募集に応じて募集優先出資の引受けの申込みをしようとする者に対し、次に掲げる事項を通知しなければならない。 一～五　（略） 六　資産流動化計画に特定借入れについての定めがあるときは、その限度額その他の内閣府令で定める事項及びその借入状況 七　資産流動化計画に定められた特定資産（従たる特定資産を除く。）の種類、当該特定資産を特定するに足りる事項、当該特定資産につき存在する特定目的会社に対抗し得る権利その他当該特定資産の価格を知るために必要な事項の概要	第40条　特定目的会社は、前条第1項の募集に応じて募集優先出資の引受けの申込みをしようとする者に対し、次に掲げる事項を通知しなければならない。 一～五　（略） 六　資産流動化計画に特定目的借入れについての定めがあるときは、その限度額その他の内閣府令で定める事項及びその借入状況 七　資産流動化計画に定められた特定資産の種類、当該特定資産を特定するに足りる事項、当該特定資産につき存在する特定目的会社に対抗し得る権利その他当該特定資産の価格を知るために必要な事項の概要

八　前号の特定資産につき、次に掲げる資産の区分に応じ、それぞれ次に定める事項 　イ　土地若しくは建物又はこれらに関する権利若しくは資産であって政令で定めるもの　政令で定める不動産鑑定士によるこれらの資産に係る不動産の鑑定評価の評価額 　ロ　イに掲げる資産以外の資産　特定目的会社以外の者であって政令で定めるものが当該資産の価格につき調査した結果	八　特定目的会社以外の者であって政令で定めるものが前号の特定資産の価格につき調査した結果（当該特定資産が不動産（土地若しくは建物又はこれらに関する所有権以外の権利をいう。）であるときは、不動産鑑定士による鑑定評価を踏まえて調査したものに限る。）
九～十二　（略）	九～十二　（略）

(1)　第6号

「特定目的借入れ」の使途制限を撤廃し、その名称を「特定借入れ」と改正する（SPC法2条12項）ことに伴って修正を行うものである。

(2)　第7号

従たる特定資産（SPC法4条3項3号）については、優先出資募集時における募集優先出資の引受けの申込みをしようとする者に対する特定資産の種類、特定資産を特定するに足りる事項等の通知義務を免除するものである。

当該通知義務を設けているのは、資産対応証券の裏付資産である特定資産の個性や価値は投資者の投資判断にとって重要な情報であることによる。しかしながら、特定資産のうち軽微な資産の具体的な内容や個別の価格は、投資者の投資判断にとって重要な影響を及ぼさないことから、通知事項から除外したとしても投資者保護上特段の問題はないと考えられる。

(3)　第8号

現行法においては、前号の特定資産が不動産である場合には、不動産鑑定士による鑑定評価を踏まえた第三者による価格調査の結果の通知が必要

とされていたが、不動産鑑定士による鑑定評価の評価額のみを通知すれば足りるものとする(注)。

　特定目的会社は、優先出資を引き受ける者の募集を行うに当たり、第三者である弁護士、公認会計士、不動産鑑定士等が特定資産の価格につき調査した結果を、優先出資の引受けの申込みをしようとする者に対して通知しなければならないこととされていた。しかしながら、特定資産が不動産である場合には、不動産鑑定士による鑑定評価を踏まえて上記調査を行うことが義務付けられており、不動産鑑定士による鑑定評価と第三者による価格調査が二重に義務付けられる状況にあった。

　第三者による価格調査を義務付けた趣旨は、優先出資の引受けの判断において、裏付けとなる資産の価格が適正なものであることを確保することが重要であることにある。しかしながら、不動産の鑑定評価は、国が定める不動産鑑定基準によって経済価値の算定過程に一定の客観性が担保されており、その公正性・適正性が確保されていることに鑑みれば、重ねて第三者による価格調査を義務付ける実益は乏しいと考えられる。

　そこで、特定資産が土地もしくは建物またはこれらに関する権利もしくは資産である場合には、現行の不動産鑑定士による鑑定評価を踏まえた第三者価格調査の結果に代えて、不動産鑑定士による鑑定評価の評価額のみを通知すれば足りることとするものである。

(注)　本項8号において「前号の特定資産」と規定しているため、本号の条文自体の改正は生じないが、従たる特定資産（SPC法4条3項3号）に係る第三者による価格調査の通知義務についても、特定資産の種類、特定資産を特定するに足りる事項等の通知義務（本項7号）と同様の理由により免除することとしている。

第64条（資産流動化計画違反の社員総会の決議の取消しの訴え）
第1項

改　正　後	改　正　前
第64条　社員総会の決議の内容が資産流動化計画に違反するときは、社員、取締役、監査役、清算人、特定社債権者、	第64条　社員総会の決議の内容が資産流動化計画に違反するときは、社員、取締役、監査役、清算人、特定社債権者、

改　正　後	改　正　前
特定約束手形の所持人又は特定借入れに係る債権者は、社員総会の決議の日から3箇月以内に、訴えをもって当該決議の取消しを請求することができる。当該決議の取消しにより取締役、監査役又は清算人（第76条第1項（第168条第5項において準用する場合を含む。）の規定により取締役、監査役又は清算人としての権利義務を有する者を含む。）となる者も、同様とする。	特定約束手形の所持人又は特定目的借入れに係る債権者は、社員総会の決議の日から3箇月以内に、訴えをもって当該決議の取消しを請求することができる。当該決議の取消しにより取締役、監査役又は清算人（第76条第1項（第168条第5項において準用する場合を含む。）の規定により取締役、監査役又は清算人としての権利義務を有する者を含む。）となる者も、同様とする。

　「特定目的借入れ」の使途制限を撤廃し、その名称を「特定借入れ」と改正する（SPC法2条12項）ことに伴って修正を行うものである。

第67条
第1項

改　正　後	改　正　前
第67条　特定目的会社には、次に掲げる機関を置かなければならない。ただし、第3号に掲げる機関については、資産対応証券として特定社債のみを発行する特定目的会社であって、資産流動化計画に定められた特定社債の発行総額と特定借入れの総額との合計額が政令で定める額に満たないものにあっては、この限りでない。 一〜三　（略）	第67条　特定目的会社には、次に掲げる機関を置かなければならない。ただし、第3号に掲げる機関については、資産対応証券として特定社債のみを発行する特定目的会社であって、資産流動化計画に定められた特定社債の発行総額と特定目的借入れの総額との合計額が政令で定める額に満たないものにあっては、この限りでない。 一〜三　（略）

　「特定目的借入れ」の使途制限を撤廃し、その名称を「特定借入れ」と改正する（SPC法2条12項）ことに伴って修正を行うものである。

第70条(取締役の資格)
第1項

改　正　後	改　正　前
第70条　次に掲げる者は、取締役となることができない。 一～三　(略) 四　<u>禁錮</u>以上の刑(これに相当する外国の法令による刑を含む。)に処せられ、その刑の執行を終わり、又はその刑の執行を受けることがなくなった日から3年を経過しない者 五～七　(略) 八　資産流動化計画に定められた特定資産(信託の受益権を除く。)の管理及び処分に係る業務を行わせるために設定された信託の受託者である法人の役員(<u>第200条第2項の規定</u>に基づき特定資産の管理及び処分に係る業務を委託したときは、当該業務の受託者(当該受託者が法人であるときは、その役員)) 九・十　(略)	第70条　次に掲げる者は、取締役となることができない。 一～三　(略) 四　<u>禁錮</u>以上の刑(これに相当する外国の法令による刑を含む。)に処せられ、その刑の執行を終わり、又はその刑の執行を受けることがなくなった日から3年を経過しない者 五～七　(略) 八　資産流動化計画に定められた特定資産(信託の受益権を除く。)の管理及び処分に係る業務を行わせるために設定された信託の受託者である法人の役員(<u>第200条第3項の規定</u>に基づき特定資産の管理及び処分に係る業務を委託したときは、当該業務の受託者(当該受託者が法人であるときは、その役員)) 九・十　(略)

(1) **第4号**

「常用漢字表」(平成22年内閣告示第2号)において「錮」が常用漢字表に追加されたことに伴う形式的修正を行っている。

(2) **第8号**

SPC法200条2項を削除することに伴う形式的修正を行っている。

第73条（会計監査人の資格等）
第3項

改　正　後	改　正　前
3　次に掲げる者は、会計監査人となることができない。 一　（略） 二　資産流動化計画に定められた特定資産の譲渡人、当該特定資産の管理及び処分に係る業務を行わせるために設定された信託の受託者である信託会社等（<u>第200条第2項</u>の規定に基づき同項各号の財産に係る管理及び処分に係る業務を委託した場合にあっては、その受託者）若しくは当該特定資産が信託の受益権である場合における当該信託の受託者（以下この号並びに第91条第4項第2号及び第3号において「特定資産譲渡人等」という。）若しくは特定資産譲渡人等の取締役、会計参与、監査役若しくは執行役から公認会計士若しくは監査法人の業務以外の業務により継続的な報酬を受けている者又はその配偶者 三　（略）	3　次に掲げる者は、会計監査人となることができない。 一　（略） 二　資産流動化計画に定められた特定資産の譲渡人、当該特定資産の管理及び処分に係る業務を行わせるために設定された信託の受託者である信託会社等（<u>第200条第3項</u>の規定に基づき同項各号の財産に係る管理及び処分に係る業務を委託した場合にあっては、その受託者）若しくは当該特定資産が信託の受益権である場合における当該信託の受託者（以下この号並びに第91条第4項第2号及び第3号において「特定資産譲渡人等」という。）若しくは特定資産譲渡人等の取締役、会計参与、監査役若しくは執行役から公認会計士若しくは監査法人の業務以外の業務により継続的な報酬を受けている者又はその配偶者 三　（略）

　SPC法200条2項を削除することに伴う形式的修正を行っている。

第82条（社員等による取締役の行為の差止め）

改　正　後	改　正　前
第82条　社員、特定社債権者、特定約束手形の所持人又は<u>特定借入れに係る</u>債権者は、取締役が法令又は資産流動化計画に違反する行為をし、又はこれ	第82条　社員、特定社債権者、特定約束手形の所持人又は<u>特定目的借入れに係る</u>債権者は、取締役が法令又は資産流動化計画に違反する行為をし、又は

改　正　後	改　正　前
らの行為をするおそれがある場合には、当該取締役に対し、当該行為をやめることを請求することができる。	これらの行為をするおそれがある場合には、当該取締役に対し、当該行為をやめることを請求することができる。

　「特定目的借入れ」の使途制限を撤廃し、その名称を「特定借入れ」と改正する（SPC法2条12項）ことに伴って修正を行うものである。

第111条（債権者の異議）
第1項

改　正　後	改　正　前
第111条　特定目的会社が前3条の規定により特定資本金の額又は優先資本金の額を減少する場合には、当該特定目的会社の債権者（前条の規定により優先資本金の額を減少する場合にあっては、特定社債権者、特定約束手形の所持人及び特定借入れに係る債権者を除く。以下この条において同じ。）は、当該特定目的会社に対し、特定資本金の額又は優先資本金の額の減少について異議を述べることができる。	第111条　特定目的会社が前3条の規定により特定資本金の額又は優先資本金の額を減少する場合には、当該特定目的会社の債権者（前条の規定により優先資本金の額を減少する場合にあっては、特定社債権者、特定約束手形の所持人及び特定目的借入れに係る債権者を除く。以下この条において同じ。）は、当該特定目的会社に対し、特定資本金の額又は優先資本金の額の減少について異議を述べることができる。

　「特定目的借入れ」の使途制限を撤廃し、その名称を「特定借入れ」と改正する（SPC法2条12項）ことに伴って修正を行うものである。

第120条（社員等の権利の行使に関する利益の供与）
第1項

改　正　後	改　正　前
第120条　特定目的会社は、何人に対しても、社員、特定社債権者、特定約束手形の所持人又は特定借入れに係る債権者（次項及び第5項において「社員等」	第120条　特定目的会社は、何人に対しても、社員、特定社債権者、特定約束手形の所持人又は特定目的借入れに係る債権者（次項及び第5項において「社

改正後	改正前
という。）の権利の行使に関し、財産上の利益の供与（当該特定目的会社の計算においてするものに限る。以下この条において同じ。）をしてはならない。	員等」という。）の権利の行使に関し、財産上の利益の供与（当該特定目的会社の計算においてするものに限る。以下この条において同じ。）をしてはならない。

「特定目的借入れ」の使途制限を撤廃し、その名称を「特定借入れ」と改正する（SPC法2条12項）ことに伴って修正を行うものである。

第122条（募集特定社債の申込み）
第1項

改正後	改正前
第122条　特定目的会社は、前条第1項の募集に応じて募集特定社債（当該募集に応じて当該特定社債の引受けの申込みをした者に対して割り当てる特定社債をいう。以下この節において同じ。）の引受けの申込みをしようとする者に対し、次に掲げる事項を通知しなければならない。 一・二　（略） 三　募集特定社債に係る特定資産（従たる特定資産を除く。）の種類 四〜十六　（略） 十七　資産流動化計画に定められた特定資産（従たる特定資産を除く。）を特定するに足りる事項、当該特定資産の上に存在する特定目的会社に対抗することができる権利その他当該特定資産の価格を知るために必要な事項の概要 十八　前号の特定資産につき、次に掲げる資産の区分に応じ、それぞれ次に定める事項 　イ　土地若しくは建物又はこれらに	第122条　特定目的会社は、前条第1項の募集に応じて募集特定社債（当該募集に応じて当該特定社債の引受けの申込みをした者に対して割り当てる特定社債をいう。以下この節において同じ。）の引受けの申込みをしようとする者に対し、次に掲げる事項を通知しなければならない。 一・二　（略） 三　募集特定社債に係る特定資産の種類 四〜十六　（略） 十七　資産流動化計画に定められた特定資産を特定するに足りる事項、当該特定資産の上に存在する特定目的会社に対抗することができる権利その他当該特定資産の価格を知るために必要な事項の概要 十八　特定目的会社以外の者であって政令で定めるものが前号の特定資産の価格につき調査した結果（当該特定資産が不動産（土地若しく

関する権利若しくは資産であって政令で定めるもの　政令で定める不動産鑑定士によるこれらの資産に係る不動産の鑑定評価の評価額 　ロ　イに掲げる資産以外の資産　特定目的会社以外の者であって政令で定めるものが当該資産の価格につき調査した結果	は建物又はこれらに関する所有権以外の権利をいう。）であるときは、不動産鑑定士による鑑定評価を踏まえて調査したものに限る。）
十九〜二十一　（略）	十九〜二十一　（略）
二十二　資産流動化計画に特定借入れについての定めがあるときは、その限度額その他の内閣府令で定める事項及びその借入状況	二十二　資産流動化計画に特定目的借入れについての定めがあるときは、その限度額その他の内閣府令で定める事項及びその借入状況
二十三　（略）	二十三　（略）

(1)　**第3号・第17号・第18号**

　従たる特定資産（SPC法4条3項3号）について、特定社債募集時における投資者に対する特定資産の種類、特定資産を特定するに足りる事項等や第三者価格調査の通知を免除するものである。

　募集優先出資の申込みにおいても、従たる特定資産については、募集時における投資者に対する特定資産の種類、特定資産を特定するに足りる事項等や第三者価格調査の通知を免除することとしており（SPC法40条1項7号・8号）、同様の趣旨の改正である。

(2)　**第18号**

　特定資産が土地もしくは建物またはこれらに関する権利もしくは資産である場合には、現行の不動産鑑定士による鑑定評価を踏まえた第三者価格調査に代えて、不動産鑑定士による鑑定評価のみを行えば足りるものとする。

　募集優先出資の申込みにおいても、特定資産が土地もしくは建物またはこれらに関する権利もしくは資産である場合には、現行の不動産鑑定士による鑑定評価を踏まえた第三者価格調査の結果に代えて、不動産鑑定士に

よる鑑定評価の評価額のみを通知すれば足りることとしており（SPC法40条1項8号）、同様の趣旨の改正である。

(3) 第22号

「特定目的借入れ」の使途制限を撤廃し、その名称を「特定借入れ」と改正する（SPC法2条12項）ことに伴って修正を行うものである。

第151条（資産流動化計画の変更）

第3項

改正後	改正前
3　前2項の規定にかかわらず、特定目的会社は、次に掲げる場合には、資産流動化計画を変更することができる。 一　（略） 二　社員、特定社債権者、特定約束手形の所持人及び<u>特定借入れに係る債権者</u>（次項において「利害関係人」という。）の全員の当該変更に係る事前の承諾がある場合 三　（略）	3　前2項の規定にかかわらず、特定目的会社は、次に掲げる場合には、資産流動化計画を変更することができる。 一　（略） 二　社員、特定社債権者、特定約束手形の所持人及び<u>特定目的借入れに係る債権者</u>（次項において「利害関係人」という。）の全員の当該変更に係る事前の承諾がある場合 三　（略）

「特定目的借入れ」の使途制限を撤廃し、その名称を「特定借入れ」と改正する（SPC法2条12項）ことに伴って修正を行うものである。

第5項

改正後	改正前
5　第132条第2項の規定は、前項の通知について準用する。この場合において、同条第2項中「社員」とあるのは、「社員、特定社債権者、特定約束手形の所持人及び<u>特定借入れに係る債権者</u>」と読み替えるものとする。	5　第132条第2項の規定は、前項の通知について準用する。この場合において、同条第2項中「社員」とあるのは、「社員、特定社債権者、特定約束手形の所持人及び<u>特定目的借入れに係る債権者</u>」と読み替えるものとする。

「特定目的借入れ」の使途制限を撤廃し、その名称を「特定借入れ」と改正する（SPC法2条12項）ことに伴って修正を行うものである。

第152条（計画変更決議）
第1項

改　正　後	改　正　前
第152条　次の各号に掲げる特定目的会社は、資産流動化計画の変更の決議（以下この節において「計画変更決議」という。）を行う社員総会に係る第56条第1項の規定による招集の通知をするときは、当該各号に定める事項を記載した書類を交付しなければならない。 一〜三　（略） 四　特定借入れを行っている特定目的会社　第157条第2項において準用する第155条第4項の規定により資産流動化計画の変更に反対する旨を特定目的会社に対し通知した<u>特定借入れ</u>に係る債権者に係る<u>特定借入れ</u>の額の合計額	第152条　次の各号に掲げる特定目的会社は、資産流動化計画の変更の決議（以下この節において「計画変更決議」という。）を行う社員総会に係る第56条第1項の規定による招集の通知をするときは、当該各号に定める事項を記載した書類を交付しなければならない。 一〜三　（略） 四　<u>特定目的借入れ</u>を行っている特定目的会社　第157条第2項において準用する第155条第4項の規定により資産流動化計画の変更に反対する旨を特定目的会社に対し通知した<u>特定目的借入れ</u>に係る債権者に係る<u>特定目的借入れ</u>の額の合計額

「特定目的借入れ」の使途制限を撤廃し、その名称を「特定借入れ」と改正する（SPC法2条12項）ことに伴って修正を行うものである。

第153条（反対優先出資社員の優先出資買取請求権）
第3項

改　正　後	改　正　前
3　優先出資買取請求があった場合において、優先出資の価格の決定につき、優先出資社員と特定目的会社との間に協議が調ったときは、特定目的会社は、計画変更決議の日から60日以内にそ	3　優先出資買取請求があった場合において、優先出資の価格の決定につき、優先出資社員と特定目的会社との間に協議が調ったときは、特定目的会社は、計画変更決議の日から60日以内にそ

改正後	改正前
の支払をしなければならない。ただし、次条第5項、第155条第4項又は第156条第3項若しくは第157条第2項において準用する第155条第4項の規定による特定社債、特定約束手形及び特定借入れに係る債務について弁済又は相当の財産の信託を完了した後でなければその支払をすることができない。	の支払をしなければならない。ただし、次条第5項、第155条第4項又は第156条第3項若しくは第157条第2項において準用する第155条第4項の規定による特定社債、特定約束手形及び特定目的借入れに係る債務について弁済又は相当の財産の信託を完了した後でなければその支払をすることができない。

「特定目的借入れ」の使途制限を撤廃し、その名称を「特定借入れ」と改正する（SPC 法2 条12 項）ことに伴って修正を行うものである。

第157条（特定借入れに係る債権者の異議）

第1項・第2項

改正後	改正前
第157条　特定借入れを行っている特定目的会社は、計画変更決議により資産流動化計画を変更するときは、当該計画変更決議を行う社員総会の会日の1箇月前までに、2週間以上の期間を定め、かつ、特定借入れに係る各債権者に対しその変更に異議があるときは当該期間内にこれを述べるべき旨を催告しなければならない。 2　第132条第2項の規定は前項の催告について、第155条第3項及び第4項の規定は特定借入れに係る債権者について、それぞれ準用する。この場合において、第132条第2項中「社員」とあるのは「特定借入れに係る債権者」と、第155条第3項中「第1項」とあるのは「第157条第1項」と読み替えるものとする。	第157条　特定目的借入れを行っている特定目的会社は、計画変更決議により資産流動化計画を変更するときは、当該計画変更決議を行う社員総会の会日の1箇月前までに、2週間以上の期間を定め、かつ、特定目的借入れに係る各債権者に対しその変更に異議があるときは当該期間内にこれを述べるべき旨を催告しなければならない。 2　第132条第2項の規定は前項の催告について、第155条第3項及び第4項の規定は特定目的借入れに係る債権者について、それぞれ準用する。この場合において、第132条第2項中「社員」とあるのは「特定目的借入れに係る債権者」と、第155条第3項中「第1項」とあるのは「第157条第1項」と読み替えるものとする。

「特定目的借入れ」の使途制限を撤廃し、その名称を「特定借入れ」と改正する（SPC法2条12項）ことに伴って修正を行うものである。

第159条（貸借対照表の作成等）
第1項

改　正　後	改　正　前
第159条　資産流動化計画の定めによる特定資産の管理及び処分を終了し、かつ、特定社債若しくは特定約束手形を発行し、又は<u>特定借入れ</u>を行っている場合においてその償還及び支払並びに弁済を完了した特定目的会社が新たな資産流動化計画に基づく資産の流動化に係る業務を行うときは、当該特定目的会社の取締役は、第一種特定目的会社にあっては遅滞なく、第二種特定目的会社にあっては資産流動化計画の定めにより優先出資を消却する前に、当該特定目的会社の貸借対照表を作成し、社員総会の承認を受けなければならない。	第159条　資産流動化計画の定めによる特定資産の管理及び処分を終了し、かつ、特定社債若しくは特定約束手形を発行し、又は特定目的借入れを行っている場合においてその償還及び支払並びに弁済を完了した特定目的会社が新たな資産流動化計画に基づく資産の流動化に係る業務を行うときは、当該特定目的会社の取締役は、第一種特定目的会社にあっては遅滞なく、第二種特定目的会社にあっては資産流動化計画の定めにより優先出資を消却する前に、当該特定目的会社の貸借対照表を作成し、社員総会の承認を受けなければならない。

「特定目的借入れ」の使途制限を撤廃し、その名称を「特定借入れ」と改正する（SPC法2条12項）ことに伴って修正を行うものである。

第160条（解散の事由）
第1項

改　正　後	改　正　前
第160条　特定目的会社は、次に掲げる事由によって解散する。 一～六　（略） 七　資産流動化計画に記載し、又は記録する特定資産<u>（従たる特定資産を</u>	第160条　特定目的会社は、次に掲げる事由によって解散する。 一～六　（略） 七　資産流動化計画に記載し、又は記録する特定資産の譲受け、資産対応

除く。）の譲受け、資産対応証券の発行又は特定借入れの実行の不能	証券の発行又は特定目的借入れの実行の不能
八　（略）	八　（略）

　従たる特定資産（SPC 法 4 条 3 項 3 号）の譲受けの不能を解散事由に該当しないこととするものである。また、「特定目的借入れ」の使途制限を撤廃し、その名称を「特定借入れ」と改正する（同法 2 条 12 項）ことに伴って修正を行うものである。

　特定目的会社は、資産流動化計画に記載し、または記録する特定資産の譲受けが不能となった場合には解散事由に該当することとなる。これは、資産の流動化が、特定資産の管理および処分により得られる金銭をもって投資家への配当や債務の履行等が行われるものであることから、特定資産の譲受けが不能となった場合、資産の流動化に係る業務の遂行が困難となるからである。

　しかしながら、不動産等に付随する資産などは個性を問わない資産が多いため、あるルートでの入手ができなかったとしても、別のルートで代替物を入手することが可能であり、上記の資産の流動化に係る業務の遂行が困難となる可能性は極めて低いと考えられることから改正を行うものである。

第 161 条（解散の決議）
第 2 項

改　　正　　後	改　　正　　前
2　前項の決議は、特定目的会社の資産流動化計画の定めによる特定社債の償還、特定約束手形の支払及び<u>特定借入れ</u>の弁済が完了した後でなければ、行うことができない。	2　前項の決議は、特定目的会社の資産流動化計画の定めによる特定社債の償還、特定約束手形の支払及び<u>特定目的借入れ</u>の弁済が完了した後でなければ、行うことができない。

　「特定目的借入れ」の使途制限を撤廃し、その名称を「特定借入れ」と改正する（SPC 法 2 条 12 項）ことに伴って修正を行うものである。

第189条（優先資本金の額の減少による変更の登記）

改　正　後	改　正　前
第189条　次の各号に掲げる規定に基づく優先資本金の額の減少による変更の登記の申請書には、当該各号に定める書面を添付しなければならない。 一・二　（略） 三　第159条の規定　資産流動化計画並びに特定社債の償還、特定約束手形の支払及び<u>特定借入れ</u>の弁済を証する書面	第189条　次の各号に掲げる規定に基づく優先資本金の額の減少による変更の登記の申請書には、当該各号に定める書面を添付しなければならない。 一・二　（略） 三　第159条の規定　資産流動化計画並びに特定社債の償還、特定約束手形の支払及び<u>特定目的借入れ</u>の弁済を証する書面

　「特定目的借入れ」の使途制限を撤廃し、その名称を「特定借入れ」と改正する（SPC法2条12項）ことに伴って修正を行うものである。

第199条（特定資産の譲受けの契約の要件等）

改　正　後	改　正　前
<u>第199条　削除</u>	第199条　特定目的会社は、資産流動化計画に従い特定資産を譲り受けようとする場合において、その譲受けに係る契約書に、当該特定資産の譲渡人が、当該特定資産に係る資産対応証券に関する有価証券届出書等（金融商品取引法第2条第7項に規定する有価証券届出書その他の内閣府令において規定する書類をいう。以下同じ。）に記載すべき重要な事項につき、譲受人たる当該特定目的会社に告知する義務を有する旨の記載がないときは、当該特定資産を譲り受けてはならない。

　特定目的会社が特定資産を譲り受けようとする場合に、その譲受けに係

る契約書に、譲渡人が特定目的会社に対して、当該特定資産に係る資産対応証券に関する有価証券届出書等に記載すべき重要な事項について告知する義務を有する旨の記載がなければ、特定目的会社は当該特定資産を譲り受けることができないという規制を撤廃するものである。

当該告知義務は、特定目的会社が資産流動化スキームにおける器に過ぎないことから、資産対応証券の発行者としての開示義務を果たす上で十分な調査能力が期待できないとして設けられたものである。しかしながら、実際の資産流動化スキームの実務は、アセットマネージャー等の専門家が関与することが通常であるものとして定着しており、譲渡人による告知義務を通じた特定目的会社の調査能力の補完を法的に義務付ける必然性は薄れてきていることから、改正を行うものである。

第200条（業務の委託）

旧第2項

改正後	改正前
（削る）	2　前項の規定による特定資産の信託に係る契約には、次に掲げる条件を付さなければならない。 一　当該信託の受託者が、資産対応証券に係る有価証券届出書等に記載すべき当該信託に係る信託財産の管理及び処分に関する重要な事項につき知った事実を遅滞なく受益者たる当該特定目的会社に通知する義務を有すること。 二　政令で定める特定資産の管理及び処分については、政令で定める条件

(1) 旧第1号

特定資産に係る管理・処分業務を受託する信託会社等が、当該特定資産に係る資産対応証券に関する有価証券届出書等に記載すべき当該資産の管理・処分に関する重要事項について知った事実を、遅滞なく特定目的会社

に通知する義務を有する旨の条件を信託契約に付さなければならないという規制を撤廃するものである。

　当該義務は、特定目的会社が発行者としての開示義務を果たすため、受託者から十分な情報が入手できるよう設けられたものであるが、開示義務を負っている特定目的会社は、本規定の有無にかかわらず、開示に必要な情報を入手できる相手を管理・処分業務の信託受託者として選ぶはずであり、また、仮に必要な情報が入手できないという事態が発生した場合には受託者を変更することが可能である。そのため、受託者に通知義務がある旨の条件を信託契約に付すことを求めるといった制度的な担保を設ける必要性には乏しいと考えられることから、改正を行うものである。

(2) 旧第2号

　特定資産に係る管理・処分業務を受託する信託会社等との間の信託契約に「政令で定める特定資産の管理及び処分については、政令で定める条件」を付さなければならないという規制を撤廃するものである。

　これは、信託会社等が受託する特定資産の管理・処分に関し、専門的な管理能力等が必要とされる種類の資産について、信託会社等が専門的な管理能力を有する者に対して管理・処分業務の委託を行わせる等の趣旨で導入されたものであるが、現在、当該政令の定めはなく、本号を存置させる必要性も見受けられないことから、改正を行うものである。

第2項

改正後	改正前
2　特定目的会社は、前項の規定にかかわらず、特定資産のうち次に掲げる資産については、当該資産の譲渡人又は当該資産の管理及び処分を適正に遂行するに足りる財産的基礎及び人的構成を有する者にその管理及び処分に係る業務を委託することができる。 一～四　（略）	3　特定目的会社は、第1項の規定にかかわらず、特定資産のうち次に掲げる資産については、当該資産の譲渡人又は当該資産の管理及び処分を適正に遂行するに足りる財産的基礎及び人的構成を有する者にその管理及び処分に係る業務を委託することができる。 一～四　（略）

五 従たる特定資産（前各号に掲げる資産に該当するものを除く。）	（新設）

(1) 柱書

本条2項を削除することに伴う形式的修正を行っている。

(2) 第5号

特定目的会社は、特定資産の管理及び処分に係る業務を行わせるため、特定資産を信託会社等に信託しなければならないとされている（本条1項）。ただし、不動産等については人的・財産的基盤を有する者に管理および処分に係る業務を委託することを条件として当該信託設定義務が免除されており、従たる特定資産（SPC法4条3項3号）についても同様の条件の下当該信託設定義務を免除するものである。

特定資産について信託設定義務が課されているのは、特定資産について資産管理者が倒産した場合におけるコミングルリスクを回避するためである。

しかしながら、不動産等に付随する軽微な資産のコミングルリスクの回避方法として信託設定によることは現実的ではなく、法令上信託設定を義務付けなくとも、必要に応じて動産等については明認方法により公示を行うことも可能であることから、改正を行うものである。

なお、従たる特定資産であって、従来から信託設定義務が免除されていた本条1号から4号に掲げる資産に該当するものについて、本条3項の適用関係を明確にする観点から括弧書きを設けている。

第3項

改正後	改正前
3 特定目的会社は、前項の規定による特定資産（従たる特定資産を除く。）の管理及び処分に係る業務の委託に関する契約には、当該業務を委託する相	4 特定目的会社は、前項の規定による特定資産の管理及び処分に係る業務の委託に関する契約には、当該業務を委託する相手方（以下この条において「受

手方（以下この項において「受託者」という。）が次に掲げる義務を有する旨の条件を付さなければならない。 一～三　（略） （削る） 四　（略）	託者」という。）が次に掲げる義務を有する旨の条件を付さなければならない。 一～三　（略） 四　受託者は、資産対応証券に係る有価証券届出書等に記載すべき受託した資産の管理及び処分に関する重要な事項につき知った事実を、遅滞なく委託者に通知すること。 五　（略）

(1) **柱書**

従たる特定資産（SPC法4条3項3号）については、人的・財産的基盤を有する者に管理・処分業務を委託することを条件として、信託設定義務を免除しているが（同条2項）、軽微な資産であることに鑑み、管理・処分業務を委託するに当たっては、受託者の受託資産の管理処分状況の説明義務や書面備置義務等までは求めないこととするものである。

また、本条2項を削除することに伴う形式的修正を行っている。

(2) **旧第4号**

特定資産に係る管理・処分業務の受託者が、当該特定資産に係る資産対応証券に関する有価証券届出書等に記載すべき当該資産の管理・処分に関する重要事項について知った事実を、遅滞なく特定目的会社に通知する義務を有する旨の条件を管理・処分業務委託契約に付さなければならないという規制を撤廃するものである。

本条旧2項1号（信託受託者による通知義務）と同様の趣旨の改正である。

(3) **第4号**

旧4号を削除することに伴う形式的修正を行っている。

第201条（信託受益権を譲り受ける場合の特例）

改　正　後	改　正　前
第201条　削除	第201条　特定目的会社は、資産流動化計画に従い信託の受益権を譲り受けようとする場合において、当該信託に係る契約書に、当該信託の受託者が当該信託に係る信託財産の管理及び処分に関する重要な事項（当該特定目的会社が当該資産流動化計画に従い発行する資産対応証券に係る有価証券届出書等に記載すべき事項を含むものに限る。）につき知った事実を遅滞なく受益者に通知する義務を有する旨の記載がないときは、当該受益権を譲り受けてはならない。

　特定目的会社が信託受益権を特定資産として譲り受けようとする場合に、当該信託に係る契約書に、信託受託者が受益者に対して、信託財産の管理および処分に関して有価証券届出書等に記載すべき重要な事項について知った事実を遅滞なく通知する義務を有する旨の記載がなければ、特定目的会社は当該信託受益権を譲り受けることができないという規制を撤廃するものである。

　SPC法199条（特定資産の譲渡人による告知義務）と同様の趣旨の改正である。

第202条（債権の取立委託の制限）

改　正　後	改　正　前
第202条　特定目的会社は、第200条第2項及び第3項の規定に定めるところによるほか、資産流動化計画に従い譲り受けた指名債権（金銭の支払を目的とするものに限る。）又は電子記録債	第202条　特定目的会社は、第200条第3項及び第4項の規定に定めるところによるほか、資産流動化計画に従い譲り受けた指名債権（金銭の支払を目的とするものに限る。）又は電子記録債

| 権（以下この条において「譲受債権」と総称する。）について、その取立ての委託又はその取立ての再委託に対する同項第4号の同意をしようとする場合において、その委託又は再委託の相手方が譲受権の取立てに当たり貸金業法第21条第1項の規定若しくはこの法律の規定に違反し、若しくは刑法若しくは暴力行為等処罰に関する法律の罪を犯すおそれが明らかである者であることを知り、又は知ることができるときは、当該相手方に当該委託をし、又は当該相手方に当該再委託をすることに当該同意をしてはならない。 | 権（以下この条において「譲受債権」と総称する。）について、その取立ての委託又はその取立ての再委託に対する同項第5号の同意をしようとする場合において、その委託又は再委託の相手方が譲受権の取立てに当たり貸金業法第21条第1項の規定若しくはこの法律の規定に違反し、若しくは刑法若しくは暴力行為等処罰に関する法律の罪を犯すおそれが明らかである者であることを知り、又は知ることができるときは、当該相手方に当該委託をし、又は当該相手方に当該再委託をすることに当該同意をしてはならない。 |

SPC法200条2項を削除することに伴う形式的修正を行っている。

第203条（不動産取引の委託の制限）

改正後	改正前
第203条　特定目的会社は、資産流動化計画に従い譲り受けた不動産（建物又は宅地建物取引業法第2条第1号に規定する宅地をいう。）の売買、交換又は賃貸に係る業務については、<u>第200条第2項及び第3項</u>の規定に定めるところによるほか、不動産特定共同事業法第6条各号のいずれにも該当しない者に委託しなければならない。	第203条　特定目的会社は、資産流動化計画に従い譲り受けた不動産（建物又は宅地建物取引業法第2条第1号に規定する宅地をいう。）の売買、交換又は賃貸に係る業務については、<u>第200条第3項及び第4項</u>の規定に定めるところによるほか、不動産特定共同事業法第6条各号のいずれにも該当しない者に委託しなければならない。

SPC法200条2項を削除することに伴う形式的修正を行っている。

第208条
第1項

改　正　後	改　正　前
第208条　資産流動化計画に定められた特定資産（従たる特定資産を除く。）の譲渡人（当該譲渡人が法人である場合には、その役員及び使用人を含む。以下「特定譲渡人」という。）が特定目的会社の発行する資産対応証券（特定短期社債及び特定約束手形を除く。以下この条及び次条において同じ。）の募集等に関する事務を受託した者である場合における金融商品取引法の適用については、当該特定譲渡人が行う当該特定目的会社が発行する資産対応証券の募集等の取扱いは、同法第2条第8項第9号に掲げる行為に該当しないものとみなす。	第208条　資産流動化計画に定められた特定資産の譲渡人（当該譲渡人が法人である場合には、その役員及び使用人を含む。以下「特定譲渡人」という。）が特定目的会社の発行する資産対応証券（特定短期社債及び特定約束手形を除く。以下この条及び次条において同じ。）の募集等に関する事務を受託した者である場合における金融商品取引法の適用については、当該特定譲渡人が行う当該特定目的会社が発行する資産対応証券の募集等の取扱いは、同法第2条第8項第9号に掲げる行為に該当しないものとみなす。

　特定資産の譲渡人（オリジネーター）に対しては、金融商品取引業の登録を行うことなく資産対応証券の募集等の取扱いをすることができる旨の特例が設けられているが、従たる特定資産（SPC法4条3項3号）のみを譲渡する譲渡人については、当該特例を適用しないこととするものである。

　譲渡人に対して当該特例を設けている趣旨は、資産流動化スキームとは、資産を有する者が資金調達を容易にするために当該資産を有価証券に転換するための法技術として特定目的会社を利用するものであるため、譲渡人による資産対応証券の募集等の取扱いが経済実態的には自己の保有する資産の販売と同視できることにある。

　しかしながら、譲渡人が譲渡する資産が従たる特定資産のみである場合には、形式的には資産流動化スキームにおける譲渡人に該当するものの、当該スキームにおいて実質的な資金調達を行っているとはいえず、むしろ、従たる特定資産を特定目的会社に対して形式的に譲渡して本条に基づく特

例を受けることによって金融商品取引業に係る規制が容易に潜脱される可能性が高いと考えられる。また、従たる特定資産についての一定の規制緩和により特定目的会社による従たる特定資産の取得が容易となり、こういった潜脱が現実化するおそれが生じることから、改正を行うものである。

第210条（資金の借入れ）

改　正　後	改　正　前
第210条　特定目的会社は、次に掲げる全ての要件を満たす場合には、取締役の決定（取締役が数人あるときは、その過半数をもってする決定）により資金の借入れを行うことができる。 一・二　（略）	第210条　特定目的会社は、次に掲げるすべての要件を満たす場合に限り、取締役の決定（取締役が数人あるときは、その過半数をもってする決定）により特定資産を取得するために必要な資金の借入れを行うことができる。 一・二　（略）

　特定目的借入れについて、「特定資産を取得するため」という目的を削除し、借入れによる資金の使途制限を撤廃するものである。

　特定目的会社の主な資金調達手段である優先出資、特定社債および特定目的借入れのうち、使途制限があるのは特定目的借入れのみである。これは、平成12年の改正において特定目的借入れが導入された際に、資産流動化スキームが当初資産の証券化として創設された経緯から、借入れに一定の制限を設けることにより、証券発行による資金調達を主とするという枠組みを維持したいという政策判断があったものと考えられる。

　しかしながら、その後の実務において、
- 借入れを用いた資産流動化スキームが定着し、優先出資や特定社債と並ぶ重要な資金調達手段として利用されるようになったため、現在では資産流動化スキームにとって不可欠なものとなっていること
- 開発型案件の利用が増加し、特定資産の取得以外の支出を特定目的借入れでファイナンスできないことが流動化業務の支障になる場合が生じてきたこと

等から、現在では平成12年当時とは状況が異なっている。

　また、資産の流動化に係る業務は、①資産対応証券の発行・特定目的借入れ、②資産の取得、③資産の管理・処分、④債務履行・配当・残余財産分配といった一連の行為として行われることに鑑みれば、特定目的借入れを資産流動化スキームにおける中核である資産の取得に充てることができるとしつつ、他の流動化業務に充ててはならないとする理由に乏しいと考えられる。

　以上を踏まえ、特定目的会社の機動的な資金調達を確保するため、特定目的借入れについて、特定資産の取得のためという使途制限を撤廃し、特定資産の管理・処分等を含む資産の流動化に係る業務全体および附帯業務に充てることができることとしたものである。また、「特定目的借入れ」の定義の名称について、使途制限を撤廃することから、「特定借入れ」に改正することとしている（SPC法2条12項参照）。

　なお、特定借入れは資産の流動化に係る業務であることから、借入れの使途にかかわらず、特定目的会社が業務開始届出を行った後に、特定借入れを行うことが可能となる。

第211条

改正後	改正前
第211条　特定目的会社が行う資金の借入れであって、前条の規定により行う資金の借入れ以外のものについては、次の各号に掲げる資金の借入れの区分に応じ当該各号に定める場合に限り、行うことができるものとする。 一　特定社債、特定約束手形又は特定借入れに係る債務の履行に充てるための資金の借入れ（当該資金の借入れに係る債務の履行に充てるために更に資金の借入れを行う場合を含む。）　借入期間が1年以内である場合	第211条　特定目的会社は、前条の規定により行う場合及び資産流動化計画にあらかじめ定められた方法に基づき特定社債、特定約束手形又は特定目的借入れに係る債務の履行に充てるため資金の借入れを行う場合その他投資者の保護に反しない場合として内閣府令で定める場合を除き、資金の借入れを行ってはならない。

二　前号に掲げる資金の借入れ以外の資金の借入れ　資産対応証券の発行又は特定借入れを行う場合における一時的な資金繰りのために資金の借入れを行う場合その他投資者の保護に反しない場合として内閣府令で定める場合	

(1) 第1号

「特定社債、特定約束手形又は特定借入れに係る債務の履行に充てるため資金の借入れを行う場合（当該資金の借入れに係る債務の履行に充てるために更に資金の借入れを行う場合を含む。）」におけるその他借入れについて、借入期間を1年以内に限ることとするものである。

「特定社債、特定約束手形又は特定借入れに係る債務の履行に充てるため資金の借入れを行う場合」におけるその他借入れについては、特定資産の取得を目的としない、いわゆる「つなぎ借入れ」として導入されたものである。しかしながら、条文上、借入期間に制限が設けられていなかったため、ロールオーバーを繰り返すこと等により実質的に特定資産の取得を恒久的にファイナンスすることが可能となるおそれがあった。これを踏まえ、その他借入れにより恒久的な特定資産の取得のファイナンスを行うことを防止するため、改正を行うものである。

なお、「当該資金の借入れに係る債務の履行に充てるために更に資金の借入れを行う場合」には、

① 「特定社債・特定約束手形・特定借入れ」の債務の履行の直接的な財源とするために行った「その他借入れ」を「その他借入れ」により借り換えること

に加え、

② ①の借換えのために行った「その他借入れ」を「その他借入れ」により繰り返し借り換えていくこと

も含まれる。

また、「借入期間」には、上記①または②で借り換えることとした全て

の「その他借入れ」の借入期間も算入される。したがって、特定社債、特定約束手形または特定借入れに係る債務の履行の直接的な財源にするために行った「その他借入れ」の借入れ時点から1年以内に、当該債務の履行に起因するその他借入れについて、資産対応証券等を原資として返済する必要がある。

(2) 第2号

その他借入れが一時的な借入れ等に限定されることを明確化する観点から、1号以外には、「資産対応証券の発行又は特定借入れを行う場合における一時的な資金繰りのために資金の借入れを行う場合その他投資者の保護に反しない場合として内閣府令で定める場合」に、その他借入れを行うことができることとするものである。

第213条（特定資産の処分等の制限）

改　正　後	改　正　前
第213条　特定目的会社は、資産流動化計画に定められたところによる場合を除き、特定資産（従たる特定資産を除く。）を貸し付け、譲渡し、交換し、又は担保に供してはならない。	第213条　特定目的会社は、資産流動化計画に定められたところによる場合を除き、特定資産を貸し付け、譲渡し、交換し、又は担保に供してはならない。

従たる特定資産（SPC法4条3項3号）について、資産流動化計画に基づかない処分の禁止を免除するものである。

資産流動化計画の記載に基づかない特定資産の貸付け・譲渡・交換・担保提供の禁止が規定されているのは、計画外の処分により投資者の利益が害されないようにするためである。しかしながら、不動産等に付随する軽微な資産が毀損したような場合には、同様の種類の資産を入れ替えることになるため、不動産等のキャッシュフローを維持するためのメンテナンス行為に近く、投資者の利益に重要な影響を及ぼさないと考えられることから、改正を行うものである。

第3編　特定目的信託制度

第225条（届出）
第2項

改　正　後	改　正　前
2　前項の規定による届出を行うときは、次に掲げる書類を添付しなければならない。 一・二　（略） 三　特定資産<u>（従たる特定資産を除く。）</u>の管理及び処分に係る業務を他人に委託するときは、当該委託に係る契約の契約書案 四　（略）	2　前項の規定による届出を行うときは、次に掲げる書類を添付しなければならない。 一・二　（略） 三　特定資産の管理及び処分に係る業務を他人に委託するときは、当該委託に係る契約の契約書案 四　（略）

　信託会社等が受託者として特定目的信託契約を締結する際に当局への届出を行うに当たり、従たる特定資産（SPC法4条3項3号）について、特定資産の管理・処分業務委託契約書案の添付を免除するものである。

　従たる特定資産については、特定目的会社の業務開始届出（同条2項）に伴う特定資産の管理・処分業務委託契約書の添付を免除することとしており（同条3項4号）、これと同様の考え方により改正を行うものである。

第227条（資産信託流動化計画の変更に係る届出）
第1項

改　正　後	改　正　前
第227条　受託信託会社等は、資産信託流動化計画を変更したときは、遅滞なく、内閣総理大臣に届け出なければならない。<u>ただし、資産信託流動化計画に記載又は記録された事項の変更であって、特定資産の取得の時期の確定に伴う変更その他の軽微な変更として</u>	第227条　受託信託会社等は、資産信託流動化計画を変更したときは、遅滞なく、内閣総理大臣に届け出なければならない。

内閣府令で定めるものについては、この限りでない。	

　資産信託流動化計画の変更に当たり、資産信託流動化計画に記載または記録された事項の変更であって、特定資産の取得の時期の確定に伴う変更その他の軽微な変更として内閣府令で定めるものについて、変更届出を免除するものである。

　特定目的会社においても、資産流動化計画に記載または記録された事項の変更であって変更が軽微なものである場合には、変更届出を免除することとしており（SPC法9条1項）、これと同様の考え方により改正を行うものである。

第2項

改　正　後	改　正　前
2　第9条第2項及び第3項の規定は、前項の規定による届出について準用する。この場合において、必要な技術的読替えは、政令で定める。	2　第9条第2項及び第3項の規定は、前項の規定による届出（次条において「変更届出」という。）について準用する。この場合において、必要な技術的読替えは、政令で定める。

　文言の形式的修正を行っている。

第230条
第1項

改　正　後	改　正　前
第230条　特定目的信託契約には、次に掲げる条件を付さなければならない。 一　（略） （削る） （削る）	第230条　特定目的信託契約には、次に掲げる条件を付さなければならない。 一　（略） 二　政令で定める特定資産の管理及び処分については、政令で定める条件 三　原委託者は、その信託した特定資

二　信託期間中の金銭の分配について、あらかじめ定められた金額（あらかじめ定められた金額が得られるものとして政令で定める方法により計算されるものを含む。）の分配を受ける種類の受益権（以下この項において「社債的受益権」という。）を定める場合には、当該社債的受益権の元本があらかじめ定められた時期に償還されるものであること、当該社債的受益権に係る受益証券の権利者が権利者集会の決議（次に掲げるものを除く。）について議決権を有しないことその他政令で定める条件

　　イ　第269条第1項第1号の承諾を行う権利者集会の決議
　　ロ　第273条第1項の権利者集会の決議
　　ハ　第274条第1項の権利者集会の決議
　　ニ　第275条第1項（第279条第3項において準用する場合を含む。）の承認を行う権利者集会の決議
　　ホ　第276条第1項の権利者集会の決議
　　ヘ　預金保険法（昭和46年法律第34号）第132条の2第1項の承認を行う権利者集会の決議

三　社債的受益権であって、当該社債的受益権に係る特定目的信託契約に原委託者が特定資産を買い戻さなければならない旨の条件が付されているものその他の原委託者の信用状態に係る受益証券に関する有価証券届出書等に記載すべき重要な事項につき、受託信託会社等に告知しなければならないこと。

四　信託期間中の金銭の分配について、あらかじめ定められた金額（あらかじめ定められた金額が得られるものとして政令で定める方法により計算されるものを含む。）の分配を受ける種類の受益権を定める場合には、当該種類以外の種類の受益権を定めることその他政令で定める条件

が投資者の投資判断に重要な影響を及ぼすものとして内閣府令で定めるもの（第234条第5項第1号において「特別社債的受益権」という。）を定める場合には、原委託者は、その信用状態に係る事由が発生し、又は発生するおそれがあるときは、遅滞なく、その旨を受託信託会社等に通知しなければならないこと。	

(1) 旧第2号

特定目的信託契約において、「政令で定める特定資産の管理及び処分については、政令で定める条件」を付すことを義務付けるものであるが、当該政令の定めはなく、本号を存置させる必要性も見受けられないことから、当該義務を削除することとしているものである。

考え方は、SPC法200条旧2項2号（特定目的会社における信託契約に付すべき特定資産の管理・処分に係る条件）の廃止と同様である。

(2) 旧第3号

特定目的信託契約において、原委託者が受託信託会社等に対して、特定資産に係る受益証券に関する有価証券届出書等に記載すべき重要な事項について告知する義務を有する旨の条件を付さなければならないという規制を撤廃するものである。

特定資産の譲渡人による告知義務（SPC法旧199条）の撤廃と同様の考え方である。

(3) 第2号

特定目的信託において、あらかじめ定められた金額の分配を受ける種類の受益権を「社債的受益権」として定義するとともに、社債的受益権を定める際の要件について、以下の改正を行うものである。

① 「他の種類の受益権を定めること」の廃止

② 「当該社債的受益権の元本があらかじめ定められた時期に償還されるものであること」および「当該社債的受益権に係る受益証券の権利者が一定の法定決議事項を除く権利者集会の決議について議決権を有しないこと」の追加

また、本項旧2号および旧3号を削除することに伴う形式的修正を行っている。

(i) 「他の種類の受益権を定めること」の廃止

特定目的信託において、あらかじめ定められた金額の分配を受ける種類の受益権（「社債的受益権」）を発行する場合には、当該種類以外の種類の受益権を定めることが要件とされていた。当該要件は、社債的受益権があらかじめ定められた金額の分配を受けるものであることから、特定目的信託の変動する損益を帰属させる先として、他の種類の受益権を発行するべきであるとの観点から設けられているものである。しかしながら、損益の帰属先を確保するために他の種類の受益権を発行することを法令上義務付ける必然性には乏しく、また、社債的受益権のみを発行する特定目的信託についての潜在的なニーズが生じていることから、改正を行っているものである。

(ii) 「当該社債的受益権の元本があらかじめ定められた時期に償還されるものであること」および「当該社債的受益権に係る受益証券の権利者が一定の権利者集会の決議について議決権を有しないこと」の追加

信託の受益権の内容は、信託契約により任意に定めることができ、利益の分配について、定期的に一定の額の利益の分配を受けることを定めることや、信託受益権が一定の時期に償還される旨を約することも可能である。その結果、信託受益権であって、経済実態としては社債の性質を持つものを組成することが可能である。

特定目的信託の受益権についても、信託契約により当事者間でその内容を設定することが可能であるのが原則であるが、社債的受益権を社債と同じ性質を有する受益権として位置付けるのであれば、その条件についても社債とできる限り同様にするべきであるといえる。従来、この点が必ずしも明確ではなかったが、今般、社債的受益権をいわゆるイスラム債として

発行したいというニーズがあることも踏まえ、社債と同じ同様の性質を有する受益権の条件を見直すこととしているものである。

(iii) 一定の法定決議事項を除く権利者集会の決議

権利者集会での決議事項には、法令上の決議事項（法定決議事項）および特定目的信託契約によって権利者集会の決議事項として定められたもの（SPC 法 229 条 6 号、SPC 法施行規則 115 条 1 号）がある（SPC 法 241 条）。

このうち、法定決議事項には、契約により排除することが可能である事項（SPC 法 244 条 3 項が適用されるもの）と、契約によって排除することが不可能である事項（同項が適用されないもの）があり、後者に該当するものとして以下の 7 つの事項が存在する。

・ 特定目的信託契約の変更の承諾（269 条 1 項 1 号）
・ 受託信託会社等の責任の免除（273 条 1 項）
・ 受託信託会社等の辞任の同意（274 条 1 項）
・ 受託信託会社等の辞任・解任時の財産目録等の承認（275 条 1 項）
・ 特定目的信託契約の終了（276 条 1 項）
・ 特定目的信託契約終了時の財産目録の承認（279 条 3 項において準用する 275 条 1 項）
・ 預金保険法に基づく事業譲渡がなされた場合の受託者の変更に関する事後的承認（預金保険法 132 条の 2 第 1 項）

これらの決議事項は、契約によって排除することが不可能であることから、社債的受益権を定める場合の条件として当該社債的受益権に係る受益証券の権利者に求められる無議決権要件から除くこととしているものである。

(4) 第 3 号

特別社債的受益権（社債的受益権であって、原委託者の信用状態が投資者の投資判断に重要な影響を及ぼすものとして内閣府令で定めるもの）の要件として、特定目的信託契約において、「原委託者は、その信用状態に係る事由が発生し、又は発生するおそれがあるときは、遅滞なく、その旨を受託信託会社等に通知しなければならない」旨の条件を付さなければならないこととしたものである。

通常の資産の流動化においては、会計上、オリジネーターのバランスシートから資産が切り離されるような形でスキームが組まれること（オフバランススキーム）が一般的であると考えられるが、例えば、近年においてニーズが生じているいわゆるイスラム債の発行に当たって、特定目的信託における社債的受益権を利用する場合のように、オンバランススキームを用いることも想定されるところである。

オンバランススキームとは、資産の譲渡取引について、譲渡人（オリジネーター）の会計帳簿上、売却取引ではなく金融取引として会計処理されるようなスキームをいい（当該資産は引き続き譲渡人のバランスシートに計上されることになる）、例えば、譲渡人が買戻し条件付きで資産を譲渡する場合等が考えられる。会計上のオフバランス化の有無は、譲渡人から譲受人への資産の移転が担保目的の取引と扱われるか否かの判定に当たっての1つの考慮要素と考えられており、オンバランススキームの場合には、オフバランススキームの場合に比べて、資産の移転が担保目的の取引と扱われる可能性が高くなる。このため、譲渡人について破産等の倒産手続が開始された場合、当該資産は譲渡人の資産と扱われ、当該資産の譲受人は担保権者と扱われる可能性が高くなる。

特定目的信託契約において、原委託者が受託信託会社等に買戻し条件付きで特定資産を信託譲渡する等の場合は、上記のとおり、原委託者について破産等の倒産手続が開始された場合に当該特定資産が原委託者の資産と扱われる可能性が高くなる。その場合、受託信託会社等が把握する特定資産の価値に影響が生じたり、受託信託会社等の権利行使が制約されることになり得る。

したがって、オンバランススキームとして仕組まれた特定目的信託に係る社債的受益権にあっては、投資者は、特定資産の価値に加え原委託者自体の信用力も勘案して投資判断を行っていると言える。このため、受託信託会社等が、特定目的信託における社債的受益権の発行者として、信託財産の状況に影響を与え得る原委託者の信用状態に係る事由の発生を適時に把握できることが、投資者への適切な情報提供のために重要となる。

かかるオンバランススキームの利用のニーズの高まりを踏まえ、社債的

受益権であって、原委託者の信用状態が投資者の投資判断に重要な影響を及ぼすものについては、特定目的信託の原委託者に自らの信用力に関する情報を受託者に対して通知させる仕組みを整備することにより、社債的受益権に対する投資者の保護を図ることとしたものである。

> [参考] **イスラム債について**
>
> 　原委託者の信用状態が投資者の投資判断に重要な影響を及ぼすような特定目的信託に係る社債的受益権の具体例としては、いわゆるイスラム債を挙げることができる。
>
> 　イスラム債とは、経済的にはデットの性質を有するものの、利子を受けることを禁じたイスラムの教義（シャリア）に適った有価証券をいう。このため、イジャーラ・スクークのようなイスラム債の発行スキームにおいては、例えば、オリジネーター（資金調達者）が所有する不動産をビークルに対して譲渡し、当該ビークルが当該不動産を裏付け資産として、経済的にはデットの性質を有するが法律的にはエクイティに分類される有価証券を発行するということが行われる。そのようなスキームにおいては、オリジネーターは、当該有価証券の償還時において一旦ビークルに譲渡した不動産を買い戻すことが一般的であり、上述のようなオンバランススキームとして仕組まれることが多い。
>
> 　社債的受益権の受益証券は、経済的にはデットの性質を有するが法律的にはエクイティに分類される有価証券であり、わが国においてイスラム債として活用可能な有価証券として注目されている。具体的には、原委託者が所有する不動産を特定目的信託の受託者に信託譲渡し、受託者が当該不動産を裏付け資産として経済的にはデットの性質を有するものの法律的にはエクイティに分類される社債的受益権を発行することが想定される。

第234条（受益証券）
第5項

改　正　後	改　正　前
5　受益証券は、その番号、発行の年月	5　受益証券は、その番号、発行の年月

改正後	改正前
日及び次に掲げる事項を記載し、受託信託会社等を代表する役員がこれに署名し、又は記名押印しなければならない。 一　特定目的信託の受益証券である旨<u>（当該受益証券が特別社債的受益権に係るものであるときは、その旨を含む。）</u> 二～十一　（略）	日及び次に掲げる事項を記載し、受託信託会社等を代表する役員がこれに署名し、又は記名押印しなければならない。 一　特定目的信託の受益証券である旨 二～十一　（略）

　特別社債的受益権（230条1項3号）は、原委託者の信用状態が投資者の投資判断に重要な影響を及ぼす点でリスクの高い商品であることから、受益証券の記載事項として、「受益証券が特別社債的受益権に係るものであるときは、その旨」を併せて記載すべき旨を定めているものである。

第284条（業務の委託）
第3項

改正後	改正前
3　第200条第3項及び第202条の規定は、第1項の委託について準用する。この場合において、必要な技術的読替えは、政令で定める。	3　第200条第4項及び第202条の規定は、第1項の委託について準用する。この場合において、必要な技術的読替えは、政令で定める。

　SPC法200条2項を削除することに伴う形式的修正を行っている。

第5編　罰則

第311条（社員等の権利等の行使に関する利益供与の罪）
第1項

改　正　後	改　正　前
第311条　第302条第1項第3号から第6号までに掲げる者又はその他の特定目的会社の使用人が、特定目的会社の社員の権利の行使又は特定社債権者、特定約束手形の所持人若しくは特定借入れに係る債権者の権利の行使（第64条第1項、第82条又は第112条において準用する会社法第828条第1項（第5号に係る部分に限る。）及び第2項（第5号に係る部分に限る。）に規定する権利の行使に限る。第4項において「社員等の権利の行使」という。）に関し、当該特定目的会社の計算において財産上の利益を供与したときは、3年以下の懲役又は300万円以下の罰金に処する。	第311条　第302条第1項第3号から第6号までに掲げる者又はその他の特定目的会社の使用人が、特定目的会社の社員の権利の行使又は特定社債権者、特定約束手形の所持人若しくは特定目的借入れに係る債権者の権利の行使（第64条第1項、第82条又は第112条において準用する会社法第828条第1項（第5号に係る部分に限る。）及び第2項（第5号に係る部分に限る。）に規定する権利の行使に限る。第4項において「社員等の権利の行使」という。）に関し、当該特定目的会社の計算において財産上の利益を供与したときは、3年以下の懲役又は300万円以下の罰金に処する。

　「特定目的借入れ」の使途制限を撤廃し、その名称を「特定借入れ」と改正する（SPC法2条12項）ことに伴って修正を行うものである。

●事項索引

◆ あ行

イスラム債 ………… 16, 53, 54, 55, 285, 288
売付け等 …………………………… 205
英文開示 ………… 16, 55, 56, 57, 58, 59, 89, 99

◆ か行

外国会社臨時報告書 …… 66, 152, 153, 154, 155
株式会社要件 …………………… 40, 41, 183
金融資本市場及び金融産業の活性化等の
ためのアクションプラン …………… 3
金融商品仲介業者 …………………… 45
グローバル・オファリング …………… 62
継続開示書類 …………………… 55, 56
広告・勧誘行為 ……………… 17, 18, 75
コミットメント型ライツ・
オファリング ………… 11, 23, 93, 94, 95
コミットメントライン ………… 11, 27
コミットメントライン契約 …………… 3

◆ さ行

最低資本金・純財産要件 ………… 40, 41
資産流動化計画 ………… 14, 46, 47, 91, 254
資産流動化スキーム ………… 14, 45, 46, 47
社債的受益権 …… 15, 47, 53, 54, 55, 92, 284, 285
証券情報 …………………… 59, 60, 99
所属金融商品取引業者等 …………… 45
人的構成要件 …………………… 40, 42

◆ た行

第三者による価格調査 …… 49, 50, 256, 257
適格投資家
…… 13, 36, 37, 38, 39, 90, 181, 182, 188, 189, 190
適格投資家向け投資運用業
………… 13, 36, 38, 39, 89, 90, 181, 182, 183
投資助言・代理業 ……… 19, 69, 80, 81, 89, 180

登録拒否 ……………………………… 80
登録拒否事由 ………… 19, 69, 80, 81, 89, 180
登録拒否要件 ……… 13, 35, 36, 40, 41, 182, 183
特定資産 …… 15, 46, 47, 48, 49, 50, 91, 92, 251
取引の無効ルール …………………… 17, 71

◆ は行

発行者情報 …………………………… 59, 99
罰則の引上げ ……………… 17, 18, 77, 227
ファイナンス・リース …………… 3, 12, 31
プロ投資家 …………………… 37, 38, 41, 42
補足書類 …………………… 62, 102, 103

◆ ま行

未公開有価証券 …………………… 211
無効ルール ………………………… 17
無登録業者 ……………… 17, 69, 90, 204
目論見書
……… 10, 25, 66, 67, 115, 116, 117, 119, 120, 121
元引受契約 …………………… 26, 124, 125

◆ や行

有価証券の引受け …………… 11, 94, 95
有価証券の元引受け …………… 26, 178

◆ ら行

ライツ・オファリング
………… 3, 10, 22, 24, 25, 88, 115
臨時報告書 ……… 64, 65, 66, 152, 153, 154, 155

逐条解説　2011年金融商品取引法改正

2011年11月10日　初版第1刷発行

著　者	古　澤　知　之	藤　本　拓　資
	尾　崎　有	澤　飯　敦
	出　原　正　弘	谷　口　義　幸
	野　崎　彰	齊　藤　将　彦
	本　村　彩	山　田　貴　彦

発 行 者　大　林　　譲

発 行 所　㈱商事法務

〒103-0025　東京都中央区日本橋茅場町3-9-10
TEL 03-5614-5643・FAX 03-3664-8844〔営業部〕
TEL 03-5614-5649〔書籍出版部〕
http://www.shojihomu.co.jp/

落丁・乱丁本はお取り替えいたします。　　印刷/ヨシダ印刷㈱
Ⓒ 2011 Tomoyuki Furusawa. et al.　　Printed in Japan
　　　　 Shojihomu Co., Ltd.
ISBN978-4-7857-1927-2
＊定価はカバーに表示してあります。